Judy Dunn und
Robert Plomin

Warum Geschwister so verschieden sind

Aus dem Englischen
von Stefan Granzow

Klett-Cotta

Klett-Cotta
Die Originalausgabe erschien
unter dem Titel »Separate Lives. Why siblings are so different«
im Verlag Basic Books, Inc., New York
© 1990 by Basic Books, Inc.
Für die deutsche Ausgabe
© J. G. Cotta'sche Buchhandlung Nachfolger GmbH,
gegr. 1659,
Stuttgart 1996
Alle Rechte vorbehalten
Fotomechanische Wiedergabe nur mit Genehmigung
des Verlags
Printed in Germany
Schutzumschlag: Klett-Cotta Design
Gesetzt aus der 10 Punkt Janson von Ebner Ulm
Auf säure- und holzfreiem Werkdruckpapier gedruckt
und gebunden von Ebner Ulm

Die Deutsche Bibliothek – CIP-Einheitsaufnahme
Dunn, Judy:
Warum Geschwister so verschieden sind /
Judy Dunn und Robert Plomin.
Aus dem Amerikan. übers. von Stefan Granzow.
- 1. Aufl. - Stuttgart : Klett-Cotta, 1996
Einheitssacht.: Separate lives <dt.>
ISBN 3-608-91727-6
NE: Plomin, Robert:

Inhalt

Prolog

Das erste, was ihr auffiel, waren die Stiefel, überraschend im förmlichen Ambiente eines Konferenzraums in dem prunkvollen Gebäude des CIBA-Konzerns am Portland Place, direkt neben dem Regents Park in London. Es war im Oktober 1981, anläßlich eines internationalen Symposions der CIBA zur Entwicklung des Temperaments. Er gehörte zu den Teilnehmern des Symposions, die sich in dem komfortablen Raum verteilten; lässig zurückgelehnt saß er da, die Beine von sich gestreckt, die Stiefel für alle sichtbar. Sie überlegte, wer der junge Mann wohl sein könnte – wahrscheinlich wieder einer von diesen arroganten Amerikanern, die gekommen waren, um uns »zurückgebliebenen Engländern« zu sagen, »was Sache war«.

Für dieses Symposion interessierte sie sich sehr viel mehr als für die meisten anderen Veranstaltungen des internationalen akademischen Jet-Sets, die David Lodge in seinen Romanen so wunderbar satirisch beschrieben hat. Das Thema – Temperament – hatte Entwicklungspsychologen, Kliniker und eine neue Gruppe, die Verhaltensgenetiker, angelockt; allen gemeinsam war das Interesse an früh erkennbaren Persönlichkeitseigenschaften, die nach Auffassung vieler eine genetische Grundlage hatten. Die Entwicklungspsychologen bemerkten allmählich, wie unterschiedlich Säuglinge doch waren, nicht nur hinsichtlich ihrer geistigen Fähigkeiten und ihrer Sprachbegabung, sondern auch in ihrer Persönlichkeit. Die Kliniker waren immer noch damit beschäftigt, ihre eingeschränkte Sichtweise zu überwinden, nach der alle negativen Aspekte der Persönlichkeit auf ungenügende mütterliche Fürsorge, auf ein »mal de mère«-Syndrom zurückzuführen seien. Die Verhaltensgenetiker – zumindest die wenigen Praktiker, die auf diesem neuen Gebiet arbeiteten – hatten damit begonnen, eine empirische Basis für die Annahme zu liefern, daß Säuglinge sich nicht nur hinsichtlich ihrer Umwelt, sondern auch genetisch unterschieden. Die Vorstellung, daß die Entwicklung des Verhaltens – und zwar gerade auch komplexen Verhaltens, wie es unsere Persönlichkeit und damit den Kern unseres Wesens ausmacht – durch Erbfaktoren beeinflußt wird, wurde zwar immer noch als Provokation betrachtet, als etwas, mit dem man sich nicht ernsthaft auseinanderzusetzen brauchte. Aber anders als noch in den siebziger Jahren war es keine »unanständige« Vorstellung mehr.

Der Ursprung der Verhaltensgenetik lag nur wenige Straßen vom CIBA-Gebäude entfernt. Hier in London hatte Sir Francis Galton, ein Cousin von Charles Darwin, fasziniert durch dessen Werk *Über den Ursprung der Arten* nach einer produktiven Karriere als Erfinder und Entdecker damit begonnen, sich mit der Frage der menschlichen Vererbung zu beschäftigen. Er setzte erstmals Familien-, Zwillings- und Adoptionsstudien ein, um das komplexe Geflecht von genetischen und Umweltfaktoren zu entwirren, das die menschliche Entwicklung bestimmt. Auf der Grundlage seiner in großem Maßstab durchgeführten Studien von Familienstammbäumen schlußfolgerte er, daß »der Einfluß der natürlichen Anlagen den der Umwelt bei weitem übertrifft«. Obwohl Darwin sehr viel mehr an Unterschieden zwischen einzelnen Arten als an individuellen Unterschieden innerhalb der menschlichen Spezies interessiert war, ließ er sich von Galtons Arbeiten überzeugen: »Ich bin der Tendenz nach mit Francis Galton einig, der überzeugt ist, daß Erziehung und Umwelt nur geringe Auswirkungen auf unseren Geist haben, daß die meisten unserer Eigenschaften vielmehr angeboren sind«.[1]

Systematische Zwillings- und Adoptionsstudien wurden ab den zwanziger Jahren durchgeführt, zu einer Zeit, als der Ein-

---

[1] aus: Charles Darwin. Mein Leben. 1809–1882. Hrsg. v. Nina Barlow. Aus dem Englischen von Christa Krüger. Frankfurt: Insel 1993, S. 47.

fluß von Erbfaktoren in den Verhaltenswissenschaften weithin akzeptiert wurde. Das folgende Jahrzehnt brachte die Schrecken des Nazi-Regimes mit seinen pseudogenetischen Theorien über Rassenunterschiede, die zur Grundlage für die massenhafte Ermordung von Juden, Sinti und Roma und anderen Gruppen wurden. Abscheu gegenüber den Nazis, kombiniert mit einflußreichen psychologischen Forschungsarbeiten zu den Prinzipien des Lernens, setzten der Erforschung des Einflusses von Erbfaktoren auf die menschliche Entwicklung zunächst ein Ende. Nach dem Zweiten Weltkrieg dominierte in der Psychologie die Sichtweise, daß Verhaltensunterschiede zwischen Kindern allein auf Umweltfaktoren zurückzuführen seien.

In den sechziger Jahren begann sich erneut eine ausgewogenere Sichtweise durchzusetzen, bei der gleichermaßen der Einfluß von Anlage und Umwelt berücksichtigt wurde. Doch diese Sichtweise ging unter in einer heftigen Reaktion gegen einen Aufsatz von Arthur Jensen aus dem Jahre 1969, in dem nahegelegt wurde, daß Rassenunterschiede im IQ genetisch bedingt sein könnten. Der Ursprung solcher Mittelwertsdifferenzen etwa zwischen verschiedenen Rassen oder sozialen Schichten ist noch immer unklar, zum Teil deshalb, weil die Ursprünge solcher mittlerer Gruppendifferenzen so schwierig zu untersuchen sind. In den frühen achtziger Jahren zeigte sich dennoch ein dramatischer Umschwung, hin zu einer Akzeptanz der Existenz genetischer Einflüsse auf individuelle Unterschiede in Bereichen wie den geistigen Fähigkeiten, psychischen Erkrankungen und der Persönlichkeit. Die Welle der Akzeptanz genetischer Einflüsse, die sich in den sechziger Jahren aufgebaut hatte und die in den Siebzigern aufgehalten worden war, bahnte sich ihren Weg in die Achtziger.

Im Jahre 1981, in jenem komfortablen Konferenzraum der CIBA, beschäftigten sich die Teilnehmer des Symposions mit dem Thema Temperament. Sie selbst arbeitete an Geschwisterstudien, ein Interessengebiet, das aus ihrer persönlichen

Erfahrung mit ihren drei ganz unterschiedlichen Kindern entstanden war. Sie war gerade dabei, ein Buch über die soziale und persönliche Entwicklung von Geschwistern abzuschließen. Es ist unmöglich, sich mit Geschwistern zu beschäftigen und dabei nicht an Erbfaktoren zu denken. Schon Solomon Diamond äußerte 1957 in einem frühen Buch über das Temperament die interessante Beobachtung, daß Psychologen so lange Anhänger von Umweltthesen waren, bis sie mehr als ein Kind hatten. Beim ersten Kind fällt es leicht, alles auf Umweltfaktoren zurückzuführen: »Sie ist so schüchtern, weil wir sie als Kind nicht so oft mit nach draußen genommen haben.« (Oder, genauso oft: »Sie ist so schüchtern, weil wir sie als Kind zu oft mit nach draußen genommen haben.«) Wenn sich jedoch das zweite Kind als ganz anders als das erste entpuppt, wird es sehr viel schwieriger, eine rein umweltorientierte Erklärung zu finden: »*So* unterschiedlich haben wir die beiden nun auch nicht behandelt.«

Sowohl aufgrund ihrer Forschungen als auch auf der Basis der Beobachtung ihrer drei eigenen Kinder – unter denen sich ein Zwillingspärchen befand – nahm sie an, daß einige Unterschiede zwischen Geschwistern, die in derselben Familie aufwuchsen, auf Erbfaktoren zurückzuführen waren. Zugleich war sie sich jedoch sicher, daß nicht sämtliche Unterschiede zwischen Geschwistern genetisch erklärt werden konnten – dazu sind Geschwister zu verschieden. Geschwister sind Verwandte ersten Grades und haben somit die Hälfte ihrer Gene gemeinsam. Wenn Persönlichkeitsmerkmale rein genetisch bedingt wären, so würde das bedeuten, daß Geschwister sich zu 50 Prozent ähnlich und zu 50 Prozent verschieden sein müßten. Doch Geschwister ähneln einander sehr viel weniger als zu 50 Prozent. Die Unterschiede zwischen ihnen spiegelten mit Sicherheit neben Unterschieden in ihren Erbanlagen auch Unterschiede in ihren Erfahrungen wider. Doch welches waren die Schlüsselerfahrungen, die dazu führten, daß Brüder und Schwestern sich so unterschiedlich entwickelten? Ihre eigenen Arbeiten legten die Vermutung nahe, daß einerseits Eltern ihre Kinder durchaus unterschiedlich behandeln und andererseits Geschwister unterschiedlich miteinander umgehen.

Der Beginn des nächsten Vortrags riß sie aus ihren Überlegungen. Zu ihrer Überraschung handelte es sich bei dem Vortragenden um den jungen Mann mit den Cowboystiefeln; sie hatte eher einen distinguierten älteren Professor vermutet, weil er ein Buch über das Temperament veröffentlicht hatte und einer der führenden Forscher auf dem Gebiet der Verhaltensgenetik war. Sie hatte bereits befürchtet, daß ihr eigener Vortrag auf den eines Verhaltensgenetikers folgen würde; ihre Aussagen würden dann mit seiner These konfrontiert, die wohl lauten würde, daß alles genetisch bedingt sei. Ihre Befürchtungen wuchsen, als er zügig Ergebnisse aus Zwillings- und Adoptionsstudien präsentierte, die den Einfluß genetischer Faktoren auf die Persönlichkeit betonten. Aber dann sagte er: »Heute jedoch möchte ich über etwas anderes sprechen.«

Er begann damit, daß es in den vergangenen zehn Jahren wichtig gewesen sei, die Botschaft zu vermitteln, daß Erbfaktoren einen merklichen Einfluß auf die menschliche Entwicklung haben, und dies auch bei so komplexen Eigenschaften wie der Persönlichkeit. Doch nun bestand die Gefahr, daß der Umschwung von Antipathie zur Akzeptanz genetischer Einflüsse zu weit gehen würde – von hundertprozentiger Umweltbedingtheit hin zu biologischem Determinismus. Aus den Ergebnissen derselben verhaltensgenetischen Daten folgte aber eine weitere wichtige Botschaft: Nicht alles ist genetisch. Eineiige Zwillinge sind genetisch zu 100 Prozent identisch. Doch ihre Persönlichkeiten ähneln sich nur zu circa 50 Prozent, und der größte Teil dieser Ähnlichkeit ist genetisch bedingt. Was also macht sie dann so unterschiedlich? Bis jetzt, sagte er, bestand das Überraschende darin, daß eineiige Zwillinge sich so ähnlich sind, was auf genetische Einflüsse schließen läßt. Da eineiige Zwillinge genetisch identisch sind, müssen es Umwelteinflüsse sein, die sie so verschieden machen. Doch wie können sie so verschieden sein, wenn sie doch zusammen in derselben familiären Umgebung aufwachsen? Oder stimmte das vielleicht gar nicht? Er beendete seinen Vortrag mit dem Hinweis darauf, wie wichtig es jetzt sei, zu verstehen, warum Geschwister, die in derselben Familie aufwachsen, so verschieden seien.

Auf Kongressen kommt es häufig vor, daß Referenten ihrem Vorredner danken, häufig jedoch in herablassender Weise, als ein Hinweis darauf, daß sie schon ein Stück weiter sind als der andere. Bei dieser Gelegenheit jedoch kam ihre Anerkennung von Herzen und war fast ein wenig übertrieben, wie auch in den 1982 veröffentlichten Kongreßbeiträgen zu lesen ist. Nach den morgendlichen Vorträgen saßen sie beide bei einem üppigen CIBA-Mittagessen zusammen und diskutierten voller Eifer über die Implikationen, die sich für Forscher, Kliniker und Eltern aus einer Kombination ihrer beiden Forschungsansätze ergeben würden: einer Kombination seines Ansatzes, der groß angelegten Studien von adoptierten gegenüber biologischen Geschwistern und eineiigen gegenüber zweieiigen Zwillingen, und ihres Vorgehens, der genauen Untersuchung der Prozesse zwischen verschiedenen Familienmitgliedern, zu einer Erforschung des unterschiedlichen Lebens innerhalb derselben Familie.

Dieses Buch ist das Ergebnis.

Kapitel 1
Eine Herausforderung

Meine Mutter hatte ziemlich viel Ärger mit mir, aber ich glaube, sie genoß es. Sie hatte nie Ärger mit meinem zwei Jahre jüngeren Bruder Henry, und ich nehme an, daß ihr seine stets gleichbleibende Bravheit, Ehrlichkeit und Folgsamkeit zur Last geworden wäre, hätte ich ihr nicht mit dem Gegenteil Erleichterung und Abwechslung verschafft. . . . Ich habe nie erlebt, daß Henry sich mir oder anderen gegenüber boshaft verhielt – aber daß er stets das Richtige tat, ist mir schlecht bekommen. Es war seine Aufgabe, meine Sünden zu berichten, wenn es nötig war, und er nahm seine Aufgabe sehr ernst. Er ist Sid in Tom Sawyer. Aber Sid war nicht Henry. Henry war ein viel besserer Junge, als Sid jemals gewesen ist.

Mark Twain, *Autobiographie*[1]

Mark Twain, der hier über seinen Bruder und sich selbst schreibt, läßt keinen Zweifel daran, wie verschieden die beiden sind. Die berühmten Passagen über die Auseinandersetzungen Tom Sawyers mit Sid stammen direkt aus ihrer gemeinsamen Kindheit. Während Henry, wie Mark Twain schreibt, »der artigste Junge in der ganzen Gegend (. . .) aufreizend artig«[2] war, ist klar, daß er selbst nichts weniger als artig war. »Ich habe mich an Henry schadlos gehalten (. . .) Ich habe mich oft an ihm schadlos gehalten – manchmal habe ich ihn sogar Vorschuß bezahlen lassen für etwas, was ich überhaupt noch nicht getan hatte.«[3]

---

[1] In: Gesammelte Werke in 5 Bänden, Bd. 5. Deutsch von Gertrud Baruch. München: Hanser 1985, S. 53.
[2] a.a.O., S. 135
[3] a.a.O., S. 53

Nehmen wir ein anderes Paar von Brüdern, das einige Jahre später in eine Welt geboren wurde, die mit dem »fast unsichtbaren Dorf«, in dem Mark Twain und sein Bruder aufwuchsen, fast nichts gemeinsam hatte: William James, den Begründer der amerikanischen Psychologie, und Henry James, den Schriftsteller. Die verblüffende Verschiedenheit dieser beiden, ja aller fünf James-Geschwister wurde von allen erwähnt, die über sie berichteten: von den Eltern, den Freunden, den Biographen und den Geschwistern selbst. Henry schrieb in *A Small Boy and Others* über die vier Gebrüder James und ihre Schwester Alice: »Wir waren, nach meinem Empfinden ... eine solche Truppe unterschiedlichster Charaktere und boten ein derartig unterschiedliches Bild, und waren dabei so miteinander verschmolzen und vereinigt und ineinander verzahnt, daß jeder von uns ... bewahrt zu werden verdiente.« Sein Biograph Leon Edel merkt an, daß Henry sich selbst als zurückhaltend und wenig anpassungsfähig beschrieb; ihm fehlten Williams entspannte Geselligkeit und seine Gewandtheit, und er beneidete William um die mühelose Entfaltung seines Talents und seiner Fähigkeiten. Auch William beklagt sich in einem Brief an seine Eltern scherzhaft über Henrys Ungeselligkeit: »Niemals habe ich jemanden gesehen, der derart uninteressiert war an den Belangen der Menschen in seiner Umgebung. Doch auf seine Art ist auch er eine gute Seele ... .« Die Unterschiede in beider Persönlichkeit waren in der Tat bemerkenswert: William war aktiv, überschäumend vor Energie, eine lebensprühende Persönlichkeit; Henry war sehr viel stiller, weniger selbstbewußt, unsicherer.

Nur selten werden Geschwister auf unterschiedlichen Gebieten so berühmt wie die Gebrüder James. Wer hat jemals von den Geschwistern von Cervantes, Descartes oder Rembrandt gehört? Gelegentlich werden Geschwister für ihre gemeinsame Arbeit bekannt, so wie Jacques und Jean Bernoulli, die die Infinitesimalrechnung entwickelten, oder Orville und Wilbur Wright, die das erste Flugzeug bauten;

oder für gemeinsame künstlerische Neigungen, wie die Söhne Johann Sebastian Bachs – Carl Philipp Emanuel, Wilhelm Friedemann und Johann Christian. Doch selbst wenn Geschwister gemeinsame kreative Interessen haben, so können ihre Persönlichkeiten und die Art ihrer Leistungen doch ganz unterschiedlich sein. Der Dichter Alfred Housman und sein Bruder Laurence wuchsen gemeinsam in einer konventionellen, ultrakonservativen Familie in England auf. Beide wurden Schriftsteller, doch darüber hinaus hatten sie als Kinder und als Erwachsene wenig gemeinsam. Henry Maas, der Herausgeber von Alfreds Briefen, schrieb:

> Alfred ähnelte Laurence nur in seinen schriftstellerischen Fähigkeiten. In anderer Hinsicht bildete er einen vollständigen Gegensatz. Während Laurence zerstreut, impulsiv und warmherzig war, war Alfred präzise, diszipliniert und zurückhaltend. Laurence verschwendete sein Talent auf zu viele Bücher, während Alfred seine Gedichte in den Grenzen eines winzigen Gesamtwerkes hielt. Laurence geriet ständig in Schwierigkeiten, während Alfred sich sorgfältig aus ihnen heraushielt. Laurence war ein Visionär und Idealist, dem sein älterer Bruder manchmal als reaktionärer Pedant erschienen sein muß.

Mit solchen Unterschieden zwischen Geschwistern beginnt die Argumentation unseres Buches. Unsere Überlegungen werden jedoch weit über die Betrachtung einiger weniger besonders bemerkenswerter Individuen hinausführen; ja, sie werden sogar über die Beziehungen zwischen Geschwistern hinausgehen, hin zu einer allgemeinen Analyse der Ursprünge und der Entwicklung menschlicher Unterschiede. Sie werden uns zu einer neuen Sichtweise des Einflusses der Familie auf diese Unterschiede führen, einer Sichtweise mit wichtigen Konsequenzen für Eltern, Kliniker und Forscher. Für Eltern können die Unterschiede zwischen ihren Kindern ein Grund zur Freude, aber auch zur Verzweiflung sein, und die Frage, worauf diese Unterschiede zurückgehen, kann für sie große Bedeutung gewinnen. Und auch für Erwachsene, die über sich selbst, über ihre Fähigkeiten und ihre Persönlichkeit nachdenken, sind die Ursachen der Unterschiede zwischen ihnen selbst und ihren Brüdern oder Schwestern oft ebenso interessant wie rätselhaft.

Unsere Argumentation beginnt damit, daß diese Unterschiede zwischen Geschwistern, die sich bei außergewöhnlichen Individuen wie den Gebrüdern James geradezu aufdrängen, an sich *nicht ungewöhnlich sind*; es geht hier nicht nur um auffallende Unterschiede zwischen herausragenden und besonders begabten Individuen. Eher im Gegenteil: Alle Forschungsarbeiten, bei denen mehr als ein Kind innerhalb der Familie einbezogen wurde, kommen zu demselben Ergebnis – daß Geschwister sich ganz allgemein deutlich voneinander unterscheiden.

Dieses Buch beruht auf den Ergebnissen systematischer Forschung. Um diese Ergebnisse zu veranschaulichen, beziehen wir jedoch zusätzlich die Beobachtungen mehrerer Schriftsteller, auch von seiten ihrer Familien und Biographen mit ein. Für die Einbeziehung dieser Schriftsteller gibt es mehrere gute Gründe. Oft haben sie selbst in ungewöhnlich klarsichtiger und feinfühliger Form ihre Kindheitserfahrungen beschrieben. Mit ihren Beschreibungen der intensiven Erlebnisse und der Einflüsse ihrer Kindheit beleuchten sie – sowohl in ihren Autobiographien als auch in ihren Romanen und Dichtungen – die Stärke und Bedeutsamkeit spezifischer Beziehungen und Erfahrungen. Weiterhin haben wir bei diesen berühmten Persönlichkeiten oft nicht nur Zugang zu ihren eigenen Darstellungen von Kindheitserfahrungen und Familienbeziehungen, sondern auch zu den Briefen, die sie schrieben und erhielten; zu den Sichtweisen anderer Mitglieder ihrer familiären Umgebung, einschließlich der Beschreibungen gemeinsam gewonnener oder unterschiedlicher Erfahrungen seitens ihrer Geschwister; und schließlich zu den Interpretationen ihrer Biographen. Die Beschreibungen ihrer kindlichen Erfahrungswelt, die wir von Schriftstellern und ihren Familien erhalten, sind von besonderer Bedeutung. »Niemand, der nicht Mitglied einer Familie gewesen ist, kann wirklich sagen, worin die Probleme jedes einzelnen Familienmitgliedes bestehen könnten«, bemerkte Jane Austens Hauptfigur gegenüber Mr. Knightley in *Emma*, und für den Psychologen, der sich bemüht, den Einfluß der Familie zu ergründen, ist diese Bemerkung eine Aufforderung zur Bescheidenheit.

Wir beginnen also mit den *Unterschieden* zwischen verschiedenen Schriftstellern und ihren Brüdern und Schwestern. Hervorzuheben ist dabei, daß sie aus ganz unterschiedlichen sozialen Verhältnissen und historischen Epochen stammen: aus dem England und Frankreich des achtzehnten Jahrhunderts, dem ländlichen Amerika des neunzehnten Jahrhunderts und dem Irland und England der Arbeiterklasse; aus bürgerlich-wohlhabenden Familien der oberen Mittelklasse, exzentrischen Adelsfamilien, hochkultivierten Literatenfamilien und Familien, die in Armut und Mühsal lebten. In all diesen Familien werden die bemerkenswerten Unterschiede zwischen gemeinsam aufwachsenden Geschwistern von jeder Quelle erwähnt; kaum je stößt man auf einen Schriftsteller, dessen Biograph nicht die Unterschiede zwischen seiner Hauptperson und deren Geschwistern betont.

So unterschied sich etwa der Dichter John Keats, dessen intensive frühe Beziehung zu seinen beiden überlebenden Brüdern (die, wie er selbst schrieb, »die Liebe zu Frauen noch übertraf«) und seiner jüngeren Schwester Fanny sein ganzes Leben lang andauerte, schon in seiner frühen Kindheit ganz deutlich von seinen Geschwistern. Er hatte eine ungestüme Persönlichkeit und wurde mit fünf Jahren als »gewalttätig und nicht zu bändigen« beschrieben; als verspielt und außergewöhnlich lebhaft; als anfällig für extreme Melancholie, mit einem »schrecklichen Grauen vor allem Lebendigen« – alles in bemerkenswertem Kontrast zu seinen Geschwistern

17

(gegenüber denen er sich außergewöhnlich freundlich und verantwortungsvoll verhielt), insbesondere zu seiner »sanftmütigen« (in den Worten seines Biographen Robert Gittings »langweiligen«) jüngeren Schwester.

Ein ähnlich bemerkenswerter Kontrast findet sich bei den Persönlichkeiten der Geschwister in der Familie von Keats' Zeitgenossen Percy Bysshe Shelley. Shelley selbst war ausgelassen, mutwillig, arrogant und wagemutig; seine vier Schwestern beteten ihn an und folgten ihm in allem. Seine Schwester Elizabeth war die engste Gefährtin seiner wilden Eskapaden, während die anderen drei sich häufig von seinen Spielen und Experimenten verängstigen ließen. Hellen, die dritte Schwester, schilderte ihre Gefühle angesichts der Beteiligung an seinen beängstigenden Experimenten:

> Als mein Bruder seine Studien der Chemie begann und uns seinen Experimenten zur Elektrizität unterwarf, muß ich gestehen, daß mein Gefallen an diesen Dingen von der Angst vor den Konsequenzen völlig ausgelöscht wurde. Wann immer er mit seinem gefalteten Stück braunen Packpapiers unter dem Arm, einem Draht und einer Flasche zu mir kam ... verging ich vor Furcht; doch die Scham ließ mich schweigen, und so wurden wir, mit so vielen anderen, wie er auftreiben konnte, Hand in Hand um den Kindertisch herum plaziert, um uns elektrifizieren zu lassen.

Bei den großen Schriftstellern des 19. und frühen 20. Jahrhunderts finden sich viele Beispiele von Geschwisterunterschieden. Die Brontës sind ein berühmter Fall: Branwell leidenschaftlich, gewalttätig und unkontrolliert; Maria, das Vorbild für Helen Burns in *Jane Eyre*, die personifizierte Milde, Seelenstärke, Weisheit und Geduld; Charlotte empfindlich, verletzlich und schüchtern. Auch die Gebrüder Proust unterschieden sich merklich, wie George Painter es in seiner meisterhaften Biographie beschreibt, mit Marcel als dem Sohn, der Sorge und Bewunderung weckt, und Robert als dem Zuverlässigen, Eifrigen und Gehorsamen. Leo Tolstoi war anscheinend sehr viel emotionaler als seine Brüder Nikolaj, Sergej und Dimitri; sie gaben ihm den Spitznamen »Lyova Ryova« – »Leo, die Heulsuse«. Einer ihrer Lehrer beurteilte ihre schulischen Differenzen so: »Nikolaj ist sowohl willig als auch fähig; Sergej ist fähig, aber nicht willig; Dimitri ist willig, aber nicht fähig; und Leo ist keines von beidem.«

Oft werden solche Unterschiede von den Schriftstellern selbst in sehr lebendiger Weise beschrieben. Tom Sawyer und Sid sind beileibe nicht die einzigen, deren Verschiedenheit auf amüsante oder auch ironische Weise dargestellt wird. Es gab Geschwister, die sich gegenseitig öffentlich anprangerten: Thomas Manns Buch *Betrachtungen eines Unpolitischen* wird von seinem Biographen Nigel Hamilton beschrieben als »ein Anschlag auf all die Ideen und Geisteshaltungen, die er mit Heinrich identifizierte . . . eine ätzende und gemeine Verurteilung seines eigenen Bruders«.

Im Gegensatz dazu ist es bei anderen Geschwistern offensichtlich, daß ihre unterschiedlichen Persönlichkeiten sie in keiner Weise davon abhielten, intellektuelle Sympathie füreinander zu empfinden und sich gegenseitig zu unterstützen. Das gilt z.B. für Mark Twain und seinen Bruder oder die Schwestern Brontë. Uns geht es hier weder um die Qualität der Beziehungen zwischen den Geschwistern noch um den möglichen Einfluß von Spannungen, die durch die Unterschiede zwischen den Geschwistern entstanden, auf die literarische und intellektuelle Kreativität dieser Autoren. Wir möchten auf eine einfache Tatsache hinweisen: daß einzelne Personen, die in derselben Familie aufwuchsen, sich in ihrer Persönlichkeit, Begabung, emotionalen Stabilität, ihrem Selbstvertrauen und ihren Verhaltensweisen sehr stark unterschieden. Diese Unterschiede bilden den Hintergrund für unsere Argumentation hinsichtlich der Entwicklung individueller Unterschiede zwischen Menschen im allgemeinen.

Welche Schriftsteller wir auch immer in Betracht ziehen wollen, wir werden bei allen auffällige Unterschiede finden. George Eliot, D. H. Lawrence, Virginia Woolf, Katherine Mansfield, Rudyard Kipling, Oscar Wilde, Charles Dodgson (der unter dem Namen Lewis Carroll schrieb) – sie alle unterschieden sich sehr deutlich von ihren Brüdern und Schwestern, wie aus ihren Werken, den Briefen der Familie und den von ihren Biographen zusammengetragenen Informationen erkennbar wird. Trotzdem könnte man dem kritisch entgegenhalten, daß sich genauso leicht zahlreiche Beispiele für Ähnlichkeiten zwischen Brüdern und Schwestern finden ließen. Darüber hinaus besteht die Möglichkeit, daß jegliche Unterschiede zwischen Geschwistern bei solchen außergewöhnlich talentierten und kreativen Menschen ungewöhnlich wirken, ja, daß diese Unterschiede vielleicht sogar von den Biographen zu sehr betont worden sind. Mit anderen Worten: Wie repräsentativ sind diese Beispiele eigentlich?

Natürlich zeigen sich in dem biographischen und autobiographischen Material über diese Schriftsteller neben den Unterschieden auch Ähnlichkeiten. Die Schwestern Brontë glichen sich in ihrer außergewöhnlichen Vorstellungskraft und ihrem literarischen Talent. Virginia Woolf und ihre Schwester Vanessa zeigten von Kindheit an außergewöhnliche Empfindsamkeit, Phantasie und Kreativität.

Wir haben in unseren biographischen Beispielen jedoch aus mehreren Gründen eher die Unterschiede als die Ähnlichkeiten betont. Zum einen ist es einfach überraschend, daß Kinder, die in derselben Familie aufwachsen, sich so sehr unterscheiden (wofür sich in dem biographischen und autobiographischen Material in den Anmerkungen zu diesem Kapitel vielfache Belege finden); die Ähnlichkeiten erscheinen demgegenüber weniger überraschend. Zum zweiten – und darum wird es im nächsten Kapitel gehen – sind die Ähnlichkeiten in den Familien auf genetische Einflüsse zurückzuführen, nicht auf die familiäre Umgebung. Das heißt, die wenigen Ähnlichkeiten zwischen Geschwistern entstehen durch vererbte Ähnlichkeit und nicht dadurch, daß die Kinder in derselben Familie aufwachsen. Im Gegensatz dazu gehen die Unterschiede zwischen Geschwistern sowohl auf Anlage- als auch auf Umweltfaktoren zurück.

Doch am wichtigsten ist, daß unsere Beispiele von Schriftstellern und ihren Geschwistern das Ergebnis illustrieren, daß sich auch bei der ungeheuren Menge empirischer Daten aus systematischen Geschwisterstudien immer wieder zeigt. Aus diesen Daten wird deutlich – und die folgende Übersicht läßt das klar erkennen –, daß bei den meisten Merkmalen Geschwisterunterschiede sehr viel ausgeprägter sind als Geschwisterähnlichkeiten. Wir befassen uns hier mit psychologischen Merkmalen wie kognitiven Fähigkeiten, Persönlichkeit und psychischen Erkrankungen, zum Teil deshalb, weil solche Verhaltensmerkmale wohl am ehesten vom Leben innerhalb der Familie beeinflußt werden. Wir beginnen jedoch mit einer Übersicht zu körperlichen Merkmalen und Erkrankungen, weil sie einen Hintergrund bildet, mit dem wir dann die psychologischen Merkmale kontrastieren können.

Körperliche Merkmale und Erkrankungen

Vor mehr als hundert Jahren führte Francis Galton die erste systematische Untersuchung zur Familienähnlichkeit durch, beginnend mit der Körpergröße und anderen körperlichen Merkmalen. 1889 fand er bei einer Stichprobe von fast 1000 Männern, daß sich die Körpergröße erwachsener Brüder im Mittel um etwa 3,8 cm unterschied. Um diesen Mittelwert herum gibt es jedoch eine erhebliche Streuung. So unterschieden sich 15 Prozent der Brüder um weniger als 1,25 cm; einige wenige jedoch lagen volle 30 cm auseinander. Beim Körpergewicht zeigten Galtons Daten für Geschwister gleichen Geschlechts eine mittlere Differenz von fast 10 kg.

Obwohl die körperlichen Unterschiede zwischen Geschwistern sehr groß sind, müssen wir sie, um ihr Ausmaß richtig interpretieren zu können, mit den Unterschieden in der restlichen Bevölkerung vergleichen. Das heißt, wir müssen wissen, wie sich die mittlere Größendifferenz von 3,8 cm bei Geschwistern zur Größendifferenz bei Individuen verhält, die zufällig aus der Gesamtpopulation – also der Bevölkerung insgesamt – ausgewählt werden. Wenn die mittlere Differenz in der Bevölkerung ebenfalls 3,8 cm beträgt, dann liegt bei Geschwistern hinsichtlich der Körpergröße keine Ähnlichkeit vor. Diese mittlere Größendifferenz für Personen gleichen Geschlechts liegt bei 5,7 cm. Obwohl sich also Geschwisterpaare in ihrer Größe unterscheiden, sind sie sich doch immer noch ähnlicher als Paare nicht miteinander verwandter Personen. Doch wie bedeutsam ist der Unterschied zwischen 3,8 und 5,7 Zentimetern?

Um das Problem der Beschreibung von Familienähnlichkeiten zu lösen, entwickelte Galton zusammen mit seinem Schüler Karl Pearson die wichtigste statistische Kenngröße der Wissenschaft. Der *Korrelationskoeffizient* kennzeichnet Geschwisterunterschiede in ihrem Verhältnis zu Unterschieden zwischen Individuen in der Gesamtpopulation. Etwas technischer formuliert bezeichnet er das Ausmaß, in dem die Varianz (eine statistische Kenngröße, die Unterschiede beschreibt) zwischen Individuen mit der Varianz zwischen Geschwistern kovariiert (siehe dazu auch die Anmerkungen zu diesem Kapitel). Ein Korrelationskoeffizient von Null bedeutet, daß es keine Ähnlichkeit zwischen Geschwistern gibt, das heißt, die Geschwisterpaare sind genauso unterschiedlich wie zufällig ausgewählte Paare in der Gesamtpopulation. Ein Korrelationskoeffizient von 1 bedeutet, daß die Geschwister hinsichtlich der jeweiligen Kenngröße identisch sind.

Wie sich herausstellte, liegt die Geschwisterkorrelation bei der Körpergröße um 0.50; für das Gewicht liegt sie ebenfalls bei 0.50. Grob formuliert bedeutet das, daß sich Geschwister, verglichen mit der Bevölkerung insgesamt, zu etwa 50 Prozent ähneln. Wir können uns im Gegenzug auch auf die Unterschiede konzentrieren: Das Ausmaß, in dem die Geschwisterkorrelation unter 1.0 liegt, bezeichnet die Unterschiede zwischen Geschwistern. Die Geschwisterkorrelationen für Größe und Gewicht bedeuten, daß sich Geschwister im Vergleich zu zufällig ausgewählten Paaren von Individuen um 50 Prozent unterscheiden. Wie in den Anmerkungen erläutert wird, ist es technisch korrekter zu sagen, daß etwa die Hälfte der Varianz der Körpergröße bei Geschwisterpaaren kovariiert und die andere Hälfte nicht. Wesentlich ist, daß sich Geschwister hinsichtlich Körpergröße und -gewicht in vergleichbarem Ausmaß ähneln und unterscheiden.

Geschwisterkorrelationen überschreiten nur selten den Wert von 0.50, wie er für Größe und Gewicht festgestellt wurde. So liegen die Geschwisterkorrelationen für den Augenabstand, Höhe und Breite der Nase und Höhe der Ohren bei 0.30. Der Wert für die Breite des Mundes liegt ebenfalls bei 0.30. Etwa 80 Prozent aller Geschwister haben merklich unterschiedliche Augenfarben; 90 Prozent haben unterschiedliche Haarfarbe und -struktur; deutliche Unterschiede in der Gesichtsfarbe zeigen sich bei mehr als 90 Prozent.

Hinsichtlich ihrer Erkrankungen sind sich Geschwister noch unähnlicher. Bei zehn weit verbreiteten Krankheiten ist der Prozentsatz der Geschwisterpaare, die beide von der Erkrankung betroffen sind, überraschend niedrig:
Ischämische Herzerkrankungen 18% (.13)
Magengeschwüre 15% (.10)
Bluthochdruck 11% (.07)
Brustkrebs 10% (.06)
Diabetes 8% (.06)
Dickdarmkrebs 6% (.05)
Ekzeme in der Kindheit 5% (.03)
Enddarmkrebs 3% (.02)
Asthma 4% (.07)
Heuschnupfen 14% (.00)

Die in Klammern angegebenen Korrelationskoeffizienten verdeutlichen ein Problem, das wir bereits angesprochen haben. Wir hatten darauf hingewiesen, daß Geschwisterdifferenzen in quantitativen Merkmalen wie der Körpergröße in Relation zu Differenzen innerhalb der Gesamtpopulation interpretiert werden müssen. Bei qualitativen Merkmalen wie Krankheiten (die entweder auftreten oder nicht auftreten) stehen wir vor demselben Problem. Kann z.B. die Geschwisterübereinstimmung bei Magengeschwüren in Höhe von 15 Prozent als Hinweis auf eine Ähnlichkeit interpretiert werden, die über die zufällige Ähnlichkeit zweier willkürlich ausgewählter Individuen hinausgeht?

Die Antwort hängt ab von der Auftretenshäufigkeit von Magengeschwüren in der Gesamtpopulation, der sogenannten Inzidenz, die bei 6 Prozent liegt. Bei Magengeschwüren sind sich Geschwister also ähnlicher als zufällig ausgewählte Paare aus dieser Population. Um das Ausmaß der Geschwisterähnlichkeit bei Magengeschwüren bestimmen zu können, müssen wir jedoch immer noch die 15 Prozent Geschwisterübereinstimmung mit der Auftretenshäufigkeit von 6 Prozent in der Gesamtpopulation kombinieren. Wie in den Anmerkungen erläutert wird, kann ein spezieller Korrelationskoeffizient (der Phi-Koeffizient) herangezogen werden, um diese Daten als Korrelationen auszudrücken, die sowohl die Populationsinzidenz als auch die Übereinstimmung bei den Geschwisterpaaren berücksichtigen. Für Magengeschwüre ergibt sich daraus eine Geschwisterkorrelation von 0.10. Bei Heuschnupfen dagegen entspricht eine vierzehnprozentige Geschwisterübereinstimmung einer Korrelation von 0.00, da die Populationsinzidenz ebenfalls 14 Prozent beträgt: Geschwisterpaare sind sich bei Heuschnupfen nicht ähnlicher als zufällig ausgewählte Paare aus der Population. Die Geschwisterkorrelationen für die zehn aufgeführten Krankheiten zeigen uns, daß Geschwister von verschiedenen Krankheiten in unterschiedlichem Maße betroffen sind.

Insgesamt unterscheiden sich Geschwister also bei Größe

und Gewicht am wenigsten, etwas stärker hinsichtlich Gesichts- und anderer körperlicher Merkmale und am stärksten bei Krankheiten. Selbst bei Körpergröße und -gewicht sind jedoch die Geschwisterunterschiede genauso groß wie die Geschwisterähnlichkeiten, wie Tabelle 1.1. zeigt.

Psychologische Merkmale

Auch bei Verhaltensmerkmalen gibt es eine breite Spanne von Geschwisterdifferenzen. Francis Galton interessierte sich in besonderem Maße für das Verhalten, und eine seiner frühesten Untersuchungen galt »herausragenden Fähigkeiten«, gemessen anhand der öffentlichen Reputation der Betreffenden – ein Maß, das wir heutzutage als ausgespro-

Tabelle 1.1: Geschwisterdifferenzen hinsichtlich körperlicher Merkmale und Erkrankungen

	Geschwisterunterschiede (% = 1 - Korrelation)									
	0	10	20	30	40	50	60	70	80	90	100
Größe	▓▓▓▓▓▓▓▓									
Gewicht	▓▓▓▓▓▓▓▓									
Ischämische Herzerkrankungen	▓▓▓▓▓▓▓▓▓▓▓▓▓▓									
Magengeschwüre	▓▓▓▓▓▓▓▓▓▓▓▓▓									
Bluthochdruck	▓▓▓▓▓▓▓▓▓▓▓▓▓▓									
Brustkrebs	▓▓▓▓▓▓▓▓▓▓▓▓▓									
Diabetes	▓▓▓▓▓▓▓▓▓▓▓▓▓									
Dickdarmkrebs	▓▓▓▓▓▓▓▓▓▓▓▓▓▓									
Ekzeme in der Kindheit	▓▓▓▓▓▓▓▓▓▓▓▓▓▓									
Enddarmkrebs	▓▓▓▓▓▓▓▓▓▓▓▓▓▓									
Asthma	▓▓▓▓▓▓▓▓▓▓▓▓▓▓									
Heuschnupfen	▓▓▓▓▓▓▓▓▓▓▓▓▓									

chen unbefriedigend betrachten würden. Gegenstand seiner Studie waren berühmte englische Richter in der Zeit seit der Wiederherstellung der Monarchie (also von 1660 bis 1868), außerdem Staatsmänner, militärische Befehlshaber, Schriftsteller, Dichter, Wissenschaftler, Musiker und Maler. Galton wollte herausfinden, in welchem Maße solche Begabungen gehäuft innerhalb einzelner Familien auftraten. Genauer gesagt wollte er die Familienähnlichkeit für Verwandte ersten, zweiten und dritten Grades vergleichen (Verwandte dritten Grades sind etwa Enkelkinder gegenüber ihren Großeltern oder Vettern und Kusinen), um den Einfluß erblicher Faktoren zu bestimmen. Insofern handelt es sich bei seiner Studie um den ersten Versuch der Bestimmung von Geschwisterähnlichkeiten. Er bezeichnete einen Mann (er untersuchte ausschließlich Männer) aus einer Million als »außergewöhnlich«, einen aus viertausend als »bedeutend«, und folgerte:

> Ich schätze die Chancen der Verwandten außergewöhnlicher Männer, zu bedeutenden Persönlichkeiten zu werden oder geworden zu sein, im Falle von Brüdern auf 13,5 zu 100.

Galton war überrascht vom Ausmaß der Familienähnlichkeit (die er als erblich bedingt betrachtete), doch wir könnten seine Argumentation auch umkehren und darauf hinweisen, daß 86,5 Prozent der Brüder außergewöhnlicher Männer keine bedeutenden Persönlichkeiten waren.

Im späteren Verlauf seines langen Lebens wandte sich Galton der objektiven Messung des Verhaltens zu, wobei er sich seinen Hang zur Konstruktion aller möglichen Geräte zunutze machen konnte. Dieser hatte bereits zur Konstruktion eines Periskops, eines elektrischen Telegraphen mit Druckvorrichtung und eines Signalisierungsystems für die Schiffahrt geführt. Nun erfand er Apparate und Verfahrensweisen für die Messung von Sehschärfe, Hörschwelle, Reaktionszeiten und Körperkraft. Galtons Verhaltensmessungen

ergaben die folgenden Korrelationen für Geschwister gleichen Geschlechts: 0.19 für die Sehschärfe, 0.31 für den
höchsten noch gehörten Ton, 0.35 für die Reaktionszeit und
0.32 für die Ausübung körperlichen Drucks.

Galtons mehr als ein Jahrhundert alte Geschwisterkorrelationen sind die einzigen für diese Art von Verhaltensdaten
geblieben. Die moderne Verhaltensforschung konzentriert
sich auf geistige Fähigkeiten, Persönlichkeitsmerkmale und
psychische Krankheiten. So wurden z.B. bei mehr als 25000
Geschwisterpaaren Intelligenztests durchgeführt. Die mittlere Geschwisterkorrelation für den IQ entspricht mit 0.47
etwa denjenigen für Größe und Gewicht. Verglichen mit IQ-
Differenzen zwischen zufällig ausgewählten Individuen unterscheiden sich Geschwister mit anderen Worten eher, als
daß sie sich ähnelten. Im Grunde unterscheiden sich Geschwister beim IQ eher noch mehr, als es diese Daten nahelegen, weil die meisten der 25000 Geschwisterpaare als Kinder getestet wurden und sich erwachsene Geschwisterpaare
im IQ stärker unterscheiden als Geschwisterpaare im Kindesalter. In der größten Untersuchung erwachsener Geschwister
ergab sich eine IQ-Korrelation von nur 0.31. Daraus läßt sich
folgern, daß im Erwachsenenalter die Geschwisterdifferenzen beim IQ deutlich größer sind als die Ähnlichkeiten.

Doch eine einzelne Zahl – der IQ-Wert – sagt uns keineswegs alles über die geistigen Fähigkeiten. Wie sieht es bei
spezifischen geistigen Fähigkeiten aus, z.B. bei den verbalen
Fähigkeiten oder dem Gedächtnis? Hier sind sich Geschwister unterschiedlich ähnlich. Die höchsten Geschwisterkorrelationen bei Erwachsenen zeigen sich mit 0.35 bei
Wortschatztests, während sie für andere verbale Tests wie
z.B. der Wortflüssigkeit (getestet etwa mit der Frage: »Wie
viele Worte können Sie nennen, die mit dem Buchstaben *g*
beginnen und mit dem Buchstaben *t* enden?«) bei 0.25 liegen. Ebenfalls in diesem Bereich liegen die Geschwisterkorrelationen bei Tests zum räumlichen Vorstellungsvermögen,
wie etwa der Fähigkeit, sich die Rotation eines dreidimen-

sionalen Objektes im Raum vorzustellen. Bei Gedächtnistests zeigen sich sogar noch niedrigere Korrelationen, die etwa bei 0.15 liegen. Insgesamt übertreffen die Geschwisterunterschiede bei spezifischen geistigen Fähigkeiten die Ähnlichkeiten bei weitem.

Da sich Geschwister in ihren geistigen Fähigkeiten deutlich unterscheiden, erscheint es naheliegend, daß dies auch für den Schulerfolg gilt. Für den Schulerfolg sind jedoch neben den geistigen Fähigkeiten auch andere Dinge wichtig, und diese anderen Faktoren führen dazu, daß sich Geschwister in ihrem Schulerfolg etwas ähnlicher sind als bei den geistigen Fähigkeiten. Die Geschwisterkorrelationen liegen in allen Schulfächern im allgemeinen etwas höher als 0.50.

Wir wissen zu wenig über geistige Behinderung oder Schulleistungsschwächen, aber auch hier gibt es Hinweise auf deutliche Unterschiede zwischen Geschwistern. In etwa 80 Prozent der Fälle, in denen z.B. bei einem Geschwister Leseunfähigkeit diagnostiziert wird, gilt dies für das andere Geschwister nicht. Bei leichter geistiger Behinderung (entspricht einem IQ zwischen 50 und 69) unterscheiden sich Geschwister ebenfalls in 80 Prozent der Fälle. Bei schwerer geistiger Behinderungen (IQ unter 50) unterscheiden sich Geschwister sogar noch deutlicher: Wenn bei einem Geschwister eine schwere geistige Behinderung diagnostiziert wird, trifft dies in mehr als 90 Prozent der Fälle auf das andere Geschwister nicht zu. Große Beachtung findet zur Zeit die Alzheimersche Krankheit, eine Form der Demenz, von der ältere Menschen betroffen sind; auch hier gilt, daß in 90 Prozent der Fälle nur ein Geschwister Symptome der Alzheimerschen Krankheit zeigt. Unter Berücksichtigung der allgemeinen Inzidenz dieser Störungen erhalten wir Geschwisterkorrelationen von 0.15 für Leseunfähigkeit, 0.19 für leichte geistige Behinderung, 0.10 für schwere geistige Behinderung und 0.08 für die Alzheimersche Krankheit. Diese niedrigen Geschwisterkorrelationen sind ein Hinweis darauf, daß Kinder in derselben Familie von diesen Störungen unterschiedlich betroffen sind.

Wir begannen mit den unterschiedlichen Persönlichkeiten von Schriftstellern und ihren Geschwistern. Beispiele für unterschiedliche Persönlichkeiten bei Geschwistern finden sich in allen Biographien – ob von Schriftstellern, Politikern, historischen Persönlichkeiten, Filmstars oder Sportlern. Der Begriff der *Persönlichkeit* umfaßt Dutzende von Dimensionen – z.B. Emotionalität, Aktivitätsgrad, Geselligkeit –, die gewöhnlich in der psychologischen Forschung bei Erwachsenen durch Fragebogen oder bei Kindern durch Ratingskalen erhoben werden, mittels derer Eltern ihre Kinder bewerten. Trotz der zahlreichen verschiedenen Definitionen des Begriffs Persönlichkeit läßt sich aus den Untersuchungen auf diesem Gebiet eine einfache Schlußfolgerung ziehen: Geschwister unterscheiden sich in bemerkenswertem Ausmaß. Die durchschnittliche Geschwisterkorrelation liegt für die Persönlichkeit lediglich bei 0.15; daraus folgt, daß Kinder, die in der gleichen Familie aufwachsen, etwa 85 Prozent der Varianz ihrer Persönlichkeit nicht gemeinsam haben.

Nehmen wir z.B. die beiden übergeordneten Persönlichkeitsfaktoren, die jeweils zahlreiche untergeordnete Faktoren repräsentieren und auf die sich die Forschung lange konzentriert hat: den Faktor Extraversion, der Persönlichkeitsdimensionen wie Geselligkeit, Impulsivität und Lebhaftigkeit umfaßt, und den Faktor Neurotizismus, unter dem Launenhaftigkeit, Ängstlichkeit und Unsicherheit in einer umfassenden Dimension emotionaler Stabilität/Instabilität zusammengefaßt werden. In der bisher größten Untersuchung zu diesen Persönlichkeitseigenschaften ergaben sich Geschwisterkorrelationen von 0.25 für Extraversion und 0.07 für Neurotizismus.

Die Geschwisterkorrelationen sind bei allen Persönlichkeitseigenschaften sehr niedrig. Die wenigen Ausnahmen reichen nicht höher als 0.40 und betreffen Eigenschaften, die im Grunde eher als Einstellungen zu bezeichnen wären, z.B. Maskulinität/Femininität, Ambiguitätstoleranz und Traditionalismus (zusammengesetzt aus Konformität und Konservatismus). Bei der Einstellung gegenüber dem Thema rassische Integration zeigen sich Geschwisterähnlichkeiten vergleichbarer Größenordnung. Die ausgeprägteste Geschwisterähnlichkeit findet sich im Hinblick auf Religiosität (Gottesglaube und religiöse Aktivitäten): Sie beträgt o.60. Die Ursachen für diese Ähnlichkeit werden uns in späteren Kapiteln beschäftigen.

Der letzte Bereich, den wir hier betrachten wollen, umfaßt psychische Erkrankungen und sozial abweichendes Verhalten. Wir beginnen mit zwei intensiv erforschten allgemeinen Kategorien schwerer Psychopathologie. Bei der Schizophrenie – charakterisiert durch lang anhaltende Verwirrungszustände, Halluzinationen und Störungen des sprachlichen Ausdrucks – liegt das Erkrankungsrisiko über die gesamte Lebensspanne in der Gesamtbevölkerung bei etwa einem Prozent. Im Gegensatz dazu beträgt das Risiko bei den in 13 Studien untersuchten fast 10 000 Geschwistern schizophren Erkrankter zehn Prozent. Natürlich ist das mehr als ein Prozent – doch 90 Prozent der Geschwister von Schizophrenen sind *nicht* schizophren.

Zur zweiten Kategorie schwerer psychischer Erkrankungen gehören die affektiven Störungen. Die häufigste Form psychischer Erkrankung, die unipolare Depression, ist durch Empfindungen von Wertlosigkeit und Traurigkeit, Schlafstörungen, Appetitlosigkeit, mangelnde Energie und Selbstmordgedanken gekennzeichnet. Eine zweite häufige Form der affektiven Störung ist die bipolare manisch-depressive Störung, die durch das abwechselnde Auftreten von Depression und Manie (d.h. Hyperaktivität, vermindertes Schlafbedürfnis und Euphorie) gekennzeichnet ist. Obwohl diese Störungen aufgrund der fließenden Übergänge zwischen normalen Stimmungsschwankungen und deren psychopathologischen Formen schwierig zu diagnostizieren sind, lassen neuere Untersuchungen den Schluß zu, daß das Risiko einer echten depressiven Erkrankung über die gesamte Lebensspanne bei etwa 5 Prozent liegt, und daß etwa 1 Prozent der Bevölkerung sowohl eine schwere depressive als auch eine manische Episode bereits erlebt hat. Verglichen mit dem Risiko von 5 Prozent in der allgemeinen Population beträgt das Risiko einer unipolaren Depression bei Geschwistern depressiver Personen 20 Prozent, wobei es bei Schwestern signifikant höher liegt (30 Prozent) als bei Brüdern (10 Prozent). Das Risiko einer bipolaren Erkrankung bei Geschwistern von Personen mit einer solchen Erkrankung liegt bei 6 Prozent; das allgemeine Risiko einer affektiven Störung steigt bei diesen Geschwistern jedoch auf 20 Prozent.

Bei weniger schweren psychischen Erkrankungen sind sich Geschwister sogar noch unähnlicher, z.B. bei reaktiven Depressionen. Neuere Untersuchungen lassen den Schluß zu, daß die Wahrscheinlichkeit einer eigenen depressiven Störung bei Geschwistern reaktiv depressiver Personen nicht höher ist als bei beliebigen anderen Personen, d.h. sie liegt mit 5 bis 10 Prozent auf dem Niveau des Populationsrisikos. Bei anderen leichten Formen psychischer Erkrankungen zeigt sich im Vergleich zum Populationsrisiko eine gewisse Geschwisterähnlichkeit, doch die Übereinstimmungen liegen selten höher als 20 Prozent. Eine Ausnahme von diesen sich regelmäßig zeigenden Geschwisterunterschieden stammt aus dem Bereich sozial abweichenden Verhaltens: Bei Jugendkriminalität findet sich eine Geschwisterübereinstimmung von bis zu 70 Prozent. Eine Erklärung für diese hohe Übereinstimmung liegt möglicherweise darin, daß Geschwister häufig gemeinsam Verbrechen begehen. Bei jungen Geschwistern korreliert die Zahl der Delikte mit 0.50; eine Korrelation, die bis zum Ende der Adoleszenz auf 0.20 absinkt. Bei der Erwachsenenkriminalität, definiert anhand des polizeilichen Strafregisters, zeigen sich Geschwisterübereinstimmungen von 30 Prozent.

Bei Alkoholmißbrauch schließlich finden wir bei Brüdern eine Übereinstimmung von 25 Prozent, verglichen mit einem Risiko von 5 Prozent in der männlichen Gesamtbevölkerung. Der Alkoholmißbrauch bei Frauen ist nicht so gut erforscht, doch die Übereinstimmung bei Schwestern ist anscheinend niedriger. Die Gesamtmenge des pro Monat konsumierten Alkohols korreliert bei Geschwistern mit 0.30.

Wie oben erläutert, können Geschwisterübereinstimmungen in Korrelationswerte umgerechnet werden, die dann die Geschwisterunterschiede in Relation zur Basisrate in der Gesamtpopulation anzeigen. Die Geschwisterkorrelationen für psychopathologische Erkrankungen betragen 0.09 für Schizophrenie, 0.16 für unipolare Depressionen und 0.05 für bipolare manisch-depressive Erkrankungen, 0.26 für Kriminalität im Erwachsenenalter und 0.21 für Alkoholismus. Die Tabelle 1.2 faßt die deutlichen Unterschiede zwischen Geschwistern auf dem Gebiet psychologicher Merkmale zusammen.

Mit dieser etwas monotonen Aufzählung von Geschwisterdaten für körperliche und psychische Merkmale wollen wir die Prämisse der Argumentation dieses Buches verdeutlichen – daß Geschwister, obwohl sie in derselben Familie aufwachsen, bemerkenswert verschieden sind. Es gibt durchaus Merkmale und Eigenschaften, die innerhalb von Familien gehäuft auftreten, aber verglichen mit der Unmenge an Unterschieden fallen diese Ähnlichkeiten kaum ins Gewicht. Eine der führenden Wissenschaftlerinnen auf diesem Gebiet, Sandra Scarr von der Universität Virginia, hat diesen Sachverhalt besonders prägnant formuliert:

Für den Fall, daß der Leser über diese Ergebnisse hinwegsieht, sollten wir ihre Implikationen ganz deutlich machen: Zwei Brüder aus der oberen Mittelschicht, die dieselbe Schule besuchen und deren Eltern sie zu denselben kulturellen Veranstaltungen, Sportereignissen, Musikstunden und Therapeuten schicken und die von ihnen in derselben Art und Weise erzogen werden, sind einander kaum ähnlicher als einem Jungen aus der Arbeiterklasse oder vom Bauernhof, dessen Leben sich von dem ihrigen radikal unterscheidet.

Tabelle 1.2: Geschwisterunterschiede bei psychologischen Merkmalen

Geschwisterunterschiede (% = 1 - Korrelation)

0   10   20   30   40   50   60   70   80   90   100

Religiosität

Schulerfolg

Jugendkriminalität

Traditionalismus

IQ im Kindesalter

Einstellungsmaße

Wortschatz

IQ im Erwachsenenalter

monatlicher Alkoholkonsum

Wortflüssigkeit

Räumliches Vorstellungsvermögen

Extraversion

Kriminalität im Erwachsenenalter

Alkoholismus

Unipolare Depression

Die meisten Persönlichkeitseigenschaften

Gedächtnis

Schizophrenie

Neurotizismus

Bipolare manisch-depressive Erkrankung

Auch innerhalb der Familie unterscheiden sich Eltern von ihren Kindern. Es ist einfach unzutreffend, daß der Apfel generell nicht weit vom Stamm fällt. Forschungsergebnisse belegen, daß die Unterschiede zwischen Eltern und ihren Nachkommen hinsichtlich körperlicher und psychischer Merkmale genauso groß oder sogar noch ausgeprägter sind als die Unterschiede zwischen Geschwistern. Das ist jedoch weniger überraschend, weil die Eltern älter sind, einer anderen Generation angehören und in einer anderen Familie aufgewachsen sind. Obwohl es durchaus sinnvoll ist, danach zu fragen, warum sich Kinder so sehr von ihren Eltern unterscheiden, lassen sich unterschiedliche Lebensweisen innerhalb derselben Familie klarer herausarbeiten, wenn wir uns mit Unterschieden zwischen Geschwistern gleichen Alters innerhalb derselben Familie befassen.

Darin liegt die Herausforderung: zu verstehen, warum Geschwister so verschieden sind. Das ist das Thema der restlichen Kapitel.

Kapitel 2
Genetische Unterschiede

Es gehörte zu den besten Momenten in meinem Leben, die beiden zusammen zu sehen und zu hören, mit ihrem Intellekt, der die gleiche stählerne, für die Huxleys charakteristische Qualität aufwies, mit ihren so ähnlichen Interessen und den tiefgreifenden Unterschieden ihres Temperaments.

Juliette Huxley, *Blood Brothers*

In diesem Zitat beschreibt die Witwe des Wissenschaftlers Julian Huxley die Ähnlichkeiten und Unterschiede zwischen ihrem Ehemann und seinem Bruder Aldous, dem Schriftsteller. Welche Rolle spielt bei solchen Ähnlichkeiten und Unterschieden die Vererbung? Wenn sich Geschwister so sehr unterscheiden wie James Joyce und sein Bruder Stanislaus, die von dem Schriftsteller Italo Svevo als Don Quichotte und Sancho Pansa bezeichnet wurden: Ist das auf Vererbung zurückzuführen? James war gefühlsstark, introvertiert, mit sich selbst beschäftigt; Stanislaus, der viele Jahre lang für James die Rolle des Zuhörers, Gefährten, Botengängers und Ernährers spielte, war rauhbeinig, offenherzig und ungehobelt; jemand, der von Kindheit an darauf aus war, anderen gefällig zu sein und ihr Wohlwollen zu gewinnen. Nach Stanislaus war »der Unterschied zwischen uns beiden nicht gradueller, sondern qualitativer Natur«. Welche Rolle spielen genetische Faktoren bei der Entwicklung von Geschwisterunterschieden?

Ein Grund für die Unterschiede zwischen Geschwistern liegt in den Erbanlagen. Die erste Vererbungsregel lautet: Verwandte sind sich ähnlich, und die zweite: Verwandte sind unterschiedlich. Hier wird nicht einfach ein Schlupfloch in

35

einer schwachen Theorie offengelassen. Vielmehr ist dies das Wesen des Vererbungsprozesses, der von dem Mönch Gregor Mendel vor über hundert Jahren in der heutigen Tschechischen Republik entdeckt wurde.

Mendel

Zu Mendels Zeiten wurde in der damals vorherrschenden Vererbungstheorie angenommen, daß Eizelle und Spermium winzige Kopien aller Zellen von Mutter und Vater seien. Bei der Befruchtung würden diese beiden Kopien miteinander verschmelzen, woraus dann Nachkommen entstünden, die eine Mischung von Eigenschaften beider Elternteile aufwiesen. Und in vielen Fällen hat man auch den Eindruck, daß Kinder quasi in der Mitte zwischen ihren Eltern liegen. Kinder eines großgewachsenen Vaters und einer kleinen Mutter sind gewöhnlich von mittlerer Größe.

Ein Problem dieser – heute als falsch erkannten – Theorie der Verschmelzung von Erbanlagen ist, daß Kinder sich häufig von ihren Eltern unterscheiden. Kleingewachsene Eltern haben manchmal große Kinder. Ein anderes Problem – mit dem sich auch Darwin herumschlug, der zur selben Zeit über die Evolution nachdachte – liegt darin, daß sich bei einer Mischung der Erbanlagen individuelle Unterschiede mit jeder Generation vermindern müßten. Das heißt, falls Eltern unterschiedlicher Körpergröße Kinder von mittlerer Größe bekommen, dann müßte in jeder neuen Generation ein größerer Anteil von Menschen mittlerer Größe zu beobachten sein. Darwins Evolutionstheorie beruhte auf vererbbaren Unterschieden zwischen den Mitgliedern einer Spezies: Ohne solche erbliche Variabilität gäbe es für die natürliche Selektion keine Auswahlkriterien. Mangels Alternativen mußte Darwin die Theorie der Verschmelzung von Erbanlagen widerstrebend akzeptieren. Die Lösung dieses Problems befand sich in einem Manuskript auf seinem

Schreibtisch, das er nie geöffnet hatte. Trotz Darwins breit gefächerter Leseinteressen entging diese Untersuchung eines unbekannten Mönchs über die Erbsen seiner Aufmerksamkeit.

Mendel wies in einer klassischen Serie einfacher Experimente nach, daß die Theorie der Verschmelzung von Erbanlagen falsch war. Als er eine Erbsensorte mit glatten Samen mit einer anderen Sorte kreuzte, die runzlige Samen hatte, ergab sich daraus keineswegs eine Sorte mit nur leicht runzligen Samen: Die Samen waren genauso glatt wie die Nachkommen einer Kreuzung von Pflanzen mit ausschließlich glatten Samen. Dieses Ergebnis war durch eine Verschmelzung von Erbanlagen nicht zu erklären.

War das erbliche Element für die Runzligkeit verlorengegangen? Mendel beantwortete diese Frage, indem er die glatten Nachkommen ihrerseits miteinander kreuzte. Dabei tauchten die Runzeln wieder auf: Ein Viertel der Nachkömmlinge hatte runzlige Samen, obwohl beide Eltern glatte Samen hatten. Eine Theorie der Vererbung würde also erklären müssen, wie aus Ähnlichem Unähnliches entsteht. Die verbleibenden drei Viertel der Nachkommen hatten glatte Samen. Das weist darauf hin, daß Vererbung Geschwister unterschiedlich macht, wenn wir die glatten und runzligen Erbsen dieser letzten Generation als Geschwister betrachten.

Das gleiche Drei-zu-Eins-Verhältnis zeigte sich, als Mendel ähnliche Experimente mit anderen Merkmalen der Erbsen durchführte und z.B. eine langstielige Variante mit einer kurzstieligen kreuzte. Darüber hinaus zeigte Mendel, daß sich bei einer Weiterzüchtung dieser Drei-zu-Eins-Generation in der nächsten Generation wieder das Drei-zu-Eins-Verhältnis zeigte. Tatsächlich zeigte sich dieses Drei-zu-Eins-Verhältnis bei allen nachfolgenden Generationen, vorausgesetzt, daß nicht irgendwelche Einflußfaktoren selektiv die Fortpflanzung eines bestimmten Typus begünstigten. Dieses wichtige Ergebnis weist darauf hin, daß die genetische Variabilität von Generation zu Generation durch Vererbung sichergestellt wird.

Wie sind diese Ergebnisse zu erklären? Mendel zog aus ihnen den Schluß, daß an der Vererbung zwei »Elemente« beteiligt sein müssen, eines von jedem Elternteil. Diese Elemente sind voneinander getrennt und unabhängig, d.h. es kommt nicht zu einer Verschmelzung. Weiter argumentierte er, daß ein Element das andere in dem Sinne dominieren kann, daß das dominante Element auch äußerlich zutage tritt, während das rezessive Element verborgen bleibt. Mit diesen beiden Annahmen können die Drei-zu-Eins-Verhältnisse erklärt werden, die Mendel in seinen Experimenten gefunden hatte (siehe Abb. 2.1). Nehmen wir z.B. an, daß im Falle der Kreuzung von Erbsenarten mit glatten und runzligen Samen das Erbelement für Glattheit dominant ist und das Element für Runzligkeit rezessiv. Die Nachkömmlinge der ersten Generation besitzen alle sowohl ein Element für glatte Samen als auch ein Element für runzlige Samen, aber alle ihre Samen werden glatt sein, weil das für glatte Samen verantwortliche Element dominant ist. Wenn diese Pflanzen miteinander gekreuzt werden, wird die nächste Generation zu gleichen Teilen aus Pflanzen mit glatt-glatten, glatt-runzligen, runzlig-glatten und runzlig-runzligen Paaren von Elementen bestehen. Wenn das glatte Element dominant ist, werden die drei ersten Gruppen alle glatte Samen haben. Nur die vierte Gruppe, die runzlig-runzligen Pflanzen, werden auch runzlige Samen aufweisen. Das entspricht dem Drei-zu-Eins-Verhältnis, das Mendel in seinen Experimenten beobachtete.

Für unsere Zwecke ist Mendels Theorie wichtig, weil auf ihrer Grundlage verständlich wird, daß aus der Vererbung von Merkmalen nicht nur Ähnlichkeiten, sondern auch Unterschiede zwischen Geschwistern resultieren. Wenn die Verschmelzungstheorie zuträfe, müßten alle Nachkommen sozusagen »zwischen« Mutter und Vater liegen. Dann gäbe es keine Unterschiede zwischen Geschwistern. Mendels

Abb. 2.1: Mendelsche Vererbung: Glatte und runzlige Erbsen

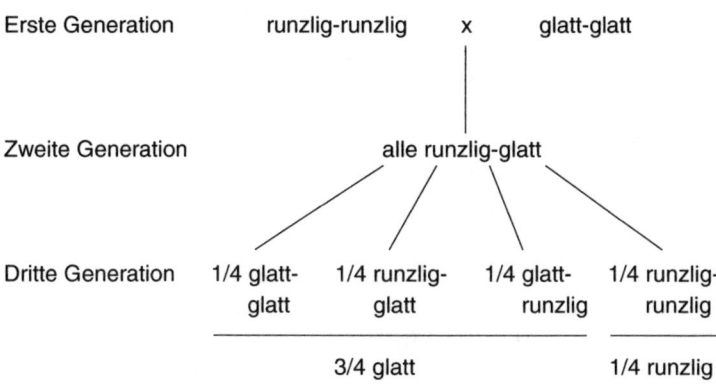

Erste Generation   runzlig-runzlig   x   glatt-glatt

Zweite Generation   alle runzlig-glatt

Dritte Generation   1/4 glatt-   1/4 runzlig-   1/4 glatt-   1/4 runzlig-
                          glatt   glatt   runzlig   runzlig

                              3/4 glatt   1/4 runzlig

Mendels Experimente führten zu seiner Vererbungstheorie und
zeigten, daß Gleiches nicht Gleiches erzeugt. Das bedeutet, daß
Geschwister durch Vererbung sowohl einander ähnlich als auch
unterschiedlich werden.

Theorie zeigt jedoch, daß wir bei erblichen Merkmalen mit
Geschwisterunterschieden rechnen müssen. Weil die Eltern
jeweils zwei Erbelemente aufweisen und die Nachkommen
ein Element von jedem Elternteil erben, stehen die Chancen, daß Geschwister dasselbe Element erben, fünfzig zu
fünfzig.

Nach Mendel

Mendels Arbeiten entgingen nicht nur Darwins Aufmerksamkeit; für vierzig Jahre wurden sie von der gesamten wissenschaftlichen Welt nicht zur Kenntnis genommen. Mendel starb, ohne den gewaltigen Einfluß seiner Theorie auf
die Biologie bei ihrer Wiederentdeckung um die Jahrhundertwende noch zu erleben. Mendels Erbelemente werden
heute als Gene bezeichnet. Zufällige Mutationen, Fehler bei

der Verdopplung des genetischen Materials, sind der eigentliche Ursprung für die genetische Vielfalt, die Varianten eines Gens, die als Allele bezeichnet werden. Diese Annahmen vervollständigen Darwins Evolutionstheorie: Die genetische Variabilität verschwindet nicht im Zuge der Vererbung, sondern bleibt von Generation zu Generation erhalten, solange nicht die natürliche Selektion eingreift und der Fortpflanzungserfolg einer Art gegenüber einer anderen verändert wird.

Auf die Wiederentdeckung von Mendels Theorie folgten jahrelange wissenschaftliche Auseinandersetzungen. War die Theorie auf bestimmte Merkmale von Pflanzen beschränkt, oder beschrieb sie darüber hinaus auch die Mechanismen der Vererbung komplexer Eigenschaften beim Menschen? Die meisten menschlichen Eigenschaften sind keine qualitativen Merkmale, die entweder auftreten oder auch nicht auftreten, wie dies bei der von Mendel untersuchten Erbsenpflanze der Fall ist. Auch Menschen können z.B. eine glatte oder runzlige Haut haben, aber dies sind keineswegs einander ausschließende Alternativen. Genauso wie bei Schönheit oder Intelligenz läßt sich die Populationsverteilung von Merkmalen wie Hautbeschaffenheit und Körpergröße in Form einer glockenförmigen Kurve (der sogenannten Normalverteilung) beschreiben. Bei einer solchen Normalverteilung liegen die meisten Menschen im mittleren Bereich, und je weiter wir uns von der Mitte entfernen, desto weniger Menschen finden wir. Abbildung 2.2 zeigt die Normalverteilung für Körpergröße, wie sie von Galton im 19. Jahrhundert ermittelt wurde.

Die Auseinandersetzungen endeten mit der Erkenntnis, daß ein Merkmal von zahlreichen Genen beeinflußt werden kann. Wenn die Variabilität eines Merkmals von mehreren Genen bestimmt wird, von denen jedes einen kleinen Effekt hat, ergibt sich eine Normalverteilung, auch wenn jedes einzelne Gen in der von Mendel beschriebenen qualitativen Entweder-Oder-Form vererbt wird. Verhaltensmerkmale und

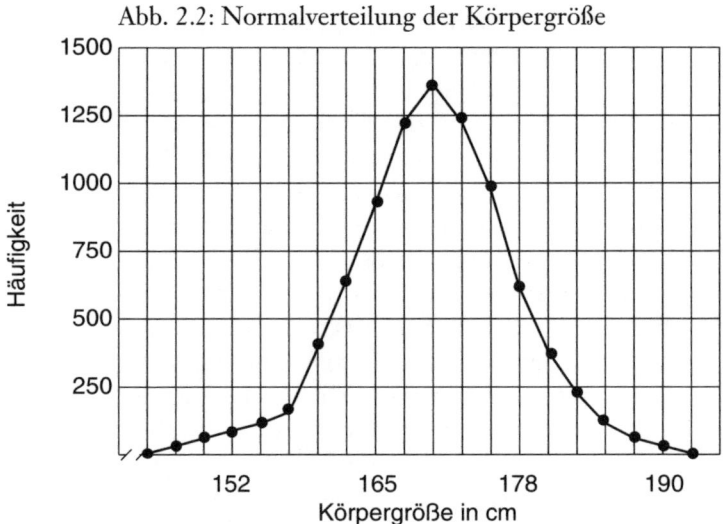

Abb. 2.2: Normalverteilung der Körpergröße

Bei der Körpergröße ergibt sich, wie auch bei den meisten psychologischen Merkmalen, eine Normalverteilung in Form einer glockenförmigen Kurve, bei der sich die meisten Menschen im mittleren Bereich und weniger Menschen an den beiden äußeren Enden der Verteilung finden. Diese Daten zur Körpergröße wurden im neunzehnten Jahrhundert von Galton bei 8585 erwachsenen Männern erhoben. Neuere Untersuchungen zeigen dieselbe (Normal-)Verteilung bei allerdings höherer Durchschnittsgröße.

-störungen werden von zahlreichen Genen beeinflußt, die alle nur geringe Auswirkungen haben, anders als bei den auf den Einfluß nur eines Gens zurückzuführenden Merkmalen, die Mendel bei den Erbsen untersucht hatte. Das ist im Grunde nicht überraschend. Menschliches Verhalten ist offensichtlich sehr komplex in dem Sinne, daß es sich als Reaktion auf Umweltbedingungen in dynamischer Weise verändert. Mit Ausnahme seltener Mutationen, die die normale Entwicklung massiv beeinträchtigen und z. B. zu geistiger Behinderung führen, sind bislang keine Verhaltensauswirkungen einzelner Gene gefunden worden. Jedes der zahlreichen Gene, die das Verhalten beeinflussen, kann jedoch genauso nach den Mendelschen Gesetzen vererbt werden wie jedes andere den Phänotyp beeinflussende Gen.

Die Behauptung, daß das Verhalten von zahlreichen Genen beeinflußt wird, scheint zunächst in völligem Widerspruch zu Berichten aus den letzten Jahren zu stehen, daß man »das Gen« für die manisch-depressive Erkrankung oder die Schizophrenie gefunden habe. Diese Berichte basieren auf Untersuchungen, bei denen die Vererbung genetischer Marker mit der Vererbung von Erkrankungen innerhalb einer Familie korreliert werden. Wenn bestimmte Merkmale oder Eigenschaften gemeinsam vererbt werden, dann müssen sie auf demselben Chromosom miteinander gekoppelt sein. Unterstützt durch solche Kopplungsanalysen gelang die chromosomale Lokalisierung von Krankheiten wie der Chorea Huntington, der Zystenniere, der zystischen Fibrose, der Muskeldystrophie Typus Duchenne und einiger anderer. Von diesen Erkrankungen wußte man schon lange, daß sie von einem einzigen Gen verursacht werden, das seine schädliche Wirkung unabhängig von anderen Genen oder von Umweltfaktoren entfaltet. Mit den heutigen Kopplungsanalysen können nur solche Gene entdeckt werden, die im wesentlichen allein für eine bestimmte Erkrankung verantwortlich sind. Die Vererbung psychischer Erkrankungen wie der bipolaren manischen Depression oder der Schizophrenie ist sehr viel komplexer. Wie aber hat man dann die genetische Kopplung für diese Krankheiten herausgefunden? Die Antwort lautet: Gar nicht. Der Bericht über die Entdeckung der Kopplung der bipolaren manisch-depressiven Erkrankung wurde zurückgezogen, und Versuche zur Replikation der Befunde zur Kopplung der Schizophrenie scheiterten wiederholt. Die Molekulargenetik – gegenwärtig das sich am schnellsten entwickelnde Forschungsgebiet überhaupt – wird irgendwann vielleicht in der Lage sein, auch komplexe Phänotypen wie das Verhalten zu analysieren, die sowohl von zahlreichen Genen mit jeweils geringen Auswirkungen als auch von nicht-genetischen Faktoren beeinflußt werden. Heute jedoch müssen Untersuchungen genetischer Einflüsse noch mit den weniger direkten Methoden der quantitativen Genetik auskommen, die zu Beginn dieses Jahrhunderts entwickelt wurden.

Vererbte Ähnlichkeiten zwischen Verwandten

Die Genetiker lösten zu Beginn dieses Jahrhunderts nicht nur das Problem der Vererbung quantitativer Merkmale; sie beantworteten auch die Frage, welches Ausmaß an Ähnlichkeit bei verschiedenen Verwandtschaftsgraden zu erwarten sein würde, wenn ein Merkmal von zahlreichen Genen beeinflußt wird. Der Korrelationskoeffizient, ein Indikator der Ähnlichkeit, den wir im vorigen Kapitel beschrieben haben, wurde von Francis Galton und seinem Schüler Karl Pearson mit dem Ziel entwickelt, die Familienähnlichkeit bestimmen zu können. Ironischerweise wurde diese Statistik von Galton zuerst auf ein Merkmal der Gartenwicke angewandt, lange bevor Mendels Arbeiten zur Erbse wiederentdeckt wurden. Anders als Mendel, der qualitative Merkmale untersucht hatte, befaßte sich Galton mit dem Merkmal der Größe der Samen, gemessen als Durchmesser, ein quantitatives Merkmal, das einer Normalverteilung folgt.

Pearsons Schüler Ronald Fisher zeigte, daß Geschwister sich genetisch zu 50 Prozent ähnlich sind, in dem Sinne, daß, wenn es für ein Gen verschiedene Allele gibt, Geschwister eine 50:50-Chance haben, dasselbe Allel zu erben. Genetiker konzentrieren sich meist auf genetisch bedingte Ähnlichkeiten; in unserem Zusammenhang ist jedoch die andere Seite der Medaille relevant: Geschwister sind zu 50 Prozent genetisch verschieden. Diese 50 Prozent sind nur ein Mittelwert. Die menschlichen Gene liegen auf 23 Chromosomenpaaren; die eine Hälfte jedes Chromosomenpaares kommt von der

Mutter, die andere vom Vater. Die Chancen, ein unterschiedliches Chromosom für jede Hälfte jedes Chromosomenpaares zu erben, stehen bei Geschwistern 50:50. Wenn Geschwister unterschiedliche Chromosomen erben, erben sie damit Tausende von unterschiedlichen Allelen, die sich auf diesem Chromosom befinden. Auf diese Weise können manche Geschwister genetisch verschiedener sein und manche ähnlicher. In Wirklichkeit ist dies jedoch weniger wichtig, als es den Anschein hat, da es zusätzlich zu Rekombinationen zwischen den mütterlichen und väterlichen Chromosomen – d.h. zu einem Austausch von Chromosomenteilen – kommt, so daß Geschwister nur selten exakt dasselbe Chromosom erben.

Insgesamt trägt Vererbung mehr zu Unterschieden als zu Ähnlichkeiten zwischen Geschwistern bei. Fisher stellte fest, daß die genetische Ähnlichkeit von Geschwistern von 0.50 auf der Annahme beruht, daß genetische Einflüsse auf ein Merkmal additiv sind. Wenn also z.B. ein Gen einen mittleren Effekt der Größe 1 hat und ein weiteres Gen ebenfalls einen Effekt dieser Größe ausübt, dann beträgt ihr gemeinsamer Effekt 2. Doch Gene wirken nicht immer auf diese Weise – 1 plus 1 ergeben hier nicht immer 2. Bestimmte Genkombinationen können nicht-additive (interaktive) Effekte haben. Die eben beschriebene Genkombination kann z.B. einen Effekt von 4 und nicht von 2 haben. Dominanz ist eine Form eines nicht-additiven Effekts bei einem einzelnen Gen, bei dem es keinen Unterschied macht, ob man nur ein dominantes Allel hat oder zwei. In Mendels Untersuchungen hatten hybride Nachkommen mit nur einem dominanten Allel für glatte Samen genauso glatte Samen wie ihre reinerbige Elterngeneration, die zwei dominante Allele für glatte Samen hatte. Ein weiterer nicht-additiver Effekt, die Epistasis, bezeichnet Wechselwirkungen zwischen verschiedenen nicht-allelen Genen (d.h. zwischen Genen, mit denen unterschiedliche Merkmale codiert werden). Solche nicht-additiven Geneffekte tragen nur wenig zur Ähnlichkeit von

Geschwistern bei, da die Chancen gering sind, daß sie genau dieselbe Kombination von Genen erben; das gilt insbesondere dann, wenn ein Merkmal von zahlreichen Genen beeinflußt wird. Falls also nicht-additive genetische Effekte bedeutsam sind, trägt Vererbung mehr zu Geschwisterunterschieden als zu Geschwisterähnlichkeiten bei. Es gibt Hinweise darauf, daß es sich bei den genetischen Effekten auf das Verhalten, insbesondere auf die Persönlichkeit und die Psychopathologie, um nicht-additive Effekte handelt. Wir können nicht-additive genetische Varianz durch den Vergleich mit eineiigen Zwillingen erkennen, die hinsichtlich aller genetischen Merkmale identisch sind, einschließlich der Interaktionen zwischen vielen verschiedenen Genen. Nicht-additive genetische Varianz wird in solchen Fällen erkennbar, in denen Ähnlichkeit zwischen eineiigen Zwillingen besteht, zu ihren Verwandten ersten Grades jedoch nicht.

Falls ein Merkmal erblich überhaupt nicht beeinflußt wird, ist dies alles natürlich ohne Bedeutung. Wenn Vererbung für ein bestimmtes Merkmal keine Rolle spielt, dann tragen genetische Faktoren weder zu Ähnlichkeiten noch zu Unterschieden zwischen Geschwistern bei. Andererseits müßten Umweltfaktoren gar nicht erst in Betracht gezogen werden, wenn Erbfaktoren alle Ähnlichkeiten und Unterschiede zwischen Geschwistern erklären würden. Wie groß ist also die Rolle, die der Vererbung zukommt?

Anlage und Umwelt

Die Abwägung der relativen Bedeutsamkeit von Anlage (d.h. Erbfaktoren) und Umwelt (z.B. Erziehung) ist eines der ältesten Themen der Verhaltenswissenschaften. Gegen Ende des neunzehnten Jahrhunderts zeigte Francis Galton (der das Begriffspaar *Anlage und Umwelt* popularisierte), daß zahlreiche komplexe Persönlichkeitsmerkmale wie Schönheit, Körperkraft und Intelligenz gehäuft innerhalb derselben Familien auftraten. Er war der Überzeugung, daß familiäre Ähnlichkeit im wesentlichen auf genetische Faktoren zurückzuführen sei; ihm standen jedoch keine Methoden zur Verfügung, um dies beweisen zu können. Familienähnlichkeit könnte natürlich genausogut z.B. auf die Erziehung und andere Umweltfaktoren zurückgehen. Wenn sich herausstellt, daß dicke Eltern dicke Kinder und Enkel haben – liegt das daran, daß sie ähnliche Eßgewohnheiten oder eine ähnliche genetische Ausstattung haben?

Adoptions- und Zwillingsstudien

In den zwanziger Jahren wurden zwei Verfahren entwickelt, um den Einfluß von Anlage und Umwelt getrennt erfassen zu können: Adoptions- und Zwillingsstudien. Die Adoption trennt Anlage und Umwelt, weil sie zu Verwandtschaftsverhältnissen führt, in denen entweder gemeinsame Erbanlagen bei unterschiedlichen Familienumgebungen (getrennte Adoption genetisch Verwandter) oder gemeinsame Familienumgebungen bei unterschiedlichen Erbanlagen (gemeinsame Adoption von genetisch nicht Verwandten) vorliegt. Falls die Erbanlagen so bedeutsam sind, sollten sich genetisch Verwandte ähnlich entwickeln, auch wenn sie getrennt aufwachsen. Falls die familiäre Umgebung für die Ähnlichkeit von Verwandten verantwortlich sein sollte, dann sollten genetisch nicht verwandte Individuen durch gemeinsame Adoption einander ähnlich werden.

In Zwillingsstudien werden Stichproben von eineiigen und zweieiigen Zwillingen miteinander verglichen. Um die Jahrhundertwende wiesen Ergebnisse der embryologischen Forschung darauf hin, daß es zwei Arten von Zwillingen gibt. Bei zwei Dritteln aller Zwillinge werden zwei Eizellen zur gleichen Zeit befruchtet. Die aus diesem Grund als zweieiig bezeichneten Zwillinge sind Geschwister, die zufällig zur gleichen Zeit geboren werden. Eineiige – oder identische – Zwillinge stammen dagegen von einer einzigen befruchteten Eizelle, die sich in den ersten Tagen nach der Empfängnis in zwei gleiche Zygoten geteilt hat. Beide Arten von Zwillingen ähneln sich in vielerlei Hinsicht. Ihre vorgeburtliche Entwicklung erfolgt zusammen in demselben Mutterleib, sie sind gleich alt, und sie wachsen – höchstwahrscheinlich – in derselben Familie auf.

Aber es gibt einen ganz großen Unterschied: Zweieiige Zwillinge sind genetisch mindestens doppelt so verschieden wie eineiige. Denn eineiige Zwillinge sind genetisch identisch, während es sich bei zweieiigen Zwillingen um Geschwister handelt, die, wie oben erläutert, im Mittel zu etwa 50 Prozent genetisch identisch sind. Wenn eine bestimmte Eigenschaft genetisch beeinflußt wird, dann zeigen sich bei zweieiigen Zwillingen deutlichere Differenzen als bei eineiigen. Wenn Erbfaktoren keinen Einfluß haben, dann wird sich die doppelt so hohe genetische Ähnlichkeit der eineiigen Zwillinge nicht auswirken, und sie werden sich genauso ähnlich sein wie zweieiige Zwillinge.

Zusammenfassend würden wir bei genetisch beeinflußten Merkmalen erwarten, daß getrennt adoptierte Verwandte einander ähneln. Wir würden weiterhin erwarten, daß sich biologische Geschwister, die in derselben Familie aufwachsen, ähnlicher sind als genetisch nicht verwandte »Geschwister«, die von der gleichen Familie adoptiert wurden. Bei Zwillingsstudien wäre zu erwarten, daß eineiige Zwillinge sich ähnlicher sind als zweieiige. Falls erbliche Faktoren keinen Einfluß haben, sollten getrennt adoptierte Verwandte keine Ähnlichkeit miteinander aufweisen, biologische Geschwister sollten sich nicht ähnlicher sein als Adoptivgeschwister, und eineiige Zwillinge sollten sich nicht ähnlicher sein als zweieiige Zwillinge.

Daten aus Zwillings- und Adoptionsstudien können jedoch nicht nur Hinweise darauf geben, ob genetische Faktoren einen wesentlichen Einfluß auf quantitative Merkmale ausüben; sie können darüber hinaus auch dazu dienen, die

Größe dieses Einflusses abzuschätzen. Beispielsweise ist die gesamte Varianz eines Merkmals auf genetische Faktoren zurückzuführen, wenn die Korrelation für getrennt adoptierte Verwandte ersten Grades 0.50 beträgt, für biologische Geschwister ebenfalls 0.50 und für adoptierte Geschwister 0.00, und wenn eineiige bzw. zweieiige Zwillinge zu 1.0 bzw. 0.50 korrelieren. Es gibt jedoch kein einziges Erbmerkmal, dessen Varianz vollständig auf Erbfaktoren zurückginge; wie wir noch sehen werden, ist deren Einfluß meist sehr viel geringer. Wenn genetische Faktoren die Hälfte der Varianz erklären, dann sollten getrennt adoptierte Verwandte ersten Grades zu 0.25 korrelieren, biologische Geschwister zu mindestens 0.25 und eineiige bzw. zweieiige Zwillinge zu mindestens 0.50 bzw. 0.25. In den Anmerkungen zu diesem Kapitel finden sich genauere Erläuterungen zum sogenannten Erblichkeitsindex, der es erlaubt, das Ausmaß des genetischen Effekts einzuschätzen. Wir möchten betonen, daß es sich beim Erblichkeitsindex lediglich um eine deskriptive Statistik handelt, die für eine bestimmte Population zu einem bestimmten Zeitpunkt das Ausmaß anzeigt, in dem beobachtbare Unterschiede zwischen Individuen auf genetische Unterschiede zurückgeführt werden können. Es handelt sich weder um eine unwandelbare Konstante, noch gibt er Auskunft darüber, auf welche Weise die Gene ihre Wirkungen entfalten.

Im vorherigen Kapitel sollte deutlich geworden sein, daß bei den meisten körperlichen und psychischen Merkmalen die Unterschiede zwischen Geschwistern größer sind als die Ähnlichkeiten. Daraus folgt bereits, daß nicht alle Geschwisterdifferenzen auf Erbfaktoren zurückgeführt werden können; wenn dem so wäre, dann müßten die Geschwisterkorrelationen aufgrund der zu 50 Prozent gemeinsamen Erbmasse näher bei 0.50 liegen. Wenn wir wüßten, in welchem Ausmaß die Vererbung die jeweiligen Merkmale beeinflußt, könnten wir das Ausmaß einschätzen, in dem Geschwisterunterschiede auf genetische Unterschiede zurückgehen.

Wenn also ein Merkmal in keiner Weise genetisch beeinflußt wird, dann sind natürlich auch die Geschwisterdifferenzen bei diesem Merkmal nicht auf genetische Einflüsse zurückzuführen. Wenn wir dagegen annehmen, daß 40 Prozent der Variabilität eines bestimmten Merkmals von Erbfaktoren bestimmt werden, so impliziert dies, daß die Unterschiede zwischen Geschwistern nur zu 20 Prozent auf Erbfaktoren zurückgehen.

Hinweise auf genetische Einflüsse

Wie steht es um Unterschiede in der körperlichen Erscheinung, z.B. bei Körpergröße und Gewicht? Photographien der Familie von Katherine Mansfield zeigen sie als pummeliges, unattraktives Kind, wohingegen ihre Schwestern groß, schön und schlank waren; die Gebrüder Joyce wurden als Don Quichotte und Sancho Pansa bezeichnet; und Beschreibungen von D. H. Lawrence und seinen Brüdern kontrastieren George (kleingewachsen, gutaussehend, mit regelmäßigen Gesichtszügen) und Ernest (kräftig gebaut und »nach seinem Vater geraten«) mit David Herbert (dünn und zart). »Mit seinen rötlichen Haaren und dem kalkweißen Gesicht war er der weichlichste Junge, den ich je gekannt habe«, schrieb ein Klassenkamerad.

Es dürfte kaum überraschen, daß Erbfaktoren bei solchen Unterschieden eine große Rolle spielen. So gehen Unterschiede in der Körpergröße zu etwa 80 Prozent auf genetische Faktoren zurück. Die einfachste Form einer Adoptionsstudie ist die seltene, aber besonders aufschlußreiche Situation, in der eineiige Zwillinge direkt nach der Geburt getrennt adoptiert werden und getrennt in unterschiedlichen Umgebungen aufwachsen. Die Ähnlichkeiten zwischen diesen Paaren – ausgedrückt in Form einer Korrelation – können, wie in den Anmerkungen näher erläutert wird, direkt auf Erbfaktoren zurückgeführt werden. Die Körpergröße getrennt aufgewachsener eineiiger Zwillinge korreliert mit 0.80; damit können 80 Prozent der Varianz der Körpergröße auf Erbfaktoren zurückgeführt werden. Bei getrennt adoptierten Verwandten ersten Grades beträgt die Korrelation etwa 0.40; auch das bedeutet, daß 80 Prozent der Varianz der Körpergröße auf genetische Faktoren zurückgeht. Bei zusammen aufgewachsenen eineiigen Zwillingen korreliert die Körpergröße mit 0.90, bei zweieiigen Zwillingen mit 0.50. Auch in diesen Fällen läßt sich der Schluß ziehen, daß 80 Prozent der Varianz der Körpergröße genetischen Ursprungs ist.

Eine Erblichkeit von 80 Prozent bedeutet in diesem Beispiel auch, daß 80 Prozent der Unterschiede zwischen Geschwistern erblich sind. Wie im vorigen Kapitel erwähnt, unterscheiden sich Geschwister in der Körpergröße um 50 Prozent. Eine Erblichkeit von 80 Prozent impliziert, daß 40 Prozent der Größendifferenzen bei Geschwistern allein auf Vererbung zurückgehen. Mit anderen Worten: 80 Prozent (d.h. 40 Prozent von 50 Prozent) der Geschwisterunterschiede bei der Körpergröße sind auf genetische Unterschiede zurückzuführen.

Geschwisterunterschiede beim Körpergewicht sind nahezu im gleichen Ausmaß wie die Größendifferenzen das Ergebnis genetischer Faktoren. Im Erwachsenenalter betragen die Korrelationen bei eineiigen bzw. zweieiigen Zwillingen 0.80 bzw. 0.50. Man kann also davon ausgehen, daß 60 Prozent der Gewichtsdifferenzen zwischen Individuen auf genetische Unterschiede zurückgehen und daß 60 Prozent (d.h. 30 Prozent von 50 Prozent) der Gewichtsdifferenzen zwischen Geschwistern ebenfalls erblich bedingt sind. Auch bei anderen körperlichen Merkmalen gehen die Unterschiede zwischen Geschwistern hauptsächlich auf genetische Unterschiede zurück. Im vorigen Kapitel hatten wir beispielsweise erwähnt, daß sich Geschwister bei Augen-, Haar- und Gesichtsfarbe deutlich unterscheiden. Eineiige Zwillinge unterscheiden sich dagegen bei diesen Merkmalen überhaupt nicht, woraus man schließen kann, daß Geschwisterdifferenzen bei diesen Merkmalen vollständig genetischen Ursprungs sind.

Im letzten Kapitel wurde auch darauf hingewiesen, daß Geschwister von weit verbreiteten Krankheiten wie Herzerkrankungen und Krebs in ganz unterschiedlichem Ausmaß betroffen sind. Die Tabelle 2.1 zeigt erneut die Übersicht der Geschwisterunterschiede bei körperlichen Merkmalen und weit verbreiteten Krankheiten aus dem vorigen Kapitel.

Tabelle 2.1.: Ursprung von Geschwisterunterschieden bei körperlichen Merkmalen und weitverbreiteten Krankheiten (»—« bezeichnet genetische und »X« nicht-genetische Effekte)

	Geschwisterunterschiede (% = 1 – Korrelation)	
	0 10 20 30 40 50 60 70 80 90 100	
Körpergröße	-----------------XXX	
Gewicht	-------------XXXXX	
Ischämische Herzerkrankungen 18% (.13)	-----XXXXXXXXXXXXXXXXXX	
Magengeschwüre 15% (.10)	----XXXXXXXXXXXXXXXXXX	
Bluthochdruck 11% (.07)	------XXXXXXXXXXXXXXXXXX	
Brustkrebs 10% (.06)	-XXXXXXXXXXXXXXXXXXXXXX	
Diabetes 8% (.06)	----XXXXXXXXXXXXXXXXXXX	
Dickdarmkrebs 6% (.05)	-XXXXXXXXXXXXXXXXXXXXXX	
Ekzeme in der Kindheit 5% (.03)	---XXXXXXXXXXXXXXXXXXXX	
Enddarmkrebs 3% (.02)	-XXXXXXXXXXXXXXXXXXXXXX	
Asthma 4% (.07)	---XXXXXXXXXXXXXXXXXXX	
Heuschnupfen 14% (.00)	---XXXXXXXXXXXXXXXXXXXXXX	

Zusätzlich aufgenommen wurde das Ausmaß, in dem diese Geschwisterunterschiede auf genetische Faktoren zurückgeführt werden können.

Bei Körpergröße und Gewicht gehen die Geschwisterdifferenzen größtenteils auf genetische Faktoren zurück; bei den genannten Krankheiten jedoch spielen diese Faktoren eine weit geringere Rolle. Bei Herzerkrankungen beispielsweise betragen die Korrelationen eineiiger bzw. zweieiiger Zwillinge 0.24 bzw. 0.13, bei Brustkrebs 0.08 und 0.06 und bei Magengeschwüren 0.19 und 0.10. Im Mittel können nur weniger als sieben Prozent der Geschwisterunterschiede bei den in Tabelle 2.1 aufgeführten Krankheiten auf genetische Unterschiede zurückgeführt werden.

Wie aus Tabelle 2.2 deutlich wird, geht bei psychologischen Merkmalen und Eigenschaften ein größerer Teil der Unterschiede zwischen Geschwistern auf genetische Unterschiede zurück als bei den genannten weit verbreiteten Krankheiten. Bei manchen Einstellungen wie z.B. der Religiosität zeigen sich keine genetischen Einflüsse, aber im Mittel geht etwa ein Drittel der Unterschiede zwischen Geschwistern bei psychologischen Merkmalen auf genetische Faktoren zurück. Das am besten erforschte Persönlichkeitsmerkmal ist der Intelligenzquotient (IQ). Die Korrelation zwischen »genetischen« Eltern und ihren zur Adoption weggegebenen Nachkommen liegt bei etwa 0.25. Getrennt adoptierte Geschwister korrelieren ebenfalls mit 0.25. Diese Zahlen implizieren, daß 50 Prozent der IQ-Varianz zwischen Individuen auf Erbfaktoren zurückgeht. Die Ergebnisse von Zwillingsstudien sind ähnlich: Die Korrelationen zwischen eineiigen Zwillingen sind um etwa 0.25 höher als diejenigen zwischen zweieiigen (0.85 gegenüber 0.60).

Diese Ergebnisse lassen in ihrer Gesamtheit kaum einen anderen Schluß zu, als daß individuelle Differenzen beim IQ-Wert wesentlich durch genetische Faktoren bestimmt werden. Schätzungen des Ausmaßes genetischer Einflüsse auf den IQ beziffern diese meist auf etwa 50 Prozent. Die

Tabelle 2.2.: Ursprung von Geschwisterunterschieden bei
psychologischen Merkmalen
(»—« bezeichnet genetische und »X« nicht-genetische Effekte)

	Geschwisterunterschiede (% = 1 - Korrelation)
	0 10 20 30 40 50 60 70 80 90 100
Religiosität	XXXXXXXXXX
Schulerfolg	-------XXXXXXXX
Jugendkriminalität	-----------XXXXXX
Traditionalismus	-----XXXXXXXXXX
IQ im Kindesalter	-----------XXXXXXX
Wortschatz	-------XXXXXXXXXXXX
IQ im Erwachsenenalter	-----------XXXXXXXXXXX
Monatlicher Alkoholkonsum	---------------------XXXXXX
Wortflüssigkeit	-------XXXXXXXXXXXXXX
Räumliches Vorstellungsvermögen	-----------XXXXXXXXXXXX
Extraversion	-------------XXXXXXXXXXX
Kriminalität im Erwachsenenalter	---------------XXXXXXXXXXX
Depression	---------------XXXXXXXXXXXX
Die meisten Persönlichkeitsmerkmale	-------------XXXXXXXXXXXXXX
Gedächtnis	---------XXXXXXXXXXXXXXX
Schizophrenie	----------XXXXXXXXXXXXXXXX
Neurotizismus	---------------XXXXXXXXXXXXX

Hälfte der Geschwisterunterschiede beim IQ kann damit auf
Vererbung zurückgeführt werden. Im vorigen Kapitel hatten
wir ausgeführt, daß die IQ-Differenzen zwischen Geschwistern mit der Entwicklung vom Kindes- zum Erwachsenenalter zunehmen. Sowohl im Kindes- als auch im Erwachsenenalter sind jedoch die Anteile an diesen Differenzen, die
auf genetische Unterschiede zurückgehen, in etwa gleich.

Auch aus den Daten für die weiteren in Tabelle 2.2 aufgeführten Verhaltensbereiche (die nicht so intensiv erforscht wurden wie der IQ) folgt, daß zahlreiche Aspekte des Verhaltens wesentlich durch Vererbung beeinflußt werden. Das Ausmaß der genetischen Einflüsse ist unterschiedlich. Bei einigen Arten von Gedächtnisleistungen scheinen sich z.B. geringere genetische Einflüsse zu zeigen als bei anderen Aspekten geistiger Fähigkeiten. Extraversion und Neurotizismus sind erblicher als andere Persönlichkeitseigenschaften. Die wesentlichste Erkenntnis aus den Daten in Tabelle 2.2 ist jedoch, daß etwa ein Drittel der Unterschiede zwischen Geschwistern auf genetische Faktoren zurückzuführen ist.

Vor zehn oder fünfzehn Jahren hätte die wichtigste Erkenntnis aus den Daten dieser Tabelle gelautet, daß das Verhalten überhaupt durch Erbfaktoren beeinflußt wird. Zum heutigen Zeitpunkt sollten wir jedoch als »Gegengewicht« zum aktuellen Trend hin zu biologischen Determinismen einen anderen Aspekt betonen: Obwohl menschliches Verhalten wesentlich durch Erbfaktoren beeinflußt wird, sind nicht-genetische Einflüsse zumindest genauso bedeutsam. Es hat beispielsweise eher nicht-genetische als genetische Gründe, wenn eine Person als schizophren diagnostiziert wird und eine andere nicht. Schizophrenie tritt bei eineiigen Zwillingen in weniger als 50 Prozent der Fälle gemeinsam auf; das bedeutet, daß in mehr als der Hälfte aller Fälle, in denen ein eineiiger Zwilling als schizophren diagnostiziert wird, der genetisch identische Zwilling nicht schizophren ist. In bezug auf Geschwister folgt aus diesen Ergebnissen für Schizophrenie – und für andere psychologische Merkmale –, daß genetische Faktoren wesentlich zu den Unterschieden zwischen Geschwistern beitragen. Etwa zwei Drittel der Unterschiede zwischen Geschwistern müssen jedoch durch nicht-genetische Einflüsse erklärt werden.

Worauf können diese Unterschiede zurückgeführt werden? Eine einfache Antwort lautet: auf die Umwelt. In unserem Sprachgebrauch bezeichnet der Begriff *Umwelt* alle nicht-erblichen Einflüsse auf die individuelle Entwicklung. Wir beschränken ihn also nicht auf psychosoziale Umweltfaktoren wie die Interaktion mit anderen Familienmitgliedern, die meist im Mittelpunkt des Interesses der Sozial- und Verhaltenswissenschaften stehen. Unsere breitere Definition umfaßt auch nicht-erbliche biologische Faktoren wie Krankheiten und Unfälle, Ernährung, ja sogar Faktoren, die mit der DNS selbst zusammenhängen. So wird z.B. angenommen, daß die DNS wesentlich in das Versagen derjenigen Mechanismen mit einbezogen ist, die das rapide, zu Krebs führende Zellwachstum kontrollieren sollten. Dieses Versagen könnte wiederum auf Infektionen durch Viren zurückgehen, die die genetische Kontrolle der Zellen übernehmen. Dies sind nicht-erbliche DNS-Einflüsse – wie in diesem Kapitel erwähnt, zeigen sich bei Krebs nur geringe genetische Einflüsse im Sinne eines erblichen, von Generation zu Generation weitergegebenen Risikofaktors.

Die auf Umweltfaktoren und nicht auf Vererbung zurückzuführenden Geschwisterdifferenzen entstehen auf komplexe Weise; dies wird Thema des nächsten Kapitels sein. In den Kapiteln 4 bis 6 werden wir uns mit psychosozialen Umweltfaktoren und in Kapitel 7 mit nicht-erblichen biologischen Faktoren beschäftigen.

Kapitel 3
Unterschiedliche
Umwelteinflüsse

Die besten Belege dafür, daß genetische Faktoren wesentlich an der Entstehung von Geschwisterunterschieden im Verhalten beteiligt sind, stammen – wie die beiden vorherigen Kapitel gezeigt haben – aus Adoptions- und Zwillingsstudien. Paradoxerweise dokumentieren dieselben Ergebnisse zugleich die Bedeutung nicht-genetischer Faktoren: Die meisten Geschwisterunterschiede, insbesondere bei psychologischen Merkmalen, sind nicht durch genetische Differenzen zwischen den Individuen zu erklären. Hinter diesen Ergebnissen verbirgt sich eine Konsequenz, die unser Denken über die umweltbedingte Entstehung von Verhalten revolutioniert. Unsere bisherige Argumentation kann am klarsten durch einen Syllogismus ausgedrückt werden: (1) Wenn Geschwister so verschieden sind und (2) wenn nur ein kleiner Anteil dieser Unterschiede auf genetische Faktoren zurückzuführen ist, dann müssen (3) primär nicht-genetische Faktoren für Geschwisterunterschiede verantwortlich sein. Wir führen diese Argumentation nun weiter: Nahezu alle Umgebungseinflüsse führen dazu, daß in derselben Familie aufwachsende Geschwister verschieden und nicht einander ähnlich werden. Die Implikation ist folgende: Die für die individuelle Entwicklung wichtigen Umgebungsfaktoren sind diejenigen, die zwei Kinder innerhalb derselben Familie als unterschiedlich erleben. Mit anderen Worten: Entweder führt der Einfluß der Familie dazu, daß Geschwister sich unterscheiden, oder die Familie hat gar keinen Einfluß auf ihre Entwicklung.

Wie kann der Einfluß der Familie dazu führen, daß Geschwister so verschieden sind? Schließlich wachsen Geschwister in derselben Familie auf. Aber handelt es sich wirklich um *dieselbe* Familie? Obwohl sie dieselben Eltern haben, normalerweise die gleichen Mahlzeiten zu sich nehmen und häufig auf dieselben Schulen gehen, stellt sich bei näherem Hinsehen heraus, daß Geschwister innerhalb einer Familie durchaus unterschiedliche Erfahrungen machen. Sie werden von ihren Eltern und von ihren Geschwistern unterschiedlich behandelt, und selbst wenn dieser Umgang in der Familie sehr ähnlich erscheint, so kann er doch ganz unterschiedlich erlebt werden. In späteren Kapiteln werden wir zeigen, daß Geschwister unterschiedliche Leben führen, auch wenn sie in derselben Familie aufwachsen. Doch zunächst möchten wir unser Argument belegen, daß die für die individuelle Entwicklung wichtigen Umgebungseinflüsse diejenigen sein müssen, die die Unterschiede zwischen Kindern innerhalb derselben Familie herbeiführen.

Das ist eine revolutionäre Überlegung, weil es vielen althergebrachten Annahmen über den Einfluß der Umwelt auf die Entwicklung widerspricht. Seit Freuds Theorien über den Einfluß der Familie auf die Persönlichkeit und die soziale Anpassung haben Psychologen im allgemeinen angenommen, daß sich die relevanten Faktoren von Familie zu Familie, d.h. *zwischen* einzelnen Familien und nicht *innerhalb* von Familien unterscheiden. Es wird angenommen, daß die Kindheitserfahrungen einer Mutter ihre eigene Mutterschaft beeinflussen – und zwar gegenüber *allen* ihren Kindern. Und wenn ein Mann eine gespannte Beziehung zu seinem Vater hatte, dann, so die Annahme, wird sich auch das auf seine eigene Vaterschaft und auch in diesem Fall gegenüber *allen* seinen Kindern auswirken.

Diese Sichtweise dominiert die Erforschung von Entwicklungsprozessen. Psychologen, die den Einfluß der Umwelt erfassen wollen, stellen Vergleiche *zwischen* Familien an. In einer typischen psychologischen Untersuchung versucht man den Einfluß der Umwelt zu analysieren, indem Meßwerte, die sich auf die familiäre Umgebung (oder auf frühere Erfahrungen der Eltern) beziehen, mit Meßwerten der kindlichen Entwicklung korreliert werden. Nehmen wir beispielsweise den Einfluß der Eltern. Manche Eltern sind tolerant, andere autoritär. In den meisten Untersuchungen zum möglichen Einfluß der Eltern werden Unterschiede des elterlichen Erziehungsstils zwischen verschiedenen Familien mit Entwicklungsindikatoren jeweils eines Kindes pro Familie korreliert. Das scheint ein vernünftiger Ansatz zu sein, um herauszufinden, ob elterliche Toleranz mit Unterschieden in der kindlichen Entwicklung zusammenhängt. Implizit in diesem Ansatz enthalten ist jedoch die Annahme, daß Kinder in derselben Familie dieselbe familiäre Umgebung erleben. Eine Implikation dieser stillschweigenden Annahme ist, daß es die mittleren Differenzen *zwischen* familiären Umgebungen sind, die für die Entstehung von Unterschieden zwischen Kindern verantwortlich sind. Weil diese Annahme so vernünftig erscheint, wurde sie so lange nicht weiter hinterfragt, bis sich herausstellte, daß die auf ihr basierenden Forschungen zu keinem klaren Ergebnis führten (siehe dazu die Anmerkungen zu diesem Kapitel).

Unsere Argumentation läuft auf die Aussage hinaus, daß diese traditionelle Annahme falsch ist. In dem Maße, wie ein beliebiger Umweltfaktor – wie etwa elterliche Toleranz – auf die Kinder in einer Familie denselben Einfluß hat, kann er für deren Entwicklung *nicht bedeutsam sein*. Die Begründung dafür, daß ein auf alle Geschwister gleichermaßen wirkender Umweltfaktor nicht von Bedeutung sein kann, liegt darin, daß ein solcher Faktor, *wenn* er wichtig wäre, Geschwister innerhalb einer Familie einander im Vergleich zu Geschwistern in anderen Familien ähnlich machen müßte. Wie wir jedoch im nächsten Abschnitt sehen werden, führen familiäre Erfahrungen nicht zu größerer Ähnlichkeit zwischen Geschwistern. Die einzigen für die kindliche Entwicklung wichtigen Faktoren sind diejenigen, die von den Kindern innerhalb der Familie unterschiedlich erlebt werden. Obwohl sich die Umgebungsfaktoren von Familie zu Familie unterscheiden, sind sie doch für die Entwicklung so lange nicht bedeutsam, wie sie sich nicht auch innerhalb der Familie unterscheiden. Mit anderen Worten funktionieren die Umgebungsfaktoren, die die Entwicklung beeinflussen, auf individueller und nicht auf familiärer Basis. Die Schlußfolgerung ist unausweichlich, und ihre weitreichende Bedeutung führt zu einer Umkehrung der Anlage-Umwelt-Debatte: von einer Konzentration auf Erbanlagen hin zu einer Konzentration auf die Umwelt.

Obwohl diese Implikation in der hitzigen Anlage-Umwelt-Diskussion jahrzehntelang unbeachtet blieb, so geht sie doch aus den im vorherigen Kapitel aufgeführten Daten ganz klar hervor, wie im folgenden erläutert wird.

Die Bedeutung nicht-gemeinsamer Umwelten für die menschliche Entwicklung

Mit der Behauptung, daß das Aufwachsen in derselben Familie keineswegs zu Ähnlichkeiten zwischen Geschwistern führt, gehen wir über die Daten in den vorherigen Kapiteln hinaus. Jahrzehntelang ließen wir uns durch Ähnlichkeiten innerhalb von Familien verwirren. Weil der Vererbung nicht genügend Bedeutung beigemessen wurde, nahm man an, daß Geschwisterähnlichkeiten durch Umweltfaktoren verursacht würden, die gemeinsam in einer Familie aufwachsende Kinder gleichermaßen betreffen. Die im letzten Kapitel aufgeführten Daten legen jedoch den Schluß nahe, daß Geschwister einander aus genetischen und nicht aus Umweltgründen ähneln. Das heißt, Geschwister ähneln sich durchaus, aber sie ähneln sich genauso, wenn sie getrennt adoptiert werden und in verschiedenen Familien aufwachsen. Ihre Ähnlichkeit ist nicht durch das Aufwachsen in ein und derselben Familie bedingt. Es ist die DNS, die für die familiäre Ähnlichkeit sorgt, nicht die gemeinsame Erfahrung in der Familie.

Woher wissen wir, daß eine gemeinsame Umwelt von so geringer Bedeutung ist? Biologische Geschwister haben natürlich sowohl die familiäre Umgebung als auch bestimmte Erbfaktoren gemeinsam, und aus diesem Grunde können wir das relative Gewicht von Anlage und Umwelt hinsichtlich ihrer Ähnlichkeit nicht bestimmen. Indirekte Belege finden sich jedoch in den vorhergehenden Kapiteln, und zwar in zweifacher Hinsicht. Zum einen müßten gemeinsam erlebte Umwelteinflüsse definitionsgemäß zu Ähnlichkeiten zwischen Geschwistern führen, doch wie wir im ersten Kapitel gesehen haben, sind sich Geschwister nicht besonders ähnlich, insbesondere nicht in psychologischer Hinsicht. Zum zweiten kann, wie wir gerade gesehen haben, die Ähnlichkeit von Geschwistern vollständig genetisch erklärt werden, und dies läßt für gemeinsame Umwelteinflüsse als Erklärungsfaktor von Geschwisterähnlichkeit keinen Raum.

Ein direkter Test des Ausmaßes, in dem gemeinsame familiäre Erfahrung zu Ähnlichkeiten zwischen Kindern in derselben Familie führt, ergibt sich aus der Untersuchung von Adoptivgeschwistern, das heißt genetisch nicht verwandten Kindern, die zu einem frühen Zeitpunkt ihres Lebens von derselben Familie adoptiert wurden. Weil diese Geschwister genetisch nicht verwandt sind, kann ihre Ähnlichkeit nur auf die gemeinsame familiäre Umgebung zurückgehen. Die Korrelation zwischen Adoptivgeschwistern hinsichtlich eines bestimmten Entwicklungsmerkmals zeigt den Gesamteinfluß aller Umweltfaktoren, die in derselben Familie aufwachsende Individuen hinsichtlich dieses Merkmals einander ähnlich machen. Wenn Adoptivbrüder einander ähnlich sind, so kann das nicht auf genetische Ähnlichkeit zurückgehen. Wenn sie verschieden sind, so weist das entweder auf die Bedeutung genetischer Faktoren hin oder darauf, daß die gemeinsame Welt ihrer Familie sie in unterschiedlicher Weise beeinflußt.

Auch Zwillingsstudien können herangezogen werden, wenn man den Einfluß gemeinsamer und nicht-gemeinsamer Umwelten abschätzen will. Die Unterschiede zwischen eineiigen Zwillingen ermöglichen eine direkte Einschätzung des Einflusses nicht-gemeinsamer Umwelten, da eineiige Zwillinge genetisch identisch sind und sich daher ausschließlich umweltbedingt unterscheiden. Dieses Maß des Einflusses nicht-gemeinsamer Umwelten wird niedrigere Werte liefern als mit anderen Methoden gewonnene Schätzmaße, falls eineiige Zwillinge ihre Umgebung ähnlicher erleben als andere Geschwister. Der Einfluß gemeinsamer Umwelten kann indirekt erhoben werden als derjenige Anteil der Ähnlichkeit von Zwillingen, der nicht auf Vererbung zurückgeht. In Zwillingsstudien wird die nicht-gemeinsame Umwelt üblicherweise als derjenige Restanteil der Varianz bestimmt, der weder auf Vererbung noch auf gemeinsame Umwelteinflüsse zurückgeht. Die Korrelationswerte von Adoptivgeschwistern ermöglichen eine direktere Erfassung der Bedeutung gemeinsamer Umwelten.

Ein einfaches Beispiel sind Größe und Gewicht. Geschwisterunterschiede in Größe und Gewicht (wie zwischen den Schwestern Mansfield oder den Brüdern Joyce) sind, wie wir im letzten Kapitel gesehen haben, stark genetisch beeinflußt. Die Untersuchung von Adoptivgeschwistern liefert eine direkte Einschätzung der Auswirkungen gemeinsamer Umwelteinflüsse auf Größe und Gewicht. Die Ergebnisse von Adoptionsstudien zeigen, daß das Aufwachsen in derselben Familie keineswegs zu Ähnlichkeiten zwischen Adoptivgeschwistern führt – die Korrelationswerte liegen nahe bei Null. Aus diesen Ergebnissen können wir schließen, daß gemeinsam erlebte Umwelteinflüsse für Größe und Gewicht ohne Bedeutung sind, und das heißt wiederum, daß die *gesamte* Varianz, soweit sie nicht erblich bedingt ist, auf nicht-gemeinsame Umwelteinflüsse zurückgeführt werden kann. Bei der Körpergröße wäre ein solches Ergebnis zu erwarten gewesen. Überraschend ist jedoch vor dem Hintergrund gegenwärtig vertretener Theorien zum Körpergewicht, daß das Aufwachsen in derselben Familie nicht zu

Ähnlichkeiten beim Gewicht führt, da diese Theorien der Ernährungsweise und dem Lebensstil innerhalb der Familie besondere Bedeutung beimessen. Geschwisterähnlichkeiten bei Größe und Gewicht (man denke an die elegante Erscheinung von Virginia Woolf und ihrer Schwester Vanessa) sind genetisch bedingt und gehen nicht auf die gemeinsame Welt der Familie zurück.

Die Tortendiagramme der Abbildungen 3.1 und 3.2 veranschaulichen die Varianzanteile, wie sie sich aus den in den vorhergehenden Kapiteln dargestellten Daten ergeben. Anstatt auf die prozentualen Anteile bei den Geschwisterdifferenzen einzugehen, die jeweils auf genetische und nicht-genetische Faktoren zurückgehen, wollen wir uns mit dem allgemeineren Thema der Varianz zwischen allen Individuen einer Population befassen. So liegt z.B. die Erblichkeit der Körpergröße, wie in Kapitel 2 dargestellt, bei 80 Prozent; das bedeutet, daß 80 Prozent der Unterschiede zwischen Individuen (also der Varianz) auf genetische Unterschiede zwischen ihnen zurückgehen. Demnach sind lediglich 20 Prozent der Varianz der Körpergröße durch nicht-genetische Faktoren bedingt. Der nicht genetisch bedingte Varianzrest ist auf Umweltfaktoren, und zwar auf nicht-gemeinsame gegenüber gemeinsamen Umwelten zurückzuführen. (Meßfehler spielen bei der Körpergröße keine Rolle.) Beim Körpergewicht liegt die Erblichkeit bei 60 Prozent. Überraschend ist, daß die verbleibenden 40 Prozent Varianzanteil nicht auf gemeinsame Umwelteinflüsse zurückgehen. Wie bei der Körpergröße ist die gesamte Umweltvarianz auf nicht-gemeinsame Umwelteinflüsse zurückzuführen. Schätzungen der genetischen und Umweltanteile von Varianzen dieser Art sind nicht sonderlich präzise; beispielsweise könnte die genetische Varianzkomponente beim Körpergewicht zwischen 50 und 70 Prozent liegen. Dennoch veranschaulichen diese Tortendiagramme für Unterschiede in Größe und Gewicht noch einmal ganz deutlich unser Argument: Es gibt bedeutsame genetische Einflüsse wie auch bedeutsame Einflüsse nicht-gemeinsamer Um-

63

Abb. 3.1

Varianzanteile bei der Körpergröße

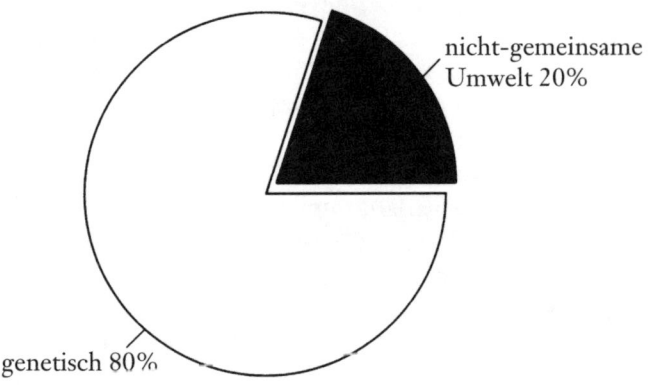

nicht-gemeinsame
Umwelt 20%

genetisch 80%

Die Varianz bei der Körpergröße ist hauptsächlich durch genetische Faktoren bedingt; Umwelteinflüsse gehen vollständig auf nicht-gemeinsame Umwelten zurück.

Abb. 3.2

Varianzanteile beim Körpergewicht

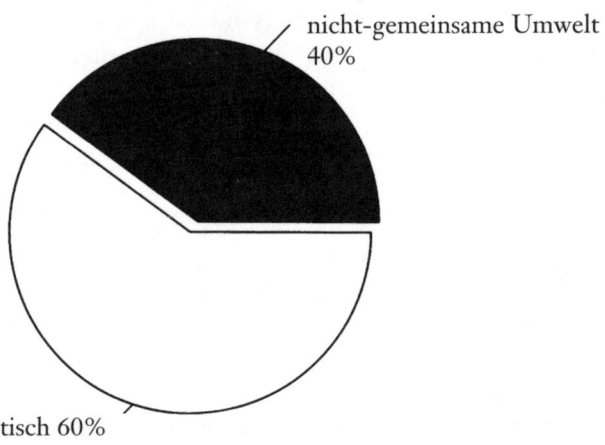

nicht-gemeinsame Umwelt
40%

genetisch 60%

Die Varianz beim Körpergewicht ist hauptsächlich durch genetische Faktoren bedingt; Umwelteinflüsse gehen vollständig auf nicht-gemeinsame Umwelten zurück.

welten, doch der Einfluß gemeinsamer Umwelten ist gleich Null.

Weil sich Geschwister bei der Auftretenshäufigkeit weitverbreiteter Krankheiten so stark unterscheiden (siehe Tabelle 1.1), ist es kaum überraschend, daß die Effekte der gemeinsamen familiären Umgebung in dieser Hinsicht vernachlässigenswert gering sind. Auch genetische Faktoren haben im Hinblick auf diese Krankheiten kein allzu großes Gewicht, so daß als wesentlichster Einflußfaktor die nichtgemeinsamen Umwelteinflüsse verbleiben (siehe Abbildung 3.3). Mit anderen Worten: Da weder Vererbung noch gemeinsame Umwelteinflüsse die Anfälligkeit von Geschwistern für diese Krankheiten beeinflussen, ist die Antwort auf die Frage, warum ein Geschwister erkrankt und das andere nicht, in denjenigen Umwelteinflüssen zu suchen, die von den Geschwistern nicht gemeinsam erfahren werden. Bei Infektionskrankheiten ist diese Schlußfolgerung nicht überraschend; es ist oft eine Sache des Zufalls, daß man sich einen bestimmten Krankheitserreger zuzieht. Die in Kapitel 2 aufgeführten Krankheiten – Herzerkrankungen, Magengeschwüre, Krebs, Asthma – werden jedoch wahrscheinlich nicht durch Infektionen verursacht. Unser Verständnis der Umweltfaktoren, die diese Krankheiten verursachen oder auch heilen können, kann nur erweitert werden, wenn wir erkennen, daß diese Faktoren nicht zwischen, sondern *innerhalb* von Familien variieren. Weil diese Krankheiten erst im Erwachsenenalter auftreten, nachdem die Geschwister ihre Herkunftsfamilie verlassen und möglicherweise ganz unterschiedliche Leben geführt haben, ist es einleuchtend, daß Geschwisterunterschiede z.B. beim Rauchen, bei den Ernährungsgewohnheiten und beim Lebensstil für die Geschwisterunterschiede bei der Auftretenshäufigkeit dieser Krankheiten verantwortlich sind. In dem Maße, wie diese Krankheiten ihre Ursprünge in früheren Lebensabschnitten haben, müssen wir diese Ursprünge in den unterschiedlichen familiären Erfahrungen der Geschwister suchen und

Abbildung 3.3

Varianzanteile bei weitverbreiteten Krankheiten

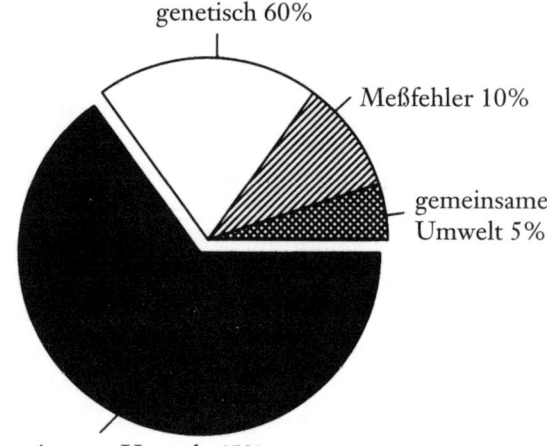

genetisch 60%

Meßfehler 10%

gemeinsame
Umwelt 5%

nicht-gemeinsame Umwelt 65%

Bei der Varianz weitverbreiteter Krankheiten zeigen sich mäßige genetische Einflüsse; der größte Varianzanteil geht auf nicht-gemeinsame Umwelten zurück.

nicht in den gemeinsamen Erfahrungen. In welchem Maße unterscheiden sich die Ernährungsgewohnheiten oder der sich entwickelnde Lebensstil zwischen den Geschwistern? Wir wissen fast nichts darüber, eben weil wir die Familie so lange als eine monolithische Einheit betrachtet haben, in der alle Mitglieder die gleichen Erfahrungen machen.

Für psychologische Merkmale gilt im großen und ganzen dasselbe. Adoptivgeschwister ähneln sich in ihrer Persönlichkeit kaum. Bei Persönlichkeitsfragebögen ergibt sich für Adoptivgeschwister eine mittlere Korrelation von 0.05; das würde bedeuten, daß lediglich 5 Prozent der Varianz von Persönlichkeitsmerkmalen auf das Aufwachsen in derselben Familie zurückgeführt werden kann. Untersuchungen zu nahezu allen Persönlichkeitsmerkmalen führen zu ähnlichen Ergebnissen. Nur bei einigen persönlichen Einstellungen wie bei bestimmten Aspekten von Maskulinität/Femininität und bei religiösen und politischen Überzeugungen zeigen sich Auswirkungen einer gemeinsamen Umgebung.

Bei den meisten Persönlichkeitseigenschaften liegen die Korrelationen für eineiige bzw. zweieiige Zwillinge bei 0.50 bzw. 0.30. Die Differenz zwischen der Korrelation bei eineiigen Zwillingen und einem maximalen Korrelationswert von 1.0 beträgt also 0.50. Das bedeutet, daß der Anteil nicht-gemeinsamer Varianz für zweieiige Zwillinge bei 50 Prozent liegt. Die Erblichkeit wird auf 40 Prozent geschätzt (das heißt auf das Doppelte der Differenz zwischen den Korrelationen für eineiige und zweieiige Zwillinge). Der Einfluß der gemeinsamen Umwelt wird auf zehn Prozent geschätzt (Korrelation für eineiige Zwillinge von 0.50 minus Schätzwert für die Erblichkeit von 0.40). Dieser Schätzwert für Zwillinge von 10 Prozent ist höher als die direktere Schätzung auf der Basis zusammen aufwachsender, aber genetisch nicht verwandter Individuen. Es erscheint plausibel, daß Zwillinge aufgrund ihres identischen Alters mehr gemeinsame Erfahrungen machen als Geschwister, die nicht Zwillinge sind.

Abbildung 3.4 zeigt die Varianzanteile beim Zustandekommen der Persönlichkeit. Es gibt deutliche genetische Einflüsse, und die Meßfehler sind sicherlich ausgeprägter als bei Körpergröße und Gewicht und wohl auch höher als bei den weitverbreiteten Krankheiten. Nahezu die gesamte Umweltvarianz geht auf nicht-gemeinsame Umwelten zurück.

Auf dem Gebiet der Psychopathologie gibt es nur wenige Untersuchungen mit Adoptivgeschwistern. Für Schizophrenie weisen die bisherigen Ergebnisse darauf hin, daß Adoptivgeschwister einer an Schizophrenie leidenden Person kein größeres Schizophrenierisiko tragen als Adoptivgeschwister einer gesunden Person, obwohl sie in derselben Familie aufwachsen wie die später erkrankte Person. Untersuchungen zu Zwillingen sind zahlreicher und kommen zu

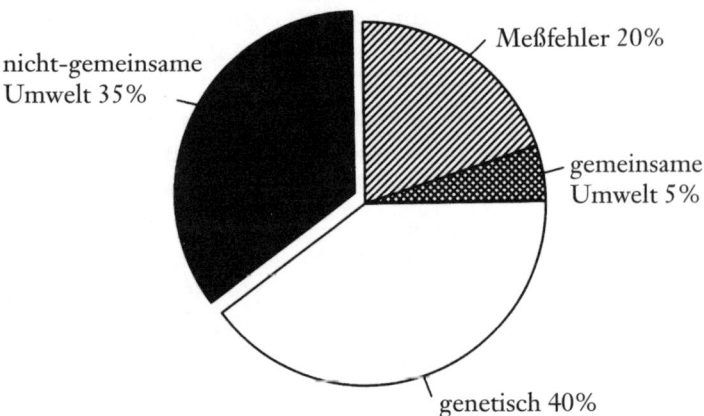

Abbildung 3.4
Varianzanteile bei der Persönlichkeit

nicht-gemeinsame
Umwelt 35%

Meßfehler 20%

gemeinsame
Umwelt 5%

genetisch 40%

Die Persönlichkeitsvarianz wird am stärksten durch genetische Faktoren bestimmt; Umwelteinflüsse sind fast vollständig auf nicht-gemeinsame Umwelten zurückzuführen.

dem übereinstimmenden Schluß, daß die gemeinsame familiäre Umgebung nicht von Bedeutung ist. So können z.B. Unterschiede zwischen eineiigen Zwillingen nur auf nicht-genetische Faktoren zurückgehen, wobei sich bei ihnen für Schizophrenie eine Übereinstimmung von weniger als 50 Prozent zeigt. Dieses Ergebnis impliziert, daß die Hauptursache für das Auftreten bzw. Nicht-Auftreten einer Schizophrenie in denjenigen Umgebungseinflüssen zu suchen ist, von denen die Familienmitglieder unterschiedlich betroffen sind.

Bei Untersuchungen, in denen die biologischen Eltern und ihre zur Adoption weggegebenen Kinder mit Eltern verglichen werden, die ihre Kinder behalten haben, zeigt sich das gleiche Bild. Das Schizophrenierisiko ist bei Kindern von Schizophrenen genauso hoch, wenn die Kinder nicht bei ihrem schizophrenen Elternteil aufwachsen. Auch wenn eine Schätzung der Varianzanteile bei einer Krankheit

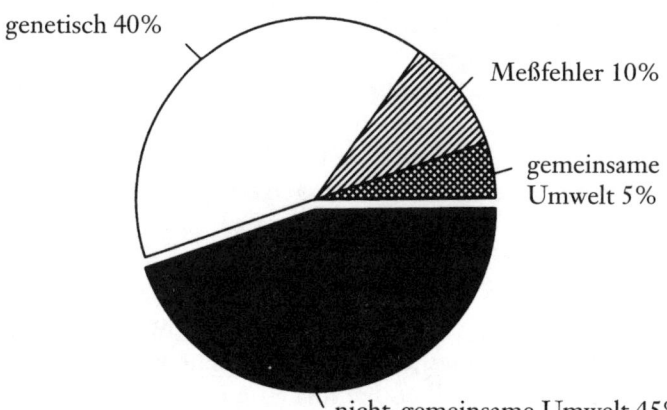

Abbildung 3.5
Varianzanteile bei der Schizophrenie

genetisch 40%

Meßfehler 10%

gemeinsame
Umwelt 5%

nicht-gemeinsame Umwelt 45%

Die Varianz bei der Schizophrenie wird stark durch genetische
Faktoren bestimmt; Umwelteinflüsse sind fast vollständig auf
nicht-gemeinsame Umwelten zurückzuführen.

wie der Schizophrenie schwieriger ist als bei der Persönlichkeit (die quantitativ erfaßt werden kann), ist doch eine
grobe Einschätzung möglich (siehe Abbildung 3.5). Die
Ergebnisse entsprechen im wesentlichen denjenigen für die
Persönlichkeit. Die genetischen Einflüsse sind ausgeprägt,
und nahezu die gesamte Umweltvarianz geht auf nicht-
gemeinsame Umwelten zurück. Nur geringe Zusammenhänge bestehen zwischen Schizophrenie und gemeinsamer
familiärer Umgebung.
    Obwohl keine andere Geisteskrankheit so intensiv unter-
sucht worden ist wie die Schizophrenie, weisen die wenigen
existierenden Ergebnisse z.B. für Depressionen, Alkoholismus und Kriminalität in eine ähnliche Richtung: Die wirk-
samen Umwelteinflüsse sind diejenigen, von denen die
Geschwister innerhalb einer Familie nicht gemeinsam betroffen sind. Die Jugendkriminalität könnte hier eine Ausnahme bilden, obwohl zu diesem Thema nur Zwillings-

studien veröffentlicht wurden; die Ergebnisse weisen darauf hin, daß Zwillinge im Erwachsenenalter öfter gemeinsam Verbrechen begehen als Nicht-Zwillinge, die im Mittel zwei Jahre auseinanderliegen.

Wie sieht es bei der Intelligenz aus? Es erscheint naheliegend, daß sich bei zusammen aufwachsenden Kindern mit denselben bildungsmäßigen Vorteilen oder Nachteilen aufgrund der gemeinsamen Erfahrungen eine gewisse Ähnlichkeit zeigen müßte. Und bis vor kurzem sah es auch so aus, als ob die in der Kindheit gemeinsam gemachten Erfahrungen einen wesentlichen Einfluß auf den IQ von Geschwistern hätten. Die IQ-Korrelation für Adoptivgeschwister beträgt im Mittel o.32. Zusätzlich zu verschiedenen Studien mit Kindern, die von derselben Familie adoptiert wurden, ergab sich in einer interessanten Untersuchung von Paaren genetisch nicht verwandter Kinder, die gemeinsam in einem israelischen Kibbuz aufwuchsen, eine IQ-Korrelation von o.29. Auch dieses Ergebnis stützt die Annahme, daß gemeinsame Erfahrungen zu einer Geschwisterähnlichkeit beim IQ führen.

Aufsehenerregende neuere Untersuchungen legen jedoch den Schluß nahe, daß diese gemeinsamen Erfahrungen den IQ langfristig nicht wesentlich beeinflussen. Die früheren Untersuchungen von Adoptivgeschwistern wurden durchweg mit Kindern im Grundschulalter durchgeführt – ein Aspekt, dem man keine besondere Bedeutung beigemessen hatte. Vier neuere Untersuchungen mit älteren Adoptivgeschwistern ergaben jedoch, daß zu dem Zeitpunkt, zu dem die Kinder schließlich ihr Elternhaus verließen, bei Adoptivgeschwistern keinerlei Ähnlichkeiten im IQ mehr nachzuweisen waren. Das läßt nur einen Schluß zu, nämlich daß der in der Kindheit noch nachweisbare Einfluß einer gemeinsamen Umwelt nach der Kindheit auf ein vernachlässigenswertes Niveau absinkt. Eine neuere Analyse aller veröffentlichten IQ-Zwillingsdaten legt ebenfalls nahe, daß der Einfluß gemeinsam erlebter Umwelten im Laufe des Lebens

Abb. 3.6
Varianzanteile beim IQ nach der Kindheit

nicht-gemeinsame Umwelt 35%

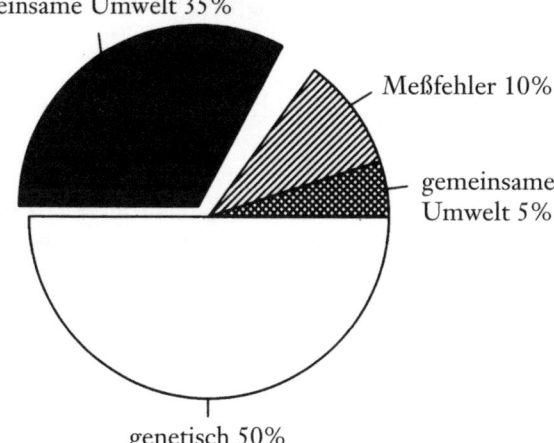

Meßfehler 10%

gemeinsame
Umwelt 5%

genetisch 50%

Die Varianz der IQ-Werte nach der Kindheit wird stark durch genetische Faktoren bestimmt; Umwelteinflüsse sind fast vollständig auf nicht-gemeinsame Umwelten zurückzuführen.

nachläßt. Mit anderen Worten: die elterliche Förderung könnte sich in vergleichbarer Weise auf den IQ zweier Kinder in derselben Familie auswirken, aber Faktoren dieser Art haben keinen langfristigen Einfluß auf den IQ nach der Kindheit (siehe Abb. 3.6). Zusammenfassend können wir sagen, daß die genetischen und umweltbedingten Varianzkomponenten sich für den IQ nach der Kindheit denjenigen für andere psychologische Merkmale annähern: Es zeigen sich substantielle genetische Einflüsse und Einflüsse nicht-gemeinsamer Umwelten, jedoch nur geringe Auswirkungen der gemeinsamen familiären Umgebung.

Bei bestimmten Aspekten kognitiver Fähigkeiten wie den verbalen Fähigkeiten oder dem Gedächtnis zeigt sich schließlich, daß die gemeinsame Umwelt einen gewissen Langzeiteffekt auf die verbalen Fähigkeiten – insbesondere

71

auf den Wortschatz – und auf den Schulerfolg haben dürfte. Sogar hier jedoch überwiegt der Einfluß nicht-gemeinsamer gegenüber gemeinsam erlebten Umwelteinflüssen.

Die Bedeutung nicht-gemeinsamer Umwelten bei Tieren

Obwohl wir uns der Geschwisterdifferenzen bei Menschen besonders bewußt sind, gilt doch auch bei Tieren, daß Geschwister genauso verschieden sind und der nicht-gemeinsamen Umwelt eine genauso hohe Bedeutung für die Entstehung von Geschwisterunterschieden zukommt. Tatsächlich zeigen sich bei denjenigen Säugetieren, die nicht zu den Primaten gehören, sogar noch dramatischere Geschwisterunterschiede als beim Menschen, da typischerweise mehrere Zwillingspaare geworfen werden. Trotz der eingeschränkten genetischen Varianz innerhalb einer Hunderasse können beispielsweise Welpen desselben Wurfes extrem unterschiedlich sein, insbesondere in ihrem Charakter und ihrer Intelligenz. Das ist etwas, was wir gut aus eigener Erfahrung beurteilen können. Unser Golden Retriever Charley ist ein großes, schwerfälliges und friedliches Tier. Im Grunde hätten wir ihn wie in der Geschichte von Kipling »Slow-and-Solid« (deutsch: Langsam-und-zuverlässig) nennen können. Seine Schwester Molly, die unserem Freund und Nachbarn gehört, ist ein niemals erlahmendes Energiebündel. Bei den meisten Säugetieren müssen wir uns an anekdotisches Material dieser Art halten, da sie nur selten aus dieser Perspektive untersucht werden. Doch es gibt eindrucksvolle Berichte über Geschwisterunterschiede, sogar bei Elefantengeschwistern!

Systematischer untersucht worden ist die Hausmaus. Wie bei anderen Säugetieren sind ausgeprägte Unterschiede zwischen Tieren desselben Wurfes dokumentiert worden. Noch eindrucksvoller ist das Ausmaß der Geschwisterunterschiede innerhalb von Würfen genetisch identischer Mäuse, sogenannter Inzuchtstämme, da diese Unterschiede nicht auf genetische Differenzen zwischen den Geschwistern zurückgeführt werden können. Alle Mitglieder eines Inzuchtstammes sind genetisch nahezu identisch, ähnlich wie eineiige Zwillinge (wobei in Inzuchtstämmen Weibchen und Männchen vertreten sind), da sie über mindestens zwanzig Generationen durch Paarungen von Geschwistern gezüchtet werden. Inzucht erhöht die Wahrscheinlichkeit, daß bei einem bestimmten Gen von Mutter und Vater dasselbe Allel geerbt wird. Aus diesem Grund ist Inzucht in den meisten menschlichen Gesellschaften verboten. Wir alle sind Träger einer ganzen Reihe von Allelen, deren negative Auswirkungen von geistiger Behinderung bis zu tödlicher Erkrankung jedoch kaum zum Tragen kommen, weil die Gene rezessiv sind. (Dominante Gene würden durch die natürliche Selektion sehr schnell eliminiert werden.) Wenn jedoch Träger dieser Gene Nachkommen zeugen, kann ein Viertel der Nachkommenschaft beide Allele erben, so daß sich bei diesen das rezessive Merkmal offen zeigt. Dieser Fall ist bei genetisch verwandten Trägern sehr viel wahrscheinlicher. Versuche, einen Inzuchtstamm von Mäusen zu züchten, scheitern denn auch häufig daran, daß schädliche Allele zutage treten. Nicht immer kommt es jedoch zu einem solchen Zusammentreffen, so daß mit Hilfe des Zufalls ein lebensfähiger Inzuchtstamm entstehen kann.

Bei Mäusen existieren über 100 genetisch voneinander verschiedene Inzuchtstämme. Die mittleren Differenzen zwischen genetisch verschiedenen Inzuchtstämmen, die unter denselben kontrollierten Laborbedingungen gezüchtet werden, verdeutlichen in eindrucksvoller Weise den Einfluß der Erblichkeit. Sehr viel weniger Aufmerksamkeit ist der Tatsache geschenkt worden, daß sich Tiere desselben Wurfes eines Inzuchtstammes ganz unterschiedlich verhalten, obwohl sie genetisch identisch sind und unter denselben Laborbedingungen aufwachsen. Solche Unterschiede zwischen genetisch identischen Tieren eines Wurfes können nur auf nicht-gemeinsame Umwelteinflüsse zurückgehen. Ironischerweise gibt es einige Hinweise darauf, daß eine gemeinsame »Familien«-Umgebung für die Persönlichkeit von Mäusen wichtiger sein könnte als für die von Menschen. Eine wichtige Dimension der Mäusepersönlichkeit ist beispielsweise »Unternehmungslust«, die sich am Erkundungsverhalten in neuen Umgebungen zeigt. Ein Vergleich zwischen und innerhalb von Würfen eines Inzuchtstammes zeigt, daß die gesamte Umweltvarianz des Erkundungsverhaltens zu nahezu gleichen Teilen auf gemeinsame und nicht-gemeinsame Umweltvarianz zurückgeht. Obwohl die nicht-gemeinsame Umwelt einen wesentlichen Einfluß hat, ist es interessant, daß gemeinsame Umwelterfahrungen bei Mäusegeschwistern zu einer verstärkten Ähnlichkeit der Persönlichkeit führen. Dies könnte auf das gemeinsame pränatale Heranwachsen der Geschwister im Bauch der Mutter oder auf gemeinsame Umwelteinflüsse nach der Geburt zurückzuführen sein, z.B. auf das Verhalten der Muttermaus oder das der anderen Tiere des Wurfes, das die Geschwisterähnlichkeit erhöht. Die relativ hohe Bedeutung gemeinsam erfahrener Umwelteinflüsse könnte ein Ergebnis der hochgradig eingeschränkten Laborumgebung sein, die beispielsweise den Mäusejungen nicht die reichhaltigen nicht-gemeinsamen Erfahrungen einer natürlichen Umgebung bieten kann. Diese Ergebnisse lassen – zusammen mit den Kontrollmöglichkeiten des Laborexperiments – die systematische Erforschung des Einflusses nicht-gemeinsamer Umwelten unter Verwendung von Inzuchtstämmen von Mäusen als eine interessante Möglichkeit erscheinen, obwohl bislang kein Bericht über Forschungen dieser Art vorliegt.

Worin genau bestehen diese nicht-
gemeinsamen Umwelteinflüsse?

Die Entdeckung der Bedeutsamkeit nicht-gemeinsamer Umwelterfahrungen ist von weitreichender Bedeutung für das Verständnis der Art und Weise, wie Umweltfaktoren zur Entwicklung beitragen. Diese Erkenntnis impliziert, daß die gemeinsame Umwelt von Kindern, die in derselben Familie aufwachsen, sie einander nicht ähnlich macht. Daraus können wir nicht nur schließen, daß wir lange Zeit einen falschen Ansatz verfolgt haben; es sagt uns auch, wo wir nunmehr suchen müssen. An die Stelle der Erforschung von Umwelteinflüssen auf der Basis einer Unterscheidung *zwischen* Familien muß eine Analyse auf individueller Basis *innerhalb* von Familien treten.

Das bedeutet eine einschneidende Veränderung in unserer Betrachtung der Art und Weise, in der die Familie die kindliche Entwicklung beeinflussen könnte. So gehen wir z.B. davon aus, daß bestimmte Einflußfaktoren, in denen sich Familien voneinander unterscheiden – etwa sozioökonomischer Status, Bildungsgrad der Eltern und die Qualität der elterlichen Beziehung – im Hinblick auf die kindliche Entwicklung von hoher Bedeutung sind. Aus unserer neuen Betrachtungsweise folgt jedoch, daß diese Faktoren, insoweit sie in derselben Familie aufwachsende Kinder gleichermaßen beeinflussen, keinen Einfluß auf die Entwicklung des Verhaltens haben können. Diese Faktoren mögen wichtig sein, doch nur insoweit, als ihr Einfluß von den Kindern innerhalb der Familie nicht in gleicher Weise erfahren wird.

Diese Idee ist derart revolutionär, daß sie nur schwer zu erfassen ist. Erfahrungen, die von den Geschwister gemeinsam gemacht werden, können nicht bedeutsam sein, weil sie, wenn sie bedeutsam wären, die Geschwister einander ähnlich machen würden. Wenn etwa die gemeinsame Zugehörigkeit zu einer sozialen Schicht für den IQ bedeutsam wäre, dann würde sie die Geschwister innerhalb einer Familie einander ähnlich machen, und zwar auch dann, wenn die Geschwister – wie im Falle von Adoptivgeschwistern – genetisch nicht verwandt wären. Und in der Tat scheint dies beim IQ der Fall zu sein, jedoch nur in der Kindheit. Wir wissen, daß solche gemeinsamen Umwelteinflüsse langfristig nicht bedeutsam sind, weil sich ältere Geschwister im IQ keineswegs ähnlich sind – abgesehen von derjenigen Ähnlichkeit, die auf Vererbung zurückgeht. Wie sonst können wir uns die Tatsache erklären, daß genetisch nicht verwandte Geschwister, die zu einem frühen Zeitpunkt von derselben Familie adoptiert werden, nach der Kindheit keinerlei Ähnlichkeit im IQ mehr aufweisen?

Weil die Bedeutung gemeinsamer Umwelteinflüsse vernachlässigt werden kann und nahezu die gesamte Umweltvarianz von nicht-gemeinsamer Art ist, lautet die kritische Frage hinsichtlich der Entwicklung nunmehr: Warum sind Kinder derselben Familie so verschieden? Der Schlüssel zur Lösung dieses Rätsels liegt darin, mehr als ein Kind pro Familie zu untersuchen. Nur auf diesem Wege können wir die verschiedenen Leben innerhalb der Familie erforschen und die nicht-gemeinsamen Erfahrungen identifizieren, die die kindliche Entwicklung entscheidend beeinflussen. Nur wenn wir untersuchen, wie und warum Geschwister jeweils unterschiedlich betroffen sind, werden wir verstehen, auf welche Weise scheinbar gemeinsame Faktoren wie der sozioökonomische Status die Entwicklung beeinflussen.

Dabei stellen sich die folgenden drei Probleme. Zunächst ist zu klären, auf welche Art sich die Erfahrungen und Erlebnisse von Geschwistern unterscheiden. Nur unterschiedliche Erfahrungen – und nicht die gemeinsamen – können ihre Entwicklung unterschiedlich beeinflussen. Wir müssen die Art und das Ausmaß der für jedes Kind innerhalb der Familie spezifischen Erfahrungen dokumentieren. Zum zweiten müssen wir herausfinden, in welchem Maße solche unterschiedlichen Erfahrungen die Entwicklung der Geschwister beeinflussen. Denn es kann durchaus Unterschiede in den

Erfahrungen der Geschwister geben, die keinen Einfluß auf ihre Entwicklung haben. Wir müssen die Beziehungen zwischen unterschiedlichen Erfahrungen und deren Folgen für die Entwicklung erforschen.

Das dritte Problem ist die schwierige Trennung von Ursache und Wirkung. Wir können eine Korrelation zwischen den unterschiedlichen Erfahrungen und dem Verhalten von Geschwistern nicht einfach so interpretieren, daß die unterschiedlichen Erfahrungen das Verhalten verursacht hätten. Es könnte genau anders herum sein: Das unterschiedliche Verhalten der Geschwister könnte zu unterschiedlichen Erfahrungen geführt haben. Das ist ein bekanntermaßen hartnäckiges Problem, doch wir verfügen durchaus über einige Lösungsansätze. Längsschnittuntersuchungen können uns dabei helfen, Ursache und Wirkung auseinanderzuhalten, weil wir auf diesem Wege herausfinden können, was zuerst da war. Nehmen wir z.B. an, daß Unterschiede in der mütterlichen Zuwendung mit dem Selbstwertgefühl der Kinder zusammenhängen. Es ist möglich, daß unterschiedliche mütterliche Zuwendung zu Veränderungen des Selbstwertgefühls der Kinder führt; es ist jedoch auch möglich, daß das Selbstwertgefühl der Kinder zu unterschiedlicher mütterlicher Zuwendung führt. Anders formuliert könnte es einfacher sein, Kinder zu lieben, die sich gut fühlen. Längsschnittuntersuchungen können zeigen, ob Unterschiede in der mütterlichen Zuwendung Veränderungen im Selbstwertgefühl der Kinder vorausgehen; das wäre ein Hinweis auf eine Wirkungsrichtung von der Mutter zum Kind und nicht umgekehrt. Mit Zwillings- und Adoptionsstudien kann die Möglichkeit erforscht werden, daß die Zusammenhänge zwischen unterschiedlichen Erfahrungen der Geschwister und den Folgen für die Entwicklung auf Vererbung zurückgehen. Mit Hilfe von Zwillingsstudien können spezifische Zusammenhänge zwischen nicht-gemeinsamen Umwelteinflüssen und der Entwicklung von Geschwistern festgestellt werden. Weil sich eineiige Zwillinge genetisch nicht voneinander unterscheiden, können wir Verhaltensunterschiede zwischen Zwillingspaaren auf Unterschiede in ihren Erfahrungen beziehen. Wenn wir einen Zusammenhang zwischen kindesspezifischen (nicht-gemeinsamen) Erfahrungen und Unterschieden zwischen eineiigen Zwillingen feststellen, dann kann ein solcher Zusammenhang nicht genetisch vermittelt sein, sondern muß auf nicht-gemeinsame Umwelteinflüsse zurückgehen. Dieses dritte Problem können wir so lange zurückstellen, bis wir diejenigen unterschiedlichen Erfahrungen von Geschwistern identifiziert haben, die Zusammenhänge mit den Ergebnissen der kindlichen Entwicklung aufweisen – also hinter das erste und zweite Problem.

In den folgenden Kapiteln werden wir uns auf die Ursprünge der nicht-gemeinsamen Erfahrungen innerhalb von Familien konzentrieren, und damit auf die Ursprünge der Unterschiede zwischen Geschwistern, die in derselben Familie aufwachsen. Wir stützen uns dabei sowohl auf biographische und autobiographische Daten als auch auf die Ergebnisse systematischer Untersuchungen. Wir möchten *nicht* darauf hinaus, daß die familiäre Erfahrung unwichtig ist, ganz im Gegenteil. Das zentrale Argument dieses Kapitels ist, daß die für die Entwicklung wichtigen Umweltfaktoren diejenigen sind, die von in derselben Familie aufwachsenden Kindern unterschiedlich erlebt werden. Diese nicht-gemeinsamen Erfahrungen von Geschwistern umfassen die Erfahrungen aus den unterschiedlichen Leben, die sie innerhalb der Familie führen. Die Rolle der Eltern für die unterschiedlichen Erfahrungen von Geschwistern ist Thema von Kapitel 4. Kapitel 5 befaßt sich mit der Rolle, die die Geschwister selbst bei diesen unterschiedlichen Erfahrungen spielen können. Nicht-gemeinsame Umwelten sind natürlich nicht auf die unterschiedlichen Erfahrungen innerhalb der Familie beschränkt: Die Familienmitglieder führen auch außerhalb der Familie unterschiedliche Leben. Kapitel 6 beschäftigt sich mit diesen Faktoren außerhalb der Familie, und Kapitel 7 hat die mögliche Rolle des Zufalls zum Thema. In Kapitel 8 schließlich diskutieren wir die Konsequenzen dieser neuen Sichtweise des Einflusses der Familie für Forscher, Kliniker und Eltern.

Kapitel 4
Der Einfluß der Eltern

»Sie heißt Gwen«, sagte Großmama. »Gib ihr einen Kuß!« Ich bückte mich und küßte sie auf den goldenen Haarschopf. Aber sie kümmerte sich nicht darum. Sie lag ganz still und hatte die Augen geschlossen. »Jetzt geh und gib deiner Mutter einen Kuß!« Aber meine Mutter wollte meinen Kuß nicht. Sehr müde und schmächtig lag sie in ihren Kissen und aß einen Brei.

Katherine Mansfield, *Briefe, Tagebücher, Kritiken*[1]

Katherine Mansfield beschreibt hier den Moment, als sie zum ersten Mal ihre neue kleine Schwester sah, und erinnert sich damit zugleich an ein besonders eindringliches Beispiel der Zurückweisung durch ihre Mutter. Katherine, die in den neunziger Jahren des vorigen Jahrhunderts in Neuseeland in einer Familie mit fünf Töchtern und einem Sohn aufwuchs, empfand einen schmerzlichen Kontrast zwischen den Beziehungen ihrer Eltern zu ihren außergewöhnlich attraktiven Schwestern und zu ihr selbst, die dick und unscheinbar war. Ihr schwieriges Verhältnis zu ihren Eltern wurde noch verschlimmert, wenn sie voller Groll mit Wutanfällen Aufmerksamkeit auf sich lenkte und so den Kontrast zu ihren umgänglichen und freundlichen Schwestern verstärkte. In der Kurzgeschichte »Juliet« enthüllt sie ihre eigene Kindheit und beschreibt sich selbst als häßliches, launisches, anspruchsvolles Mädchen, das von ihrer Familie zurückgewiesen wird – die Außenseiterin, das häßliche Entlein.

Einblicke in die Kindheit von Schriftstellern zeigen uns

---

[1] Katherine Mansfield: Das Leben sollte sein wie ein stetiges, sichtbares Licht. Briefe, Tagebücher, Kritiken. Hrsg. von Christel Schütz. Frankfurt: Fischer 1983, S. 153.

81

oft sehr klare und schmerzhafte Unterschiede im Verhalten der Eltern gegenüber ihnen selbst und den Geschwistern, und selbst wenn die Eltern keine extremen Vorlieben zeigten, so waren sich die Kinder doch oft der unterschiedlichen Behandlung und Zuwendung und des unterschiedlichen Interesses sehr bewußt. Wie häufig sind solche Unterschiede, und in welcher Weise tragen sie zu der unterschiedlichen Entwicklung zusammen aufwachsender Kinder bei? Obwohl das Thema der *unterschiedlichen* Behandlung durch die Eltern über solche Vorlieben hinausgeht, werden wir mit der elterlichen Vorliebe für bestimmte Geschwister beginnen, die in den phantasievollen Reflexionen vieler Schriftsteller über ihre Kindheit eine so große Rolle spielt.

Die drei Geschwister Edith, Osbert und Sacheverell Sitwell, die zur Jahrhundertwende in einer englischen Aristokratenfamilie aufwuchsen und die alle drei zu auffallend begabten Dichtern oder Schriftstellern wurden, haben uns lebendige und reichhaltige Berichte über ihre Kindheit gegeben. Ediths Beziehung zu ihrer Mutter unterschied sich sehr von der ihrer Brüder. Sie fühlte sich vollständig zurückgewiesen und beschrieb sich selbst als »Wechselbalg« – also als ein untergeschobenes Kind – und ihre Eltern als Fremde. »Vom Moment meiner Geburt an war ich bei meinen Eltern unbeliebt«, schrieb sie. Die Vernachlässigung und Gleichgültigkeit seitens ihrer Mutter sind ein immer wiederkehrendes Thema ihres Werkes; sie entwirft ein erschreckendes, ja rachsüchtiges Bild einer lieblosen, egozentrischen, grausamen Frau, die ein leeres, nutzloses Leben führt: »Ihre Wutanfälle waren das einzig Wirkliche in ihrem Leben.«

Ediths Brüder sahen ihre Mutter ganz anders. Osbert, der geliebte Sohn, fünf Jahre nach Edith geboren, schreibt über ihre »ungewöhnliche Schönheit und ihr eigenartiges Temperament, ihre Freundlichkeit und Nachgiebigkeit. . . . Als kleines Kind war ich in der glücklichen Lage, der Liebling meiner Mutter zu sein. Ich spielte auf ihrem Bett und brachte alles durcheinander, ohne daß sie mich zurechtwies. Ich betete sie

an.« Auch für das dritte Kind, Sacheverell, war die Mutter ein
Mensch voller Zuneigung, Schönheit und Phantasie. Victoria
Glendinning, Ediths Biographin, berichtet in ihrer auf-
schlußreichen Biographie von Ereignissen, die alle drei Geschwister völlig unterschiedlich wahrgenommen hatten.

Die Sichtweise der Geschwister

Die Sitwells waren, was ihre herausragenden Talente, ihre
Lebensumstände und das exzentrische Verhalten der Eltern
anging, eine außergewöhnliche Familie. Doch das Thema
der ausgeprägten Unterschiede im elterlichen Verhalten
gegenüber den eigenen Kindern ist keineswegs außergewöhnlich; in den Biographien und Autobiographien von
Schriftstellern taucht es mit großer Hartnäckigkeit immer
wieder auf. Die elterliche Vorliebe für ein bestimmtes Kind
ist von den Biographen oft als wesentliches Moment für die
intellektuelle Entwicklung und die Persönlichkeit der
Schriftsteller hervorgehoben worden: das Bestreben, aus der
Welt der Familie auszubrechen und Teil einer umfassende-
ren Kultur zu werden, die rastlose Suche nach Liebe und
Anerkennung, die Instabilität ihrer Beziehungen. Im Falle
von Mary Wollstonecraft, einer Pionierin des Feminismus,
die im Jahre 1792 ihr Manifest »Verteidigung der Rechte der
Frauen« veröffentlichte, läßt sich dies besonders klar belegen. Ihre Biographin Claire Tomalin weist überzeugend
nach, welche Bedeutung Marys anhaltendes Gefühl, daß die
elterliche Zuneigung und Aufmerksamkeit zwischen ihr und
ihrem Bruder ungleich verteilt sei, für ihre Entwicklung als
Vertreterin der Rechte von Frauen hatte:

> Ein Gespür für Ungerechtigkeit dürfte ihre wesent-
> lichste Begabung gewesen sein. . . . Die offene Bevor-
> zugung Neds [ihres älteren Bruders], sowohl was elter-
> liche Liebe als auch was Geld anging, traf sie genauso

hart wie irgendeine der anderen Ungerechtigkeiten in ihrem Leben. . . . Von früher Kindheit an nährte sie ein Gefühl mangelnder Wertschätzung und Verweigerung der ihr zustehenden Zuneigung.

Dieses Thema zeigt sich auch in systematischen Untersuchungen von Kindern und ihren Eltern. In den fünfziger Jahren führte Helen Koch eine der ersten größeren Geschwisteruntersuchungen durch. Sie interviewte eine große Anzahl von fünf und sechs Jahre alten Kindern und fragte dabei auch nach dem Verhalten der Eltern gegenüber ihnen und den Geschwistern. Die Antworten insbesondere der erstgeborenen Kinder zeigten deutlich, wie sehr ihnen das Thema einer unterschiedlichen Behandlung bewußt war. Zwei Drittel der 360 befragten Kinder gaben an, daß ihre Mutter entweder sie oder ihr Geschwister bevorzugte, und lediglich ein Drittel beschrieb eine gerechtere Behandlung. Insbesondere die Erstgeborenen hatten nicht das Gefühl, daß ihre Mütter für sie Partei ergriffen, und äußerten sich sehr klar über die Ungerechtigkeiten, die sie im Verhalten der Eltern ihnen gegenüber wahrnahmen. Für viele hatte das Leben ihres jüngeren Geschwisters eine erhebliche Anziehungskraft:
»Ja, ich würde gerne mit meinem kleinen Bruder tauschen. Dann könnte ich herumbrüllen, soviel ich will, und meine Mami würde sich nur um mich kümmern.« »Alle stehen immer auf ihrer Seite.« »Sie bekommt mehr Aufmerksamkeit.«
Aber die meisten Kinder, ob erst- oder später geboren, erwähnen auch irgendwelche Bevorzugungen:
»Ich darf gefährliche Sachen machen, die mein Bruder nicht machen darf.« »Ich muß keinen Spinat essen.« »Wenn ich weine, weil ich etwas haben will, sagt meine Mutter, daß ich es kriegen soll.« »Ich kann sie schlagen, aber sie kann mich nicht schlagen.« »Manchmal nehme ich meinem Bruder Sachen weg. Mutter sagt, er soll sie mir geben.«
In den Familien, in denen Koch beide Geschwister be-

fragte, fällt auf, daß sich die Kinder über die jeweilige Einstellung der Eltern nicht einig waren. Besondere Uneinigkeit zeigte sich hinsichtlich der Position des Vaters: Hier waren gegenteilige Urteile der Geschwister doppelt so häufig wie übereinstimmende Beurteilungen. Bei sehr jungen Geschwistern ist offene Eifersucht auf die Beziehung des Geschwisters zum Vater oft ausgeprägter als auf die Beziehung zur Mutter. Möglicherweise hängt diese intensivere emotionale Reaktion der Kinder auf die Beziehung des Geschwisters zum Vater mit den sehr unterschiedlichen Beurteilungen von dessen einseitigem Verhalten zusammen. Wenn Kinder auf Zeichen der Zuneigung, die ihr Geschwister vom Vater erhält, besonders empfindlich reagieren, dann könnten diese Zeichen besonderes Gewicht erhalten; dem eifersüchtigen Kind könnten sie besonders bedeutsam erscheinen, und für das Kind, das sich der Zuneigung des Vaters sicher ist, sind sie vielleicht nicht so wichtig.

Aus Interviews mit älteren Kindern – Jugendlichen und Geschwistern im mittleren Kindesalter – ergibt sich ein ähnliches Bild. Klare Unterschiede in der Wahrnehmung der Beziehung der Eltern zu den Geschwistern zeigten sich z.B. in einer größeren Studie mit einer repräsentativen Stichprobe von 1077 amerikanischen Familien. Aus dieser Stichprobe wurden 348 Familien mit zwei Kindern im Alter zwischen 11 und 17 Jahren interviewt, wobei die Geschwister und die Eltern individuell Fragen nach der Rolle der Eltern, den Erwartungen hinsichtlich der Hausarbeit, der Enge der Beziehung von Mutter und Vater und nach dem Ausmaß, in dem die Kinder an Familienentscheidungen beteiligt wurden, beantworteten. Die Geschwisterpaare schilderten erhebliche Unterschiede, insbesondere hinsichtlich der Enge der Beziehung zur Mutter und dem Ausmaß der Beteiligung an Entscheidungen. In vier anderen Untersuchungen mit Jugendlichen und jungen Erwachsenen wurden Geschwister direkt danach gefragt, in welchem Maße ihre Eltern sie gleich oder unterschiedlich behandelten, wobei

Tabelle 4.1: Geschwister-Fragebogen zur Erfassung unterschiedlicher Erfahrungen (SIDE)
Der Umgang der Eltern mit Ihnen und Ihrem Geschwister

In diesem Fragebogen wird danach gefragt, wie ähnlich Ihre Mutter und Ihr Vater Sie und Ihr Geschwister behandelt haben. Vergleichen Sie sich selbst mit Ihrem Geschwister (oder einem Ihrer
Geschwister) in der Zeit, in der Sie zu Hause aufwuchsen. Wenn
Ihre Eltern geschieden wurden oder ein Elternteil starb, beantworten Sie die Fragen für die Mutter oder den Vater, mit dem Sie die
längste Zeit gelebt haben.

1 = Im allgemeinen hat sich dieser Elternteil gegenüber meinem
Geschwister sehr viel mehr so verhalten als mir gegenüber.

2 = Im allgemeinen hat sich dieser Elternteil gegenüber meinem
Geschwister ein bißchen mehr so verhalten als mir gegenüber.

3 = Im allgemeinen hat sich dieser Elternteil gegenüber meinem
Geschwister und mir gleich verhalten.

4 = Im allgemeinen hat sich dieser Elternteil mir gegenüber ein
bißchen mehr so verhalten als meinem Geschwister gegenüber.

5 = Im allgemeinen hat sich dieser Elternteil mir gegenüber sehr
viel mehr so verhalten als meinem Geschwister gegenüber.

| | mein Geschwister | | | ich | |
	sehr viel mehr	*etwas mehr*	*gleich*	*etwas mehr*	*sehr viel mehr*
Mutter					
1) war streng mit uns.	1	2	3	4	5
2) war stolz auf das, was wir gemacht haben.	1	2	3	4	5
3) hat sich gerne mit uns beschäftigt.	1	2	3	4	5
4) war sensibel für unsere Gedanken und Gefühle.	1	2	3	4	5

	mein Geschwister			ich	
	sehr viel mehr	etwas mehr	gleich	etwas mehr	sehr viel mehr
5) bestrafte uns für Fehlverhalten.	1	2	3	4	5
6) zeigte Interesse an den Dingen, die wir gerne gemacht haben.	1	2	3	4	5
7) beschuldigte uns für Dinge, die andere Familienmitglieder getan hatten.	1	2	3	4	5
8) neigte dazu, einen von uns zu bevorzugen.	1	2	3	4	5
9) hat uns bestraft.	1	2	3	4	5

	mein Geschwister			ich	
	sehr viel mehr	etwas mehr	gleich	etwas mehr	sehr viel mehr
Vater					
1) war streng mit uns.	1	2	3	4	5
2) war stolz auf das, was wir gemacht haben.	1	2	3	4	5
3) hat sich gerne mit uns beschäftigt.	1	2	3	4	5
4) war sensibel für unsere Gedanken und Gefühle.	1	2	3	4	5
5) bestrafte uns für Fehlverhalten.	1	2	3	4	5
6) zeigte Interesse an den Dingen, die wir gerne gemacht haben.	1	2	3	4	5

	mein Geschwister			ich	
	sehr viel mehr	etwas mehr	gleich	etwas mehr	sehr viel mehr
7) beschuldigte uns für Dinge, die andere Familienmitglieder getan hatten.	1	2	3	4	5
8) neigte dazu, einen von uns zu bevorzugen.	1	2	3	4	5
9) hat uns bestraft.	1	2	3	4	5

ein Fragebogen namens *Sibling Inventory of Differential Experience* (SIDE; dt.: Geschwister-Fragebogen zur Erfassung unterschiedlicher Erfahrungen) verwendet wurde. In diesem Fragebogen werden die Befragten gebeten, ihre eigene Behandlung durch Mutter und Vater mit der ihrer Geschwister zu vergleichen. Nahezu die Hälfte der Geschwister berichtete über Unterschiede.

Damit die Ergebnisse dieser Forschungsarbeiten nicht so abstrakt erscheinen, können Sie, wenn Sie möchten, anhand des Fragebogens Ihre eigene Sichtweise des unterschiedlichen Umgangs Ihrer Eltern mit Ihnen und Ihren Geschwistern erheben. Die Tabelle 4.1 enthält die Items des SIDE, die sich auf die Behandlung durch Mutter und Vater beziehen, zusammen mit einer Ausfüllanleitung und Vergleichsdaten für eine große Geschwisterstichprobe.

Spiegeln sich in diesen unterschiedlichen Wahrnehmungen der Behandlung durch die Eltern lediglich unterschiedliche Reaktionen der Eltern auf genetische Differenzen zwischen den Geschwistern? Ist also z.B. unterschiedliche elterliche Zuwendung auf genetische Differenzen zwischen den Geschwistern zurückzuführen? Mit dieser Frage befassen sich eine Zwillings- und eine Adoptionsstudie, in denen in beiden Fällen der SIDE verwendet wurde. Die Ergebnisse sind widersprüchlich. Eineiige Zwillinge berichteten bei elterlicher Zuwendung und insbesondere bei elterlicher Kontrolle geringere Unterschiede in der Behandlung durch die Eltern als zweieiige Zwillinge. Dieses Ergebnis legt die Möglichkeit nahe, daß genetische Faktoren die Wahrnehmung unterschiedlicher elterlicher Behandlung beeinflussen. Es besteht jedoch auch die Möglichkeit, daß die elterliche Behandlung eineiiger Zwillinge, die ja äußerlich nur schwer zu unterscheiden sind, nicht mit der anderer Geschwister verglichen werden kann. Diese letztere Vermutung wird durch SIDE-Daten[2] aus Vergleichen zwischen biologischen und Adoptivgeschwistern gestützt. Adoptivgeschwister, die einander genetisch nicht ähneln, werden von ihren Eltern nicht unterschiedlicher behandelt als biologische Geschwister.

---

[2] Anm. des Übersetzers: Der SIDE-Fragebogen liegt gegenwärtig nicht in einer deutschen Fassung vor. Insofern ist es zwar natürlich möglich, die Fragen des SIDE zu übersetzen. Aufgrund der fehlenden Normierung anhand einer deutschen Stichprobe ist es aber im Grunde nicht möglich, eine analoge Auswertung wie beim englischen Original vorzunehmen. Wir haben die Auswertungsanleitung dennoch mit aufgenommen (s. Anhang), weil die Auswertung des Fragebogens auch unter diesem statistischen Vorbehalt dem Leser einen Eindruck der eigenen Sichtweise des unterschiedlichen Umgangs seiner Eltern mit ihm und seinen Geschwistern vermitteln kann.

Wie verhalten sich die Geschwister?

Die Sensibilität von Kindern für das unterschiedliche Verhalten ihrer Eltern zeigt sich nicht nur in ihren Kommentaren über das Muster der familiären Beziehungen; sie zeigt sich auch in ihren Handlungen. In einer Reihe von Untersuchungen, die wir in Cambridge durchführten und bei denen wir Beobachtungsverfahren mit möglichst geringer Beeinträchtigung der alltäglichen familiären Interaktionen einsetzten, fanden wir heraus, daß Kinder schon sehr früh unmittelbar und direkt auf den Umgang der Eltern mit ihren Geschwistern reagieren. Diese Untersuchungen umfassen eine Längsschnittstudie erstgeborener Kinder, die von der Zeit vor der Geburt ihres Geschwisters bis in dessen frühe Kindheit beobachtet wurden, und zwei weitere Untersuchungen, die sich mit zweitgeborenen Kindern befaßte und diese vom zweiten bis zum sechsten Lebensjahr beobachtete.

Eine ganze Reihe von Ergebnissen aus diesen Untersuchungen verweisen auf die unzweifelhafte Bedeutung, die die Beziehung zwischen ihren Geschwister und den Eltern für kleine Kinder hat. Beobachtungen aus den ersten Monaten nach der Geburt des Geschwisters zeigten, daß in vielen Familien der Umgang der Mutter mit dem Baby deutliche Auswirkungen auf das Verhalten des ersten Kindes hatte; einige der erstgeborenen Kinder reagierten in hohem Maße auf die Interaktionen zwischen der Mutter und dem kleinen Geschwister (zum Teil auf bis zu drei von vier Interaktionen). Die häufigste Reaktion war Protest oder ein Verlangen nach genau der gleichen Aufmerksamkeit, die dem Geschwister zuteil wurde, wie das folgende Beispiel illustriert. Im ersten Beispiel – entnommen aus der Studie erstgeborener Kinder, die in der Zeit der Geburt und der frühen Kindheit ihres Geschwisters beobachtet wurden – spielt der 14 Monate alte Malcolm mit seiner Mutter, aufmerksam beobachtet von der dreijährigen Virginia:

90

Mutter zu Malcolm (der mit Legobausteinen spielt):
Ich baue dir ein kleines Auto, Malcolm.
Virginia: Ich will eins.
Mutter zu Malcolm: Soll ich dir ein Auto bauen? Hm?
Virginia: Laß ihn nicht die roten Steine nehmen.
Mutter zu Malcolm (ihn hochnehmend und seine
Laute imitierend): Wauau! Wauau!
Virginia: Darf ich mich neben dich setzen? Darf ich auf
Knie?
Mutter zu Virginia: Fragst du das nur, weil Malcolm
hier oben sitzt?
Virginia: Ja.
Mutter zu Virginia: Also dann komm.

Eine häufige Reaktion der erstgeborenen Kinder auf die Interaktionen zwischen ihren Müttern und Geschwistern bestand darin, das Verhalten des Babys zu »spiegeln«, das die Aufmerksamkeit der Mutter hervorgerufen hatte, wie das folgende
Beispiel zeigt. Der 35 Monate alte Alistair beobachtete aufmerksam, wie seine Mutter beim Anblick der schmutzigen
Hände seiner kleinen Schwester Shirley scherzhaft ausrief:
»Nanu, Shirley, was ist das? Rat mal! Schlamm! Schau dich nur
an! Kleiner Schmutzfink!« Alistair lief sofort zum Blumenbeet,
steckte seine Hände in den Schlamm und rannte zu seiner Mutter, um ihr seine schmutzigen Hände zu zeigen.

Mehrere Kinder aus dieser Studie imitierten auch das
»unartige« Verhalten ihrer jüngeren Geschwister, wenn dieses die Aufmerksamkeit der Mutter hervorgerufen hatte. Das
zeigt sich im nächsten Beispiel mit dem dreijährigen Duncan
und seinem 14 Monate alten Bruder Robbie, als dieser
Bücher und Zeitungen aus dem Regal zog:

Mutter zu Robbie: Nein! Hör auf!
Duncan kommt sofort angelaufen und beginnt ebenfalls, Zeitungen aus dem Regal zu ziehen, wobei er
seine Mutter ansieht.

Mutter zu Duncan: Nein, Duncan, du mußt nicht auch noch damit anfangen! Du weißt es besser, oder?
Duncan: Nein!

Die Reaktionsweisen der älteren Geschwister waren unterschiedlich, was zum Teil von der Art der Interaktion zwischen der Mutter und dem Geschwister abhing. Manchmal versuchten sie, an dem Spiel von Mutter und Baby teilzunehmen, und manchmal versuchten sie, es zu unterbrechen oder Aufmerksamkeit auf sich zu lenken – oft mit unglücklichem Ausgang, da sie häufig genau die Dinge taten, die ihre Mütter am meisten ärgerten. Manchmal waren sie so unglücklich, daß sie regelrecht zusammenbrachen. Es war nur allzu deutlich, welche enorme Bedeutung es für sie hatte, daß ihre Mutter und das kleine Geschwister glücklich miteinander spielten. Die Reaktion des Erstgeborenen hing außerdem stark von dessen Temperament ab. Ein kleines Mädchen, Sally, wurde mit Veränderungen täglicher Routinen oder mit unerwarteten Ereignissen nur schwer fertig; psychologisch ausgedrückt zeigte sie eine extrem negative Ausprägung auf der Temperamentsdimension der »Anpassungsfähigkeit«. Sie war darüber hinaus sehr emotional, und sie reagierte mit besonders intensiven Protesten, wenn ihre Mutter sich mit ihrer Schwester Ruby beschäftigte:

Mutter zu Ruby (als Kommentar zu ihrem Spiel): Macht dir das Spaß, Ruby?
Sally (schreit verärgert): Sie darf das nicht mehr haben!

Im Gegensatz dazu beteiligte sich Susan, ein ausgeglichenes, umgängliches, anpassungsfähiges Mädchen, fröhlich an dem Spiel ihrer Mutter mit ihrem jüngeren Bruder Alan, wie das nächste Beispiel zeigt:

Alan ist dabei, vor seiner Mutter »davonzulaufen« (schnell krabbelnd, mit aufgeregten Lauten):

92

Mutter zu Alan: Auf Wiedersehen! Auf Wiedersehen!
Susan (beteiligt sich an dem Spiel, indem sie Alan zu
»jagen« beginnt, was dieser sehr aufregend findet): Ich
werde ihn kriegen! Ich! Ich!

War diese Sensibilität für das Verhalten der Mutter gegenüber dem Neuankömmling ein Phänomen, das nur bei den
Erstgeborenen auftrat – ein Aspekt der Reaktion auf die
Zurücksetzung, die nach der Geburt eines zweiten Kindes so
häufig auftritt? Würde sich eine solche aufmerksame Beobachtung des Verhältnisses zwischen Mutter und erstgebore-
nem Kind auch bei später geborenen Kindern zeigen? In
zwei Untersuchungen von Familien mit Vorschulkindern
konzentrierten wir uns auf zweitgeborene Kinder, wobei wir
herausfanden, daß bereits 14 Monate alte Kinder aufmerksame Beobachter der Beziehungen ihrer Mütter zu ihren älteren Geschwistern waren. Aufmerksam waren sie vor allem
bei solchen Interaktionen, in denen Gefühle ausgedrückt
wurden; von besonderem Interesse waren lebhafte Spiele
oder Auseinandersetzungen zwischen der Mutter und dem
älteren Geschwister. Auch hier gab es ausgeprägte Unterschiede in der Art der Reaktion, doch nur selten – in 12 Prozent der Fälle – wurde ein emotionaler Austausch zwischen
der Mutter und dem Erstgeborenen einfach ignoriert.
Besonders interessant waren die Reaktionen der Kinder auf
Auseinandersetzungen: Manchmal versuchten sie, eine der
beiden Parteien zu unterstützen. Ihre Reaktionen zeigten,
daß sie durchaus einiges von dem verstanden, worum es ging,
und daß sie bereits sehr früh das Verhalten ihrer älteren Geschwister beurteilten. Die kleine Nan im nächsten Beispiel ist
nur 24 Monate alt, doch sie beteiligt sich an der Ausein-
andersetzung zwischen ihrer Mutter und ihrer älteren Schwester Clare bereits mit einem beurteilenden Kommentar:

Die fünfjährige Clare zeigt ihrer Mutter, daß sie etwas
auf ein Stück eines Puzzles gemalt hat:

Mutter zu Clare: Du sollst nicht darauf malen, Clare. Das weißt du doch. Man malt nur auf Papier. Man malt nicht auf ein Puzzle.
Clare zur Mutter (schlecht gelaunt): Warum?
Mutter zu Clare: Weil es kein Blatt Papier ist.
Nan: Unartig!
Mutter: Ja, das ist unartig.

Auch im nächsten Beispiel wird ein Urteil über eine ältere Schwester getroffen, diesmal von der 26 Monate alten Polly:

Die Mutter und Helen streiten darüber, ob der Fernseher abgeschaltet werden soll:
Mutter zu Helen: Mach' ihn aus.
Helen zur Mutter: Ich will nicht, daß du ihn ausschaltest! Nein! (achtmal wiederholt).
Polly zu Helen: Nein!
Helen zur Mutter: Nein! (fünfmal wiederholt). Böse Mami!
Mutter zu Helen: Na! Jetzt reicht's!
Helen zur Mutter: Nein! (dreimal wiederholt!)
Polly zu Helen (die Mutter umarmend): Nicht böse. Böse Helen (schlägt Helen).

Eine dritte, ganz anders angelegte Analyse – eine Untersuchung der Gesprächsfertigkeiten von Kindern – erbrachte dasselbe Ergebnis. Ein großer Teil der Gespräche in einer Familie richtet sich nicht an die jüngeren Kinder; es stellt einen wichtigen – wenn auch selten untersuchten – Entwicklungsfortschritt dar, wenn Kinder in der Lage sind, sich an diesen Familiengesprächen zu beteiligen. Um die Entwicklung dieser Fähigkeit zu dokumentieren, untersuchten wir die Beteiligung der Kinder an den Gesprächen zwischen anderen Familienmitgliedern: ihre Versuche, an diesen Gesprächen teilzunehmen, sie zu unterbrechen oder zu ihnen beizutragen.
Wir fanden heraus, daß Kinder die Gespräche zwischen

ihren Müttern und ihren älteren Geschwistern genau verfolgen und diese Gespräche mit zunehmender Effektivität und Geschicklichkeit unterbrechen, um die Aufmerksamkeit auf sich selbst zu lenken. Zu Beginn des dritten Lebensjahres eines Kindes sind diese Gesprächsbeiträge normalerweise direkt auf das Kind selbst bezogen, selbst dann, wenn sie auf das Thema des Gespräches Bezug nehmen, welches sie unterbrechen. Eines der von uns beobachteten Kinder antwortete auf die Frage der Mutter, was es gerade tue: »Ich male einen Bus.« Darauf sagte sein 26 Monate alter jüngerer Bruder: »Den mag ich nicht.« Im Alter von 36 Monaten gelang es den Kindern in vielen Fällen, Gespräche zwischen Mutter und Geschwister auf das Thema zu lenken, das sie am meisten interessierte: sich selbst. In einem Fall spielte die fünfjährige Christy Einkaufen, wobei die Mutter die Rolle der Kundin übernahm. Ihrer jüngeren Schwester Anny gelang es, die Mutter dazu zu bringen, mit *ihr* zu spielen:

> Die Mutter hat Christy (als Verkäuferin) nach Bananen gefragt.
> Christy zur Mutter: Heute habe ich keine Bananen.
> Mutter zu Christy: Oh wie schade, und ich wollte so gern welche kaufen!
> Anny zur Mutter: In meinem Geschäft *gibt* es Bananen! Du mußt jetzt meine Bananen kaufen!
> Mutter zu Anny: Okay! (lacht)

Unsere Beobachtungen zeigen, daß Kinder bereits sehr früh schnell und nachdrücklich auf die Interaktionen zwischen ihren Geschwistern und ihren Eltern reagieren. Die Interviews mit den Geschwistern zeigen, daß Kinder Unterschiede in der Art wahrnehmen, wie sie behandelt werden, und daß ihnen diese Unterschiede häufig sehr viel ausmachen. Die Reaktionen von Mary Wollstonecraft und Katherine Mansfield sind also anscheinend in dieser Hinsicht keineswegs ungewöhnlich.

Was sagen die Eltern?

Wie nehmen die *Eltern* ihr eigenes Verhalten gegenüber ihren einzelnen Kindern wahr? In den Briefen und Tagebüchern der Familien unserer Schriftsteller finden sich überall Belege für die unterschiedlichen Beziehungen der Eltern zu ihren Kindern. Henry James beispielsweise wurde zum Lieblingssohn seiner Mutter. Wie der Biograph Leon Edel schreibt, machte Mary James aus ihrer Bevorzugung Henrys durchaus keinen Hehl. Als ihre beiden gerade erwachsenen Söhne häufig erkrankten, machte sie sich Sorgen wegen Henrys Krankheit, doch sie

> ... behandelte William als egozentrischen Hypochonder. In ihren Briefen neigt sie dazu, seinen Zustand herabzuspielen; er beklage sich zu sehr; er habe eine »morbide Sympathie« für jede Form körperlichen Unbehagens; er mache sich zu viel Sorgen. »Er muß jeder Schwankung des Gefühls Ausdruck verleihen.«

Kurz vor seinem Tode schrieb Henry, der Vater, an seinen Sohn Henry: »Ich kann nicht anders empfinden, als daß Du uns am wenigsten Mühe gemacht und am meisten Freude bereitet hast. Ich denke besonders an Mutters vollkommene Freude an Dir in den letzten Monaten ihres Lebens und an die vollkommene Freundlichkeit, die Du ihr gegenüber gezeigt hast.«

Welches Bild zeigt sich bei Eltern aus der heutigen Zeit? Bei Untersuchungen im amerikanischen Colorado und im englischen Cambridge wurden die Mütter junger Geschwister direkt nach der Qualität ihrer Beziehungen zu ihren verschiedenen Kindern und nach dem Ausmaß befragt, in dem sie die Geschwister unterschiedlich behandelten. Trotz der starken sozialen Norm, nach der Eltern ihre Kinder gleich behandeln sollen, gab nur ein Drittel der Mütter aus Colorado an, für beide Kinder das gleiche Maß an Zuneigung zu empfinden, und nur ein Drittel gab an, beiden Kindern die gleiche Aufmerksamkeit zu schenken. In den meisten dieser Familien erhalten nach Auskunft der Mütter die jüngeren Kinder mehr Zuneigung und Aufmerksamkeit. In beiden Untersuchungen gaben nur 12 Prozent der Mütter an, daß es ihnen in gleichem Maße leicht- oder schwerfiel, bei ihren Kindern Disziplin zu wahren, und gleichfalls lediglich 12 Prozent sagten, daß sie ihre Kinder gleich häufig zurechtwiesen. Es ist erstaunlich, wie sehr sich die Ergebnisse der beiden Untersuchungen ähneln, insbesondere wenn man die sonstigen Unterschiede zwischen den Familien mit in Betracht zieht. So gaben z.B. 52 Prozent der Mütter in der Colorado-Studie an, gegenüber ihrem jüngeren (im Mittel vier Jahre alten) Kind mehr Zuneigung zu empfinden, und nur 13 Prozent gaben an, ihr älteres Kind mehr zu mögen; in der Cambridge-Studie, in der das jüngere Geschwister im Mittel sechseinhalb Jahre alt war, lagen die entsprechenden Zahlen bei 61 und 10 Prozent.

Wie ernst sollen wir die Ergebnisse aus Interviews nehmen?

Das Leben anderer Menschen nachzuerleben zu versuchen, ist nichtig, solange wir nicht ihre Wahrnehmungen, ihr Wachsen, die Veränderungen, die wechselnde Intensität des Gleichen nacherleben – denn es waren diese Dinge, die ihr eigenes Leben bestimmten.

Henry James

Aus den in Untersuchungen zur frühen und mittleren Kindheit geführten Interviews geht klar hervor, daß sowohl die Kinder als auch ihre Eltern deutliche Unterschiede in ihrem Verhalten gegenüber den zusammen aufwachsenden Geschwistern wahrnehmen. Doch welche Bedeutung sollen wir solchen Aussagen aus Interviews beimessen, ob sie nun von den Kindern oder von den Eltern stammen? Natürlich sind die Wahrnehmungen der Kinder wichtig, wahrscheinlich wichtiger als jeder Bericht eines Außenstehenden, wie kompetent dieser als Beobachter der Familie auch sein mag (erinnern wir uns an die im ersten Kapitel zitierte Mahnung Emmas an Mr. Knightly). Wie Kinder sich fühlen, während sie aufwachsen, wie sie sich der Welt außerhalb der Familie nähern und wie sie mit den unvermeidlichen Frustrationen und Problemen umgehen, könnte durchaus enger mit ihrer *Wahrnehmung* und *Empfindung* der ihnen entgegengebrachten Liebe und Wertschätzung zusammenhängen als mit ihren familiären Beziehungen, wie sie von einem außenstehenden Beobachter beschrieben werden. Die Berichte von Eltern über unterschiedliches Verhalten gegenüber ihren Kindern sind besonders bedeutsam, weil sie der sozial erwünschten Antwort zuwiderlaufen, daß Geschwister gleich behandelt werden müssen.

Sozialer Druck spielt offensichtlich in Befragungen von Erwachsenen eine größere Rolle als bei Kindern. Wie ernst können wir die Berichte der Mütter noch nehmen, wenn wir dies in Rechnung stellen? Dazu möchten wir drei Anmerkungen machen. Zum einen waren die Mütter in jeder der beiden Untersuchungen sehr vertraut mit ihren Interviewern und begegneten ihnen entspannt, ja sogar freundschaftlich. Zum zweiten – und sicherlich damit zusammenhängend – zögerten sie anscheinend nicht, auch sozial unakzeptable Aspekte ihrer Beziehungen zu den Kindern zu schildern. Nehmen wir z.B. die Kommentare dreier Mütter zu ihrem Verhalten gegenüber ihrem erstgeborenen Kind in den Monaten nach der Geburt des zweiten Kindes, als die Mütter erschöpft und gestreßt waren: »Ich habe das Gefühl, ich könnte sie umbringen. Ich fürchte mich regelrecht davor, ihre Schritte auf dem Flur zu hören.« »Inzwischen kann ich sie kaum noch ertragen. Jeden Tag bringt sie mich zum Weinen. Es ist wirklich schlimm.« »Ich war sehr unglücklich. Ständig habe ich Sue eins draufgegeben und sie angeschrien. Mit *ihm* war es tagsüber ganz einfach. Kaum Ansprüche. Wenn er so wie sie gewesen wäre, wäre ich wohl im Krankenhaus gelandet.« Zum Glück war extreme Verzweiflung dieser Art nicht sehr häufig. Auch richtete sie sich nicht immer ausschließlich auf das erstgeborene Kind oder trat nur in der Zeit unmittelbar nach der Geburt auf. Eine Mutter, die mit ihrem ersten Kind sehr gut zurechtkam, beschreibt ihre Gefühle gegenüber ihrem zweiten Kind: »Als sie sechs Monate alt war, hatte ich jeden Tag das Gefühl, es nicht mehr zu schaffen. Ich blieb im Bett, weil ich Angst hatte, sie zu schlagen.«

Der dritte Punkt hinsichtlich der Aussagekraft und Validität der Interviews mit den Müttern ist vielleicht der wichtigste: Es gab Übereinstimmungen zwischen dem, was die Mütter über ihr Verhalten gegenüber ihren beiden Kindern *sagten*, und dem, was wir *sahen*, genauso wie es Übereinstimmungen gab zwischen unseren Beobachtungen und dem, was sie über das Verhalten der Geschwister zueinander sagten. Wir kommen nun zu unseren Beobachtungen des Verhaltens der Eltern.

In welchem Ausmaß verhalten sich Eltern gegenüber ihren Kindern unterschiedlich?

Mütter, die zu Hause mit einem Kleinkind oder einem Kind im Vorschulalter und mit einem relativ fortgeschrittenen Fünf-, Sechs- oder Siebenjährigen umgehen, verhalten sich gegenüber diesen beiden Kindern recht unterschiedlich. Es zeigt sich hier immer dasselbe Bild, unabhängig davon, ob die Daten aus natürlichen Untersuchungssituationen stammen, in denen die Mütter die übliche Haushaltsarbeit erledigen – Spülen, Waschen, Gartenarbeit – oder aus klarer strukturierten Situationen, in denen sie aufgefordert werden, vor einer laufenden Videokamera mit ihren Kindern zu spielen. Am ausgeprägtesten sind Unterschiede in der Aufmerksamkeitszuwendung, gefolgt von Unterschieden im Ausmaß der Kontrolle und der Zuwendung.

Das ist im Grunde kein überraschendes Ergebnis, wenn man den unterschiedlichen Entwicklungsstand der Kinder bedenkt. Wie Sandra Scarr es formulierte: »Können Sie sich vorstellen, mit einem einjährigen Kind so zu sprechen wie mit einem zweijährigen, selbst wenn Sie der unsensibelste Mensch der Welt wären?« Wir müssen außerdem die Beziehung zwischen dem Verhalten der Eltern und den Erfahrungen der Kinder zu einem *bestimmten und vergleichbaren Alter* berücksichtigen. Zum Beispiel stellt sich die Frage, ob jedes Kind im Säuglings- oder frühen Kindesalter vergleichbare Erfahrungen liebevoller Aufmerksamkeit und Zuwendung gemacht hat? Aufschlüsse zu diesem Thema gibt uns die Colorado-Studie, weil wir jedes Geschwister einzeln im Alter von 12, 24 und 36 Monaten im Spiel und Gespräch mit der Mutter untersuchen konnten.

Die Ergebnisse waren für uns anfänglich eher überraschend. Wir hatten erwartet, daß sich im Verhalten der Mütter zu ihren verschiedenen Kindern zum jeweils gleichen Alterszeitpunkt deutliche Unterschiede zeigen würden, doch wir fanden im Gegenteil heraus, daß sich die Mütter gegenüber ihren Kindern zum gleichen Zeitpunkt auch durchaus ähnlich verhielten, obwohl sich ihr Verhalten gegenüber einem Kind im Laufe der Zeit veränderte. Das heißt, bei einer Mutter, die gegenüber ihrem zwölf Monate alten Kind besonders viel Zuwendung und Aufgeschlossenheit zeigte, fand sich gegenüber demselben Kind ein Jahr später im Vergleich zu anderen Müttern keine besonders ausgeprägte Zuwendung. Doch diese ausgeprägte Zuwendung zeigte sich erneut, als ihr nächstes Kind zwölf Monate alt war. Der jeweilige Entwicklungsstand der Kinder hat also überraschend starke Auswirkungen auf das Verhalten der Mütter.

Wesentlich für unser Interesse an unterschiedlichem Verhalten ist eine Implikation dieser Ergebnisse: Zu jedem beliebigen Zeitpunkt *sind* die Geschwister innerhalb einer

Familie unterschiedlich alt und befinden sich in unterschiedlichen Stadien der Entwicklung. Wir wir gesehen haben,
verhält sich eine Mutter – selbst gegenüber *demselben* Kind –
sehr unterschiedlich, je nachdem, in welchem Entwicklungsstadium sich das Kind gerade befindet. Nehmen wir eine
Familie, in der sich die Mutter gegenüber ihren beiden Kindern besonders liebevoll verhält, wenn sie 12 Monate alt
sind, und weniger liebevoll, wenn sie 36 Monate alt sind. Ein
Kind in diesem späteren Stadium, das relativ wenig Zuwendung erhält, wird täglich Zeuge der besonders intensiven
Zuwendung, die seinem 12 Monate alten Geschwister zuteil
wird.

Die Belege für *konsistentes* Verhalten gegenüber Geschwistern desselben Alters haben eine wichtige Implikation für die
Beantwortung der Frage, warum sich Geschwister so unterschiedlich entwickeln. Sie legen die Annahme nahe, daß diese
durchaus vergleichbaren Erfahrungen der beiden Kinder im
Umgang mit ihren Müttern zu jeweils gleichen Alterszeitpunk-
ten dennoch per se keinen Einfluß auf das unterschiedliche
Entwicklungsergebnis der Kinder haben. Das Erleben *unterschiedlichen* Verhaltens gegenüber sich selbst und den anderen
Kindern könnte bedeutsamer sein als vergleichbare Erfahrungen im *direkten* Umgang mit den Eltern. Die Beobachtung
der offensichtlichen Zuneigung der Mutter für das Geschwister kann alle Zuneigung bedeutungslos werden lassen, die man
selbst erfahren hat. Diese Annahme steht in direktem Widerspruch zu den gängigen Vorstellungen darüber, was bei der
Erziehung wichtig ist; es ist eine Annahme, die mit den gegenwärtigen psychologischen Theorien nicht übereinstimmt, die
es aber wert ist, daß man ihr nachgeht.

Die gängige Annahme ist, daß der direkte Einfluß des
Umgangs der Eltern mit dem Kind die Entwicklung dieses
Kindes beeinflußt. Wir argumentieren dagegen, daß Kinder
nicht nur feinfühlig auf den Umgang der Eltern mit ihnen
selbst reagieren, sondern auch auf den Umgang der Eltern
mit den Geschwistern, und daß Kinder diese Beziehungen

genauso beobachten und auf sie reagieren wie auf die Beziehung zwischen den Eltern. Damit verschiebt sich die Sichtweise von der Betrachtung des Kindes als Kind-der-Eltern zu der des Kindes-als-Familienmitglied.

Sind diese Unterschiede im Verhalten der Mütter wichtig für die Entwicklung der Kinder? Gibt es empirische Hinweise darauf, daß das Entwicklungsergebnis einzelner Kinder mit den unterschiedlichen Erfahrungen zusammenhängt, die sie mit ihren Eltern gemacht haben?

Zusammenhänge mit dem Entwicklungsergebnis

Die Bedeutsamkeit wahrgenommener Unterschiede in der Behandlung durch die Eltern steht uns in der Darstellung der Formen elterlichen Interesses und elterlicher Zuneigung in Autobiographien und Romanen am lebendigsten vor Augen. Für Charles Dickens beispielsweise war einer der schlimmsten Momente seiner harten Kindheit, in der es immer wieder Not und Armut gab, das Erleben einer *relativen* Entbehrung, als er mit dem Kontrast zwischen seiner Situation und der seiner älteren Schwester Fanny konfrontiert wurde. Während er in einer Fabrik arbeiten mußte, zwei Tage nachdem er zwölf geworden war, gewann sie ein Stipendium der Königlichen Musikakademie. Der Unterschied zwischen der Mißachtung, die er erfuhr, und dem Stolz seiner Eltern auf den Erfolg seiner Schwester verletzte ihn tief. Er erinnert sich, wie er zu einer Preisverleihung an der Königlichen Akademie unter dem Vorsitz von Prinzessin Augusta mitgenommen wurde, bei der Fanny eine Silbermedaille erhielt:

> Ich konnte es nicht ertragen, an mein eigenes Leben zu denken, das jenseits solchen ehrenvollen Wetteifers und Erfolges lag . . . Tränen liefen über mein Gesicht.

... Als ich an diesem Abend zu Bett ging, betete ich darum, aus der Erniedrigung und Vernachlässigung befreit zu werden, in der ich mich befand. Niemals zuvor hatte ich so sehr gelitten.

Dickens empfand intensiv die Bedeutung, die die Wahrnehmung von Ungerechtigkeit und Ungleichheit in der Erfahrungswelt von Kindern hat, wie folgendes Zitat aus *Große Erwartungen* zeigt:

In der überschaubaren Welt eines Kindes ... gibt es nichts, was so genau wahrgenommen und empfunden würde wie die Ungerechtigkeit.

Von der allerersten Untersuchung dieser Frage an scheinen sich Zusammenhänge zwischen unterschiedlichen Erfahrungen mit den Eltern und den Ergebnissen der kindlichen Entwicklung zu zeigen. Die bereits erwähnte Untersuchung einer landesweiten Stichprobe von Geschwistern im Jugendalter ergab einen Zusammenhang zwischen – nach Einschätzung der Eltern und der Geschwister – unterschiedlicher Behandlung durch die Eltern und Geschwisterunterschieden hinsichtlich sozialer Anpassung und Delinquenz. Genauer gesagt weisen sowohl die Aussagen der Eltern als auch der Geschwister darauf hin, daß das Kind, welches der Mutter am nächsten stand, das am meisten an Familienentscheidungen beteiligt wurde und an das die höchsten Erwartungen hinsichtlich der Beteiligung an der Hausarbeit gestellt wurden, psychologisch besser angepaßt war. Eine neuere Zwillingsstudie erbrachte ähnliche Ergebnisse. In einer weiteren Geschwisterstudie wurden allerdings nur geringe Zusammenhänge zwischen unterschiedlicher Behandlung durch die Eltern und Geschwisterunterschieden in der Persönlichkeit gefunden. Indikatoren sozialer Anpassung, die das wesentliche Ziel unterschiedlicher Behandlung durch die Eltern zu sein scheint, wurden in dieser letzteren Studie nicht erhoben.

Zusammenhänge zwischen unterschiedlicher Behandlung durch die Eltern und den Entwicklungsergebnissen beschränken sich nicht auf Interview- und Fragebogendaten. In der Colorado-Studie wurde im Alter von sieben Jahren die emotionale Anpassung der erstgeborenen Kinder untersucht; Ziel war die Feststellung möglicher Zusammenhänge mit der Erfahrung unterschiedlicher Behandlung durch die Mütter (erhoben sowohl durch Angaben der Mütter selbst als auch durch Beobachtung). Die Ergebnisse zeigten, daß unterschiedliche mütterliche Zuwendung und Kontrolle mit Sich-Sorgen-Machen, Ängstlichkeit und Depressivität auf seiten der Kinder verknüpft waren. Kinder, die stärkere mütterliche Kontrolle oder weniger Zuwendung als ihre Geschwister erfuhren, waren mit höherer Wahrscheinlichkeit ängstlich oder depressiv. Unterschiedliches mütterliches Verhalten hing auch mit antisozialem Verhalten der Kinder zusammen (Ungehorsam, lästiges, streitlustiges und hyperaktives Verhalten); in Familien, in denen die Mutter das ältere Geschwister sehr viel mehr als das jüngere kontrollierte, zeigte das ältere Kind häufig einen relativ hohen Grad problematischen Verhaltens. Es ist natürlich auch möglich, daß die Mütter in diesen Familien die älteren Geschwister zu kontrollieren versuchten, *weil* diese so schwierig waren. Mit der Frage nach Ursache und Wirkung werden wir uns im folgenden Abschnitt befassen.

Unterschiedliche Behandlung durch die Eltern als Reaktion auf Unterschiede zwischen den Geschwistern

Die Frage, inwieweit Unterschiede im Verhalten der Eltern als Reaktion auf Unterschiede in den Persönlichkeiten der Kinder und in deren Verhalten gegenüber anderen zu verstehen sind, ist von großer Bedeutung.

Letztlich ist es unser Ziel, die Unterschiede in der Entwicklung von Geschwistern zu erklären. Wenn die Unterschiede im elterlichen Verhalten lediglich Reaktionen auf bereits bestehende Unterschiede in der Persönlichkeit oder Intelligenz der Kinder sind und wenn diese Eigenschaften der Kinder in einer klaren Beziehung zu späteren Unterschieden in der erfolgreichen Anpassung stehen, dann ist es natürlich möglich, daß die Unterschiede im Verhalten der Eltern keinen eigenständigen Beitrag zu den Unterschieden im Grad der erfolgreichen Anpassung darstellen. Mit anderen Worten: Die Eltern würden dann lediglich auf stabile und dauerhafte Unterschiede zwischen den Geschwistern reagieren. In diesem Falle ist es möglich, daß die Zusammenhänge zwischen der unterschiedlichen Behandlung durch die Eltern und dem Ergebnis der kindlichen Entwicklung nicht kausal sind, sondern beide die überdauernden Persönlichkeitsunterschiede wiederspiegeln. Gibt es irgendwelche Belege dafür, daß das unterschiedliche elterliche Verhalten einen eigenständigen Einfluß auf die erfolgreiche Anpassung der Kinder ausübt?

Auf der Basis der bisher vorliegenden Untersuchungen kann diese Frage positiv beantwortet werden. Bei der Analyse der Forschungsergebnisse mit dem Ziel der Erklärung der Unterschiede in der Persönlichkeit von Geschwistern zeigt sich, daß die Unterschiede im elterlichen Verhalten einen unabhängigen, zusätzlichen Beitrag zu den Unterschieden in der erfolgreichen Anpassung der Kinder leisten. Nehmen wir beispielsweise Geschwisterunterschiede im Selbstwertgefühl und in der Wahrnehmung der eigenen sozialen Kompetenz. Selbstwert- und Kompetenzgefühle sind für die emotionale Entwicklung eines Kindes von entscheidender Bedeutung. Unterschiede in der wahrgenommenen sozialen Kompetenz während der mittleren Kindheit sind mit späteren depressiven Gefühlen verknüpft: Kinder, die das Gefühl haben, von ihren Altersgefährten nicht gemocht zu werden und in ihren sozialen Beziehungen nicht kompetent zu sein, berichten später häufiger über depressive Stimmungen. Deshalb ist es wichtig zu verstehen, welche Faktoren die Entstehung eines Gefühls eigener Kompetenz begünstigen. Es wird oft angenommen, daß frühkindliche Erfahrungen – insbesondere in der Beziehung zur Mutter – in dieser Hinsicht besonders bedeutsam sind. Doch es gibt nur sehr wenige direkte Untersuchungen des Einflusses früher familiärer Beziehungen auf Gefühle dieser Art. Bei einer Nachuntersuchung im Rahmen einer unserer Cambridge-Studien ließen wir die Geschwister – die im Durchschnitt sechs und neun Jahre alt waren – Einschätzungen ihres Gefühls eigener Kompetenz abgeben. Es fanden sich keine Ähnlichkeiten im Selbstwertgefühl und im Gefühl eigener Kompetenz – ein weiteres Beispiel für Geschwisterunterschiede.

Als wir untersuchten, welche Aspekte der familiären Erfahrung Zusammenhänge mit den deutlichen Unterschieden in der wahrgenommenen eigenen Kompetenz aufwiesen, fanden wir Korrelationen zwischen diesen Gefühlen der Kinder und unterschiedlichem Verhalten der Eltern, und zwar sowohl zum Zeitpunkt der Nachuntersuchung als auch bei früheren Beobachtungen. Am wichtigsten ist dabei, daß dieser Beitrag zur Varianz des Selbstwertgefühls der Kinder von früheren Unterschieden in den Persönlichkeiten der Kinder unabhängig war.

Wir verwendeten statistische Verfahren, um die Frage zu klären, ob Unterschiede im Selbstwertgefühl primär auf frühere Unterschiede in der Persönlichkeit der Kinder zurückgehen oder ob andere Faktoren – wie unterschiedliches elterliches Verhalten – zu den Unterschieden beitragen. Unsere Analysen zeigten, daß im Falle der Geschwister aus der Cambridge-Studie nach Berücksichtigung derjenigen Varianz des Selbstwertgefühls, die auf früher erhobene Persönlichkeitsunterschiede zurückgeht, die verbleibende Varianz des Selbstwertgefühls besser erklärt werden konnte, wenn Unterschiede im Verhalten der Eltern mit herangezogen wurden. Kinder, deren Mütter den Geschwistern gegenüber mehr

Zuneigung gezeigt hatten, zeigten ein weniger ausgeprägtes Gefühl eigener Kompetenz und ein schlechteres Selbstwertgefühl als Kinder, deren Mütter ihnen relativ gesehen mehr Zuneigung entgegengebracht hatten. Dieser Effekt zeigte sich bei den Kindern aus der Cambridge-Studie auch dann noch, nachdem wir denjenigen Varianzanteil des Selbstwertgefühls abgezogen hatten, der auf frühere Persönlichkeitsunterschiede zwischen den Kindern zurückging.

Es gibt noch weitere wichtige Aspekte des Netzwerks der familiären Beziehungen, die das Selbstwertgefühl der Kinder mit bestimmen (siehe das nächste Kapitel), doch die Bedeutung unterschiedlichen elterlichen Verhaltens ist klar ersichtlich. Auch wenn wir aus diesen Korrelationen nur mit großer Vorsicht kausale Beziehungen ableiten sollten, so legen es diese Ergebnisse doch nahe, daß Unterschiede im elterlichen Verhalten Auswirkungen auf die Ergebnisse der kindlichen Entwicklung haben – zumindest, was diesen wichtigen Bereich angeht,

Ein anderes in diesem Zusammenhang wichtiges Forschungsergebnis, gewonnen in einer Studie zu den unterschiedlichen Erfahrungen und der sozialen Anpassung von eineiigen Zwillingen, liefert Belege dafür, daß diese Zusammenhänge nicht auf Vererbung zurückgehen. Die Korrelation unterschiedlichen Umgangs mit eineiigen Zwillingen mit deren Persönlichkeitsdifferenzen liefert einen besonders rigorosen Test des Einflusses nicht-gemeinsamer Umwelten. Falls sich Zusammenhänge herausstellen, können diese nicht auf Vererbung zurückgehen, da eineiige Zwillinge genetisch identisch sind. Der Test wird noch härter, weil es wahrscheinlich ist, daß eineiige Zwillinge von ihrer Umwelt in höherem Maße gleichsinnig beeinflußt werden als Nicht-Zwillingsgeschwister. Dennoch zeigten sich in dieser Studie Zusammenhänge zwischen den Berichten der Zwillinge über unterschiedliches Verhalten der Eltern einerseits und Unterschieden zwischen den Zwillingen hinsichtlich Depressivität und Wohlgefühl andererseits: In dem Maße, wie die Eltern die Zwillinge unterschiedlich behandelten, unterschieden sie sich auch.

Ein Wort zur Geburtenreihenfolge

Wenn Unterschiede im elterlichen Verhalten gegenüber den einzelnen Kindern erörtert werden, ist die Geburtenreihenfolge der Kinder oft das erste, was einem in den Sinn kommt. Es wird oft davon ausgegangen, daß Eltern ihr erstgeborenes Kind regelmäßig anders behandeln als ihre später geborenen Kinder. Dem liegt die verbreitete Annahme zugrunde, daß Eltern bei ihrem ersten Kind ängstlicher sind und weniger Erfahrung haben, und zwar insbesondere im Säuglingsstadium. In Wirklichkeit weist jedoch nur wenig auf solche systematischen Auswirkungen der Geburtenreihenfolge hin. Sowohl in unserer Colorado- als auch in unserer Cambridge-Studie zeigten sich beispielsweise zum jeweils gleichen Alterszeitpunkt keine systematischen Unterschiede im Verhalten der Mütter gegenüber ihren erst- und zweitgeborenen Kindern. Doch selbst wenn es stichhaltige Belege für Auswirkungen der Geburtenreihenfolge auf das elterliche Verhalten gäbe: Wie relevant wären sie für unsere Argumentation?

In einem wesentlichen Sinne sind solche Unterschiede nicht bedeutsam. Das liegt daran, daß individuelle Unterschiede in der Persönlichkeit und der Psychopathologie – also diejenigen Unterschiede, die sich als Ergebnis der jeweiligen Entwicklung zeigen und die wir zu erklären versuchen – *nicht* eindeutig mit der Geburtenreihenfolge zusammenhängen. Obwohl diese Aussage vielen beliebten und weit verbreiteten Annahmen widerspricht, gelangen Experten auf der Basis einer Vielzahl von Studien doch zu dem Schluß, daß die Geburtenreihenfolge für die Entstehung von Geschwisterunterschieden nur eine Nebenrolle spielt. Die so oft erwähnten herausragenden Leistungen und Merkmale von Erstgeborenen verschwinden, wenn Erklärungsfaktoren wie

Bildung und soziale Lage der Familien und deren Verknüpfung mit der Familiengröße berücksichtigt werden. Wenn die Geburtenreihenfolge nicht zu systematischen Persönlichkeitsunterschieden führt, dann können auch Unterschiede im elterlichen Verhalten, die mit der Geburtenreihenfolge zusammenhängen, für das Ergebnis der kindlichen Entwicklung nicht weiter bedeutsam sein.

Mit diesen Studien zu unterschiedlichen Eltern-Kind-Beziehungen werden die ersten Schritte zur Klärung der Bedeutung dieser abweichenden Erfahrungen für die Entwicklung der Kinder getan. Viele Fragen bleiben noch offen, insbesondere die Frage nach der Bedeutsamkeit subjektiv wahrgenommener Diskrepanzen. Sowohl beim autobiographischen Material als auch bei den Interviews stützen wir uns auf individuelle Wahrnehmungen dessen, was in den Familien vor sich gegangen ist. Ob diese Wahrnehmungen der Beziehungen zu den Eltern wichtiger sind als die direkt beobachtbaren Merkmale des Umgangs der Eltern mit ihren Kindern, ist eine empirisch zu klärende Frage. Natürlich können diese subjektiven Wahrnehmungen eng mit dem verknüpft sein, was auch andere beobachten. Viele Psychologen neigen dazu, die Wahrnehmungen der Familienmitglieder zugunsten dessen zurückweisen, was sie – die Psychologen – »sehen« können, doch bislang wissen wir nur wenig über die Übereinstimmung dieser beiden Informationsquellen zu den familiären Beziehungen.

Noch offen ist weiterhin, *welche Aspekte* des unterschiedlichen Verhaltens von Bedeutung sind. Wenn sich eine Mutter von einem anspruchsvollen, schlecht gelaunten Kind abwendet, um mit dessen entzückendem Geschwister zu spielen, dann werden sich wahrscheinlich Unterschiede in Wärme und Zuneigung in ihrer Stimme und ihrem Verhalten zeigen, Unterschiede in dem, was sie sagt (kritisierend und disziplinierend in einem Fall, amüsiert und liebevoll im anderen), und Unterschiede im Grad der Aufmerksamkeit, die sie dem jeweiligen Kind widmet. Jeder einzelne oder

auch alle diese Unterschiede zusammen können wahrgenommen und zur Ursache weiterer Reaktionen werden. Jeder einzelne oder auch alle zusammen könnten mit späteren
Unterschieden in der Entwicklung verknüpft sein. Wahrscheinlich wird sich mit der Zeit – während die Geschwister
aufwachsen – die Bedeutung der einzelnen Aspekte ändern.
Auch sollten wir nicht den Fehler machen, ein unterschiedliches Verhältnis zu den Eltern auf die Kindheit zu beschränken. Bei Untersuchungen der Eltern erwachsener Kinder
zeigen sich häufig deutliche Bevorzugungen. Joan Aldous
und ihre Mitarbeiter vertreten in ihrer Untersuchung von
Eltern in späteren Lebensabschnitten die Auffassung, daß
sich die Unterschiede im elterlichen Verhalten über die
Lebensspanne noch verstärken:

> Eltern unterscheiden zwischen ihren Kindern. So wie
> sich im Laufe der Zeit und aufgrund der Unterschiede
> zwischen den Kindern die Orientierung der Eltern an
> der Norm einander gleichender Kinder wandelt, so
> schwächen auch die Eigenschaften der Kinder und die
> Ereignisse des Lebens die Orientierung der Eltern an
> der Norm einer vergleichbaren Bindung an die Kinder.

Und schließlich stellt sich auch noch die so schwierig zu beantwortende Frage nach Ursache und Wirkung, einschließlich der Auswirkungen der Persönlichkeitsunterschiede zwischen den Kindern auf die unterschiedliche Behandlung
durch die Eltern. Um all diese Einflüsse und ihre Wechselwirkungen zu klären, sind unbedingt Längsschnittstudien erforderlich, genauso wie verhaltensgenetische Studien, mit
denen der Einfluß genetischer Faktoren auf diese Zusammenhänge isoliert werden kann. Ähnliche Fragen stellen sich
bei einer möglichen weiteren wesentlichen Quelle unterschiedlicher Erfahrungen innerhalb der Familie – der Geschwisterbeziehung selbst. Dies ist das Thema des nächsten
Kapitels.

Kapitel 5
Der Einfluß der Geschwister

Er ist nett zu mir. Und abends kommt er in mein Bett, von Mami. Ich glaube, ich wäre sehr allein ohne Carl. Ich spiele viel mit ihm und er denkt sich immer neue Sachen aus und es ist richtig aufregend. Nach der Schule holt er mich am Ausgang ab, das finde ich sehr nett. ... Er ist sehr lieb. ... Ich weiß nicht, was ich ohne einen Bruder machen würde.

– Die zehnjährige Nancy spricht über ihren sechsjährigen Bruder Carl

Sie ist ziemlich eklig, und wir reden nicht viel miteinander. Eigentlich weiß ich nicht viel über sie. [Interviewer: Was magst Du besonders an ihr?] Nichts. Manchmal, wenn ich etwas falsch mache, schimpft sie mich richtig böse aus.

– Carl spricht über Nancy

Niemand würde bezweifeln, daß die Beziehung zwischen einer Mutter und ihrem Kind von beiden jeweils unterschiedlich erlebt wird. Und wir würden auch nicht annehmen, daß die Gefühle eines Vaters gegenüber seinem Kind den Gefühlen des Kindes ihm gegenüber entsprechen, wie tief die Zuneigung zwischen ihnen auch sein mag. Die Psychologen, die sich mit Eltern und ihren Kindern beschäftigen, haben intensiv über den jeweiligen Beitrag und die Erfahrungen der beiden Menschen nachgedacht, die an der Beziehung beteiligt sind, auch darüber, wie sich dieser Beitrag ändert, während die Kinder aufwachsen. Oft sprechen sie über die »Eltern-Kind-Beziehung« so, als ob sie eine einheitliche wäre, bei der die spezifischen Eigenschaften von Wärme oder Konflikthaftigkeit für beide Partner der Dyade dieselben sind. Doch sie befassen sich auch mit den Unterschieden in den Erfahrungen von Eltern und Kind. In ähnlicher Weise gehen wir auch bei einer Ehe davon aus, daß die Partner möglicherweise ganz verschiedene Dinge empfinden, die Entwicklungen innerhalb der Ehe unterschiedlich wahrnehmen und die Qualität dieser dyadischen Beziehung sehr unterschiedlich beschreiben. Es kann, um eine Formulierung von Jessie Bernard zu verwenden, »zwei Ehen« geben.

Im Gegensatz dazu gehen Psychologen an das Studium der Geschwisterbeziehung oft so heran, als ob beide Partner von der Beziehung in gleicher Weise berührt seien. Mit großer Sorgfalt haben sie verschiedene Dimensionen der Beziehung herausgearbeitet und so z.B. gezeigt, daß Konflikthaftigkcit, Zuneigung und Kontrolle voneinander relativ unabhängig sind und daß manche Geschwisterpaare ständig miteinander streiten und dennoch auch viel Zuneigung zeigen können. Das Ausmaß der Konflikte zwischen zwei Geschwistern hängt nicht sehr eng mit der Zuneigung, Kooperation und Unterstützung zusammen, die sich in der Beziehung zeigen. Doch der Frage nach unterschiedlichen Erfahrungen von Geschwistern innerhalb derselben Beziehung ist bislang noch nicht systematisch nachgegangen worden. Für die Psychologen war diese Frage bisher einfach nicht interessant; sie waren eher damit beschäftigt, die Qualität der Beziehung in groben Zügen nachzuzeichnen und deren Verknüpfungen mit den anderen familiären Beziehungen zu erforschen.

Für unser Hauptthema – die Frage, warum Geschwister sich so verschieden entwickeln – ist die Relevanz dieser Frage offensichtlich. Wir müssen die Möglichkeit ernst nehmen, daß unterschiedliche Erfahrungen in der Geschwisterbeziehung zu den Unterschieden in der jeweiligen Entwicklung beitragen. Nancy und Carl, die Geschwister aus einer der Cambridge-Studien, die wir zu Beginn dieses Kapitels zitiert haben, beschreiben ihre Beziehung auf sehr unterschiedliche Weise, und das ist nicht ungewöhnlich. Wenn wir einen Moment über Familien nachdenken, die wir gut kennen, oder uns die Berichte in der autobiographischen oder biographischen Literatur ansehen, so wird schnell klar, wie unterschiedlich die Beziehung zwischen einem Geschwisterpaar empfunden werden kann. Am deutlichsten sind Unterschiede im Ausmaß des liebevollen Interesses und in der Kontrolle bzw. Dominanz – wobei letzteres zumindest in der Kindheit oft, wenn auch nicht immer mit der Geburtenreihenfolge zusammenhängt. Aber bei den Unterschieden in den Ergebnissen der kindlichen Entwicklung handelt es sich nicht einfach um Unterschiede der Geburtenreihenfolge. Gibt es wichtige Unterschiede in den Beziehungen der Geschwister, die – unabhängig von der Geburtenreihenfolge – zu dieser Verschiedenheit beitragen könnten?

Aus autobiographischem und biographischem Material wird immer wieder deutlich, daß es merkliche – und nicht direkt mit der Geburtenreihenfolge zusammenhängende – Unterschiede in der Zuneigung, der Bewunderung und dem Interesse, der Eifersucht, dem Ärger, der Feindschaft und der Sorge füreinander geben kann, die Brüder und Schwestern füreinander empfinden. Einige der von uns bereits zitierten Beispiele zeigen das ganz deutlich, z. B. Charles Dickens' Reaktion auf den Erfolg seiner Schwester Fanny und der Unterschied zwischen Mark Twains (Tom Sawyers) Verhalten gegenüber seinem Bruder und Henrys (Sids) Verhalten zu ihm. Ein besonders prägnantes Beispiel findet sich in George Eliots Berichten über ihre Kindheitsbeziehung zu ihrem Bruder Isaac, sowohl in ihrem Gedicht *Brother and Sister* als auch in ihrer Beschreibung von Maggie und Tom Tulliver in *Die Mühle am Floss*. Das Bild Maggies, der verehrenden, anbetenden jüngeren Schwester, entspringt direkt den Erfahrungen ihrer Schöpferin mit Isaac. Die gefühlvolle Beschreibung der anfänglichen Nähe zwischen den jungen Geschwistern und des allmählich nachlassenden Interesses des älteren Bruders an der Schwester machen auf bewegende Weise die Unterschiede in den Erfahrungen der beiden Kinder und das Leiden der Schwester an der Unausgewogenheit der Beziehung deutlich. Die Beschreibung des Moments in *Die Mühle am Floss*, an dem Tom/Isaac zum ersten Mal aus der Schule zurückkommt, fängt den Beginn dieses Verlusts ein und zeigt die Unterschiede in den Gefühlen der beiden Kinder füreinander. Yap, der Hund, erhält genauso viel Aufmerksamkeit wie die arme Maggie:

> Mrs. Tulliver stand mit offenen Armen da, und Maggie hüpfte von einem Bein auf das andere, als Tom aus dem Wagen stieg und mit männlicher Zurückhaltung auf die zärtlichen Gefühle erwiderte: »Hallo! Yap – was! Du bist da?!«
> Trotzdem ließ er sich willig küssen, obwohl Maggie ihn beinahe erwürgte, als sie an seinem Hals hing, und seine blaugrauen Augen schweiften dabei über das kleine Anwesen und die Lämmer und den Fluß, wo er am nächsten Morgen unbedingt zuallererst fischen gehen wollte.[1]

Als Isaac im wirklichen Leben ein eigenes Pony erhielt, kam es, wie der Biograph Gordon Haight schrieb, dazu, daß »das Reiten ihn völlig vereinnahmte und er keine Zeit mehr dafür fand, mit der untröstlichen Mary Anne zu spielen«. Ihre Phantasien über ihre Sehnsucht nach seiner Liebe und Aufmerksamkeit zeigen sich im folgenden Abschnitt (der in der endgültigen Fassung des Buches nicht mehr auftauchte). Beschrieben wird, wie Maggie sich

> ihre kleine Welt so gestaltete, wie sie sie haben wollte. . . . Tom ging niemals zur Schule, und nur Maggie sollte mit ihm spielen; jeden Tag machten sie einen Ausflug und nahmen entweder warmen Butterkuchen mit, weil Backtag war, oder reichlich gezuckertes Apfelge-

---

[1] George Eliot: Die Mühle am Floss. Aus dem Englischen von Eva-Maria König. Stuttgart 1983, S. 43.

bäck; Tom schimpfte sie niemals aus, wenn sie etwas
vergessen hatte, und freute sich, wenn sie ihm
Geschichten erzählte. . . . Doch vor allem liebte Tom
sie so sehr, mehr sogar, als sie selbst ihn liebte, so daß
er sie immer bei sich haben wollte und Angst davor
haben würde, sie zu verärgern; und er – wie alle anderen – würde denken, daß sie sehr klug sei.

Für Mary Annes Schmerz beim Nachlassen des brüderlichen
Interesses gab es in der Erfahrung Isaacs keine Parallele. Das
Aufwachsen mit einem Geschwister bedeutete für Isaac/Tom
und Mary Anne/Maggie (George Eliot) jeweils etwas ganz
Verschiedenes, und dies gilt auch für Mark Twain und seinen
Bruder Henry (Tom Sawyer und Sid) und für Henry und
William James.

Unterschiede in Dominanz und Kontrolle

Bei George Eliot und ihrem Bruder war der Unterschied im
Grad des liebevollen Interesses und der Bewunderung besonders auffallend, doch wie wir sehen werden, zeigen sich
Unausgewogenheiten innerhalb von Geschwisterbeziehungen auf zahlreichen Ebenen. Die offensichtlichsten Diskrepanzen zwischen den Kindern treten hinsichtlich der
Führungsrolle, der Dominanz, der Kontrolle und des Lehrer-
Schüler-Verhältnisses auf. Unterschiede in der Dominanz
der Geschwister z. B. beim Spiel zeigen sich in aller Leben-
digkeit, wenn Schriftsteller über ihre Kindheit berichten.
Bereits erwähnt wurden Shelleys haarsträubende Elektrizi-
tätsexperimente – sein Entzücken und das Entsetzen seiner
Schwester Hellen über die von ihm organisierten Eskapaden
(siehe Kap. 1). Für Leo Tolstoi war sein Bruder Nikolaj
Anführer und Lehrmeister bei den Kindheitsspielen. Laurence Housman berichtet, wie sein Bruder Alfred die jüngeren Geschwister »abrichtete«, z. B. für die Spiele, mit denen

er ihnen die Bewegungen der Gestirne beibrachte. Jeder übernahm den Part eines Himmelskörpers und bewegte sich dementsprechend auf dem Rasen um die anderen Geschwister herum:

> Ich war die Sonne, mein Bruder Basil die Erde, Alfred war der Mond. Meine Rolle in dem Spiel war es, auf meinem Platz stehen zu bleiben und mich um meine eigene Achse zu drehen; Basil ging in einem weiten Kreis um mich herum und drehte sich dabei um sich selbst; Alfred, der die Bewegungen des Mondes vollzog, kreiste um ihn, ohne sich dabei um sich selbst zu drehen. Auf diese Weise lernte ich – und ich habe mich immer daran erinnert –, wie Sonne, Erde und Mond zueinander stehen.

In manchen Familien nahm diese Art von Dominanz negativere Formen bis hin zu Schikane und Terror an – zumindest wurde dies von den jüngeren Geschwistern so wahrgenommen. Gelegentlich wurde die aggressive Dominanz eines Geschwisters mit überraschender Nachsichtigkeit einfach als die übliche Erziehungsmethode beschrieben, wie etwa in Anthony Trollopes Bericht über die Behandlung, die sein älterer Bruder ihm widerfahren ließ:

> Wir haben uns hitzig gestritten, weil eine perfekte Freundschaft Streit erträgt und erlaubt. Doch in jenen Schultagen war er von all meinen Feinden der schlimmste. In Übereinstimmung mit den Praktiken des College, in dem viel von der Erziehung der jüngeren Knaben den älteren überlassen wird – oder damals überlassen wurde –, war er mein Tutor; und in seiner Rolle als Lehrer und Herrscher richtete er sich nach den Theorien Drakons. . . . Das Ergebnis war, daß es zu seinen täglichen Übungen gehörte, mich mit einem groben Stock zu verprügeln.

Einige Geschwisterbeziehungen waren durch ätzende Kritik, mühelose Überlegenheit des älteren Geschwisters und fehlende Übereinstimmung der jeweiligen Fähigkeiten geprägt, wie sich z. B. in den autobiographischen Schriften von Henry James zeigt. Sein Biograph Leon Edel berichtet, wie William seinen Bruder bei zahlreichen Gelegenheiten »aggressiv zurückwies« und ihn dabei unbarmherzig verspottete und kritisierte.

Andere ältere Geschwister nahmen die Verantwortung sowohl für die intellektuelle Förderung und Bildung als auch für die emotionale Unterstützung ihrer jüngeren Geschwister sehr ernst – und zwar auf freundlichere Art und Weise. Die Briefe von Anton Tschechow und John Keats an ihre jüngeren Geschwister verraten ein eindrucksvoll mitfühlendes Interesse an deren intellektueller und emotionaler Entwicklung, eine von Güte geprägte Erziehungshaltung, die weit über die frühen Kindheitsjahre hinausging.

Es ist wahrscheinlich, daß diese Erfahrungen sowohl für das führende und lehrende als auch für das folgende und lernende Geschwister bedeutsam sind. Wir wissen, daß nicht nur die Erfahrung des Belehrtwerdens Konsequenzen für die Entwicklung haben kann; auch die Erfahrung des Erklärens und Organisierens und der Begegnung mit dem Erstaunen und der Verwirrung eines Geistes, der weniger reif ist als der eigene, kann intellektuell prägend wirken. Intellektuelle Diskussionen zwischen Geschwistern können – selbst wenn sie für beide erfreulich sind – jeweils ganz unterschiedliche Folgen haben. James Joyce »benutzte« die literarischen Interessen und das weitgespannte Wissen seines Bruders Stanislaus und die gemeinsamen Diskussionen für seine eigenen besonderen Zwecke. »Er sagte ganz offen, daß er mich so benütze, wie ein Metzger sein Wetzeisen benutzt«, berichtete Stanislaus, und so erscheint das Bild des Messerschärfens, mit dem er die brüderliche Beziehung beschrieb, auch in *Ulysses*: »Wo ist dein Bruder? Apothecaries Hall. Mein Wetzstein.« Die Rollen des Metzgers und des

Wetzeisens könnten kaum unterschiedlicher sein. Für unsere gegenwärtigen Überlegungen ist wichtig, daß die beiden Kinder in einer solchen Beziehung innerhalb der Familie unterschiedliche Erfahrungen machen und daß diese Erfahrungen zur unterschiedlichen Entwicklung der Kinder beitragen können.

Das Aufwachsen mit einem Geschwister, das anders ist als man selbst

Es gibt einen anderen, weniger direkten Weg, auf dem die Anwesenheit eines Geschwisters zu ganz unterschiedlichen, für die Entwicklung bedeutsamen Erfahrungen für zusammen aufwachsende Kinder führen kann. Der Einfluß eines Geschwisters kann sich für das andere Geschwister nicht nur in der unmittelbaren Erfahrung der Interaktion äußern. Die kontinuierliche Anwesenheit eines anderen Kindes, *das anders ist als man selbst*, eines Kindes, das man nur allzu gut kennt und mit dem man um elterliche Zuneigung und Aufmerksamkeit wetteifert, kann für die Entwicklung des Selbstgefühls, die emotionale Sicherheit und das Verständnis anderer von entscheidender Bedeutung sein. George Eliot formulierte es in *Brother and Sister* so:

> *We had the self-same world enlarged for each*
> *By loving difference of girl and boy*

Eliot betont die Unterschiede zwischen Junge und Mädchen, aber es geht um mehr: Das Aufwachsen mit einem Geschwister bedeutet, mit einem ganz anderen Menschen groß zu werden.

Dabei sind zwei Aspekte zu unterscheiden. Zum einen geht es um das Erleben der Persönlichkeit, der Erfolge und der Beziehungen des anderen – um die Auswirkungen des Vergleichs zwischen einem selbst und dem Geschwister auf das eigene Selbstwertgefühl, auch wenn diese Vergleichs-prozesse innerlich, ganz im stillen ablaufen mögen. Zum zweiten ist da der Einfluß der *Meinungen* und *Bewertungen* durch den anderen – der explizite soziale Vergleich, von dem wir wissen, daß er für die Entwicklung des Selbstwertgefühls und der Bewertung der eigenen Person eine wesentliche Rolle spielt. Die Persönlichkeitsunterschiede zwischen Ge-schwistern bedeuten, daß die Auswirkungen beider Prozesse – des im stillen ablaufenden Vergleichs mit dem Geschwister und des Wissens, was der andere über einen selbst denkt – für die beiden Kinder in einer Familie unterschiedlich sein werden. Wir begannen dieses Buch mit Zitaten von Mark Twain und den Geschwistern James, die uns zeigten, wie klar sich beide Schriftsteller der Unterschiede zwischen ihnen und ihren Geschwistern bewußt waren. Mark Twain wußte nicht nur genau um die Unterschiede in der Beziehung sei-ner Mutter zu ihm selbst und zu Henry/Sid, sondern auch um die Unterschiede in ihrer beider Persönlichkeit – insbe-sondere hinsichtlich Anständigkeit, Rechtschaffenheit und Güte –, die die ungleiche Behandlung durch die Mutter zum Teil erst heraufbeschworen. Emily und Charlotte Brontë waren offensichtlich sehr sensibel für die Eigenschaften ihres Bruders Branwell, in denen er sich von ihnen unter-schied, und wie Leon Edel beschreibt, litt Henry James un-ter dem Zwang, sich ständig – und mit ungünstigem Ergeb-nis – mit seinem Bruder William vergleichen zu müssen, wobei er sich abmühte, das zu erreichen, was William ein-fach zufiel. William war, um nur ein Beispiel anzuführen, ein begabter Künstler und zeichnete mit großer Fertigkeit. Henry sagte dazu: »William zeichnete, weil er es konnte, während ich hauptsächlich deshalb zeichnete, um es ihm gleichzutun.« Und er schrieb, daß er, und sei es »nur durch Einbildung, in Williams anpassungsfähiger Haut« leben wollte.

Es sind nicht nur solche privaten Vergleiche mit einem Geschwister, die sich in zahlreichem biographischen und autobiographischen Material zeigen; auch der zweite Prozeß – der Einfluß der Wahrnehmungen und Bewertungen des anderen – wird oft in bewegender Weise deutlich. Henry war sich Williams Wahrnehmung seiner »Schwächen« nur allzu bewußt; in ähnlicher Weise zeigt das Tagebuch, das Stanislaus Joyce als Heranwachsender führte, wie empfindlich er für des Bruders Urteil über ihn selbst war: »Ich spüre genau, daß er mich als überaus durchschnittlich und uninteressant ansieht – er versucht auch gar nicht, das zu verbergen – und obwohl ich in dieser Beziehung völlig seiner Meinung bin, wird man schwerlich erwarten, daß mir das gefällt.«[2] James Joyce dagegen erlebte in seiner Kindheit und Jugend keine vergleichbare Unsicherheit durch den ihn bewundernden Bruder.

Die Berichte über die Beziehungen zwischen den Schriftstellern und ihren Geschwistern deuten insgesamt darauf hin, daß die Unterschiede in den Erfahrungen der beiden Kinder oft sehr ausgeprägt waren. Die Geschwister waren häufig auffallend empfindlich für die Unterschiede zwischen beiden und für die Sichtweise des jeweils anderen. Sind diese Unterschiede innerhalb der Beziehung und das ausgeprägte Bewußtsein der Verschiedenheit von Persönlichkeit und Talent eine Folge der außergewöhnlichen Begabung und Empfindsamkeit der beteiligten Personen? Finden sich derart unterschiedliche Erfahrungen innerhalb einer Geschwisterbeziehung auch in weiteren Teilen der Bevölkerung? Tragen diese Unterschiede zu den Unterschieden in Persönlichkeit und Entwicklung bei, die sich bei innerhalb derselben Familie aufwachsenden Geschwistern zeigen?

Wir beginnen mit der Erfahrung von Unterschieden innerhalb der Beziehung, und zwar mit Daten, die wir – wie bei dem Thema der unterschiedlichen Behandlung durch die

---

[2]   aus: Richard Ellmann, Einführung zu: Stanislaus Joyce, Meines Bruders Hüter. Deutsch von Arno Schmidt. Frankfurt: Suhrkamp 1960, S. 13.

Eltern in Kapitel 4 – aus mehreren Quellen gewonnen haben: aus Interviews mit den Geschwistern, aus Berichten der Eltern über Verhalten und Beziehung der Geschwister, und aus der Beobachtung von Kindern in unterschiedlichen Situationen.

Unterschiede in der Wahrnehmung der Beziehung zu den Geschwistern bei den Kindern selbst

Wir werden uns zunächst mit der Wahrnehmung der Beziehung zu den Geschwistern durch die Kinder selbst und mit möglichen Unterschieden in ihrer Darstellung der Erfahrungen innerhalb der Beziehung befassen. Dabei werden wir uns zunächst die Antworten ansehen, die Kinder auf spezifische Fragen zu den Unterschieden zwischen ihnen und ihren Geschwistern hinsichtlich ihres Verhaltens und ihrer Gefühle innerhalb der Beziehung geben. Außerdem werden wir Einschätzungen der Qualität der gegenseitigen Gefühle der Geschwister heranziehen, die aus ihren Erzählungen über die Beziehung als Antwort auf allgemeinere Fragen gewonnen wurden. Uns stehen inzwischen die Ergebnisse mehrerer Untersuchungen an Geschwistern zur Verfügung, deren Alter von der mittleren Kindheit bis zum jungen Erwachsenenalter reicht. Bei diesen Studien wurde ein Fragebogen (der im letzten Kapitel beschriebene SIDE) verwendet, bei dem die Geschwister um einem Vergleich nicht nur der Erfahrungen mit den Eltern, sondern auch der Erfahrungen innerhalb der Geschwisterbeziehung selbst gebeten wurden. Die Fragen des SIDE an die Geschwister sind in Tabelle 5.1 dargestellt.

Tabelle 5.1: Geschwister-Fragebogen zur Erfassung
unterschiedlicher Erfahrungen (SIDE)
Der Umgang zwischen Ihnen und Ihrem Geschwister

In diesem Fragebogen wird danach gefragt, wie Sie und Ihr Geschwister miteinander umgegangen sind. Vergleichen Sie sich selbst mit Ihrem Geschwister (oder einem Ihrer Geschwister) in der Zeit, als Sie zu Hause aufwuchsen.

1 = trifft auf mein Geschwister sehr viel mehr zu als auf mich.
2 = trifft auf mein Geschwister etwas mehr zu als auf mich.
3 = Mein Geschwister und ich waren in dieser Hinsicht gleich.
4 = trifft auf mich etwas mehr zu als auf mein Geschwister.
5 = trifft auf mich sehr viel mehr zu als auf mein Geschwister.

| | mein Geschwister | | | ich | |
	sehr viel mehr	etwas mehr	gleich	etwas mehr	sehr viel mehr
1) Wer hat im allgemeinen öfter Streit begonnen?	1	2	3	4	5
2) Wer hat im allgemeinen dem anderen gegenüber mehr Verantwortung getragen?	1	2	3	4	5
3) Wer hat im allgemeinen dem anderen gegenüber mehr Anteilnahme und Interesse gezeigt?	1	2	3	4	5
4) Wer war im allgemeinen eher bereit, dem anderen zum Erfolg zu verhelfen?	1	2	3	4	5

	mein Geschwister			ich	
	sehr viel mehr	*etwas mehr*	*gleich*	*etwas mehr*	*sehr viel mehr*
5) Wer hat im allgemeinen lieber seine Zeit mit dem anderen verbracht?	1	2	3	4	5
6) Wer hat im allgemeinen dem anderen gegenüber eher Verantwortung übernommen?	1	2	3	4	5
7) Wer hat sich im allgemeinen dem anderen gegenüber widerspenstiger verhalten?	1	2	3	4	5
8) Wer hat im allgemeinen dem anderen mehr vertraut?	1	2	3	4	5
9) Wer hat sich im allgemeinen dem anderen gegenüber verletzender verhalten?	1	2	3	4	5
10) Wer hat sich im allgemeinen eher mit dem anderen verglichen?	1	2	3	4	5
11) Wer hat im allgemeinen dem anderen gegenüber eher seinen Ärger gezeigt?	1	2	3	4	5

123

	mein Geschwister			ich	
	sehr viel mehr	*etwas mehr*	*gleich*	*etwas mehr*	*sehr viel mehr*
12) Wer hat sich im allgemeinen dem anderen gegenüber eher überlegen gefühlt?	1	2	3	4	5
13) Wer hat im allgemeinen dem anderen gegenüber mehr Verständnis gezeigt?	1	2	3	4	5
14) Wer hat sich im allgemeinen eher eifersüchtig auf den anderen gezeigt?	1	2	3	4	5
15) Wer hat sich im allgemeinen dem anderen gegenüber freundlicher verhalten?	1	2	3	4	5
16) Wer hat im allgemeinen den anderen eher im Stich gelassen?	1	2	3	4	5
17) Wer hat im allgemeinen dem anderen gegenüber mehr Zuneigung gezeigt?	1	2	3	4	5
18) Wer hat im allgemeinen den anderen eher getäuscht?	1	2	3	4	5

	mein Geschwister			ich	
	sehr viel mehr	etwas mehr	gleich	etwas mehr	sehr viel mehr
19) Wer hat sich im allgemeinen dem anderen gegen- über dominanter verhalten?	1	2	3	4	5
20) Wem war im all- gemeinen eher daran gelegen, gut mit dem anderen auszukommen?	1	2	3	4	5
21) Wer hat im all- gemeinen den anderen mehr unterstützt?	1	2	3	4	5
22) Wer hat im all- gemeinen eher versucht, den anderen zu übertreffen?	1	2	3	4	5
23) Wer hat im all- gemeinen den anderen mehr bewundert?	1	2	3	4	5
24) Wer hat sich im allgemeinen mehr als der Unter- legene gefühlt?	1	2	3	4	5

Aus diesen Fragebogenstudien von Geschwistern mit ganz unterschiedlichem sozialen Hintergrund ergibt sich ein ein- heitliches Bild. Viele Kinder sehen Unterschiede zwischen sich selbst und ihren Geschwistern, und zwar in allen Aspek- ten ihres Umgangs miteinander. Das Ausmaß der von den Geschwistern beschriebenen Unterschiede ist bemerkenswert; es ist sehr viel größer als die Unterschiede, die sie in der Behandlung durch die Eltern wahrnehmen. In einer Untersuchung beschrieben 20 Prozent der Kinder im Mittel »große Unterschiede« auf den verschiedenen Dimensionen des eigenen und des Verhaltens des anderen innerhalb der Beziehung.

Sind Geschwister über die Art und das Ausmaß der Unterschiede zwischen ihnen einer Meinung? Diese Frage ist – auf dem Hintergrund unseres Interesses an nicht-gemeinsamen Erfahrungen – in gewisser Hinsicht unwichtig: Wichtig sind – wie Henry James betonte – die wahrgenommenen Unterschiede. Es sollte jedoch erwähnt werden, daß es zwischen Geschwistern eine gewisse Übereinstimmung hinsichtlich der Beurteilung ihres Umgangs miteinander gibt, obwohl diese Übereinstimmung geringer ist als diejenige bei der Beurteilung unterschiedlicher Behandlung durch die Eltern. Die geringste Übereinstimmung zeigt sich bei der Dimension der persönlichen Nähe; es ist interessant, daß Brüder und Schwestern füreinander nicht nur unterschiedlich empfinden (denken Sie an Nancy und Carl, mit denen wir das Kapitel einleiteten), sondern darüber hinaus auch die Gefühle des anderen in dieser Hinsicht nicht immer richtig einschätzen können.

Sind die Unterschiede in der Art, in der Geschwister miteinander umgehen, durch genetische Unterschiede vermittelt? Im vorhergehenden Kapitel hatten wir erwähnt, daß eine Zwillings- und eine Adoptionsstudie, die beide den SIDE-Fragebogen verwendeten, hinsichtlich der Bedeutung der Vererbung für den unterschiedlichen elterlichen Umgang mit den Geschwistern zu abweichenden Ergebnissen kamen. Beide Studien kamen jedoch zu dem Ergebnis, daß Vererbung beim unterschiedlichen Umgang der Geschwister miteinander eine gewisse Rolle spielen könnte. Nach den im SIDE gegebenen Antworten zeigten sich in dieser Hinsicht bei Adoptivgeschwistern größere Unterschiede und bei eineiigen Zwillingen geringere Unterschiede als bei Nicht-Zwillingsgeschwistern oder zweieiigen Zwillingen. Bedeutsamer als diese Belege für genetische Einflüsse erscheint jedoch die

Größe der Unterschiede zwischen eineiigen Zwillingen – die nicht auf Vererbung zurückgehen können, da eineiige Zwillinge genetisch identisch sind.

Aus den Antworten der Geschwister in freien Interviews ergibt sich ein ähnliches Bild. In unserer Cambridge-Studie stellten wir den Geschwistern – die im Durchschnitt sechs und neun Jahre alt waren – allgemein formulierte Fragen über ihre Geschwister und über ihre Gefühle ihnen gegenüber (»Erzähle mir von X. Was magst du besonders an X? Was magst du überhaupt nicht an X?«) Die Antworten von Nancy und Carl, mit denen wir dieses Kapitel begannen, stammen aus dieser Untersuchung. Oft gaben uns die Kinder lange und lebhafte Antworten, wobei – und das ist für unsere Belange besonders wichtig – ihre Kommentare über den jeweils anderen oft deutlich voneinander abwichen. Manchmal unterschieden sich die Kinder darin, wie wohlwollend und freundlich sie einander beurteilten, so wie im Falle von Carl und Nancy. Als weiteres Beispiel hier die Antworten des sechsjährigen Sam und seiner älteren Schwester Molly:

> Sam: Sie ist böse. Sie ist wirklich, wirklich böse. Sie ist nicht besonders nett, und ich streite mich mit ihr.
> Molly: Er läßt mich mit seinen Freunden mitspielen . . . und er läßt mich in sein Zimmer gehen und er läßt mich mit seinen Sachen spielen . . . und er putzt meine Zähne, er macht die Zahnbürsten fertig, und er läßt sich von mir helfen und er läßt mich in den Schuppen gehen. [Interviewer: Was magst du an ihm?] Mit ihm spielen. Und ich mag es, wenn er in mein Zimmer kommt, außer wenn er alles durcheinanderbringt – das tut er immer . . . und er spielt mit meinen Sachen.

Selbst wenn die beiden Geschwister sehr freundlich übereinander sprachen, so gab es doch oft Unterschiede in dem, was sie am anderen mochten. Elly, eine ältere Schwester, mochte ihre jüngere Schwester Carrie, »weil sie ein bißchen wie ein Baby ist und ich gerne so tue, als ob sie mein kleines Baby ist, und ich mag es, sie zu trösten, wenn sie weint . . . und sie sagt, wie schön ich jetzt aussehe . . . «. Carrie sagte: »Es ist sehr schön mit Elly . . . Elly ist sehr lieb – sie hat mir viele Lieder beigebracht, die sie bei Brownies gelernt hat, weil sie da immer hingeht . . . Sie ist eine sehr nette Schwester . . . die Spiele, die sie sich ausdenkt, und auch andere Sachen – die Spiele, die wir kaufen, und so.«

Wir analysierten diese Antworten nach ihren spezifischen Inhalten und nach dem Ausmaß der »Nähe«, das sich in ihnen ausdrückte, beurteilt sowohl nach dem Inhalt der Antworten als auch nach der Wärme des Ausdrucks. (Die Einschätzung der Nähe erwies sich als sehr reliabel – also als stabil und zuverlässig – sowohl hinsichtlich der Beurteiler-Übereinstimmung als auch im Sinne der Übereinstimmung zwischen dem ersten und einem weiteren Test, als die Kinder einen Monat später erneut über ihre Geschwister befragt wurden.) Es zeigten sich deutliche Differenzen in der zum Ausdruck gebrachten Nähe: Nur in 23 Prozent der Fälle wurde sie bei beiden Geschwistern als gleich intensiv beurteilt.

Natürlich ist die Frage, wie wichtig diese Differenzen für die Entwicklung der Kinder sind, sehr bedeutsam, und wir werden sie aufgreifen, nachdem wir kurz auf einige andere Informationsquellen über das Verhalten und die Gefühle von Geschwistern eingegangen sind.

Unterschiede innerhalb der Geschwisterbeziehung: die Sichtweise der Eltern

Er betet sie einfach an – er lebt auf, wenn sie ins Zimmer kommt. Aber sie möchte sich eigentlich nicht um ihn kümmern – im Grunde geht er ihr eher auf die Nerven.

Nun ja, eigentlich möchte Amy ihn kontrollieren und herumkom-
mandieren – sie ist immer so aufdringlich ihm gegenüber. Mei-
stens tut er einfach, was sie sagt.
– Mütter über junge Geschwister aus der Cambridge-Studie

Das Bild, das wir aus unserer zweiten Informationsquelle –
von den Eltern – über die beiden an der Geschwisterbeziehung Beteiligten gewinnen, entspricht den Darstellungen der Kinder. In drei Studien – der Colorado-Adoptions-
studie, der Cambridge-Geschwisterstudie und einer Studie
mit Familien aus Pennsylvania, in denen beide Elternteile
berufstätig sind – wurden Eltern zum Verhalten und den Gefühlen der Kinder in der Geschwisterbeziehung befragt –
mit sehr ähnlichen Ergebnissen. Aus den Antworten der
Eltern auf die detaillierten Fragen wurden zwei allgemeine
Dimensionen der Beziehung der Kinder zu ihrem Geschwister abgeleitet: eine Dimension positiver Zuwendung und
eine negative, feindselige Dimension. Nach dem Eindruck
der Eltern unterschieden sich 60 Prozent der Kinder in der
Colorado-Studie von ihren Geschwistern hinsichtlich des
Ausmaßes und des Ausdrucks ihrer positiven, freundschaftlichen Gefühle gegenüber diesen Geschwistern. Bei negativen, feindseligen Gefühlen und Verhaltensweisen ergab sich
eine etwas höhere Übereinstimmung, aber es waren immer
noch 40 Prozent der Kinder, die sich in diesen feindseligen
Aspekten der Beziehung voneinander unterschieden. Nach
Auskunft der Eltern erfahren also 60 Prozent der untersuchten Kinder ein anderes Ausmaß an Freundlichkeit und
Unterstützung durch das Geschwister, als sie selbst diesem
gegenüber zeigen, und 40 Prozent erleben einen unterschiedlichen Grad von Feindseligkeit.

Wissenschaftliche Beobachtung von Kindern

Wie passen die Informationen, die aus Beobachtungen der Interaktion von Geschwistern gewonnen werden, zu dem aus den Berichten von Familienmitgliedern gewonnenen Bild? Wir beziehen uns hier auf Forschungsarbeiten, die sowohl Beobachtungen von Kindern (Vorschulkindern, Schulkindern und Jugendlichen) in der natürlichen familiären Umgebung als auch strukturiertere Untersuchungen einschließen, bei denen Videoaufnahmen von Kindern ausgewertet werden, die miteinander spielen oder gemeinsam versuchen, eine bestimmte Aufgabe zu lösen. Man könnte erwarten, daß in diesen letzteren Situationen Unterschiede im Umgang der Kinder miteinander aufgrund der durch die Untersuchungssituation gegebenen Einschränkungen minimiert würden. Doch trotz dieser Einschränkungen zeigen sich erneut klare Unterschiede im Verhalten der Geschwister, und auch hier wieder bestehen die deutlichsten Differenzen in den positiven, freundschaftlichen Aspekten der Interaktion und in der Dominanz und Kontrolle, die von den Beteiligten ausgeübt werden. Die geringeren Differenzen beim Verhalten in Konfliktsituationen sind im Grunde wenig überraschend: Wenn zwei Kinder sich in einer Umgebung mit wenig Ausweichmöglichkeiten zu streiten beginnen, dann wird selbst das sanftmütigste und geduldigste Kind sich dem kaum entziehen können.

Bei den Beobachtungen in den weniger eingeschränkten Alltagssituationen waren die Unterschiede im Verhalten der Geschwister klarer zu erkennen als in den strukturierteren Umgebungen; das galt insbesondere für die jüngeren Kinder. Für ein ein- bis zweijähriges jüngeres Geschwister ist es nicht ungewöhnlich, sich wiederholt einem gereizten, uninteressierten älteren Geschwister zu nähern, um gemeinsam zu spielen oder »hilfreiche« Angebote zu machen, nur um immer wieder – und oft mit körperlicher Gewalt – zurückgewiesen zu werden. Dieses Mißverhältnis von freundlichen Absichten und feindseligen Reaktionen kann in einigen Familien sehr ausgeprägt sein; in einer neueren Untersuchung nahmen Interaktionen dieser Art einen Anteil von 20 Prozent ein. Die jüngeren Geschwister scheinen geradezu nach Bestrafung zu gieren. Allerdings sind solche emotional unausgewogenen Verhaltensmuster nicht notwendigerweise über die Zeit stabil. In einer Familie aus den Cambridge-Studien nahm das jüngere Geschwister, ein Mädchen, die wiederholten Zurückweisungen ihrer freundlichen Angebote und die Bestrafungen durch ihren Bruder in ihrem zweiten Lebensjahr klaglos hin. Während der zweistündigen Beobachtung im Alter von 24 Monaten unternahm sie wiederholte freundliche Versuche, ihm zu helfen oder etwas mit ihm zusammen zu machen. Er wies alle diese Versuche zurück, wobei er sie ständig verspottete und beleidigte. In den folgenden Monaten ließ ihre geduldige Freundlichkeit allmählich nach und wurde von wilder Aggressivität abgelöst. Als sie drei Jahre alt war, hatte sich das Mißverhältnis umgekehrt: Oft war es nun der Bruder, der mit ihr zu spielen versuchte, und sie war der zurückweisende Interaktionspartner.

Manchmal scheint sich das Mißverhältnis hinsichtlich Zuneigung und Interesse zu vergrößern, wenn das soziale Leben des älteren Geschwisters außerhalb der Familie sich ausdehnt oder intensiviert. Dieses Muster wird durch Interviews mit den Eltern bestätigt, wenn wir z. B. die folgenden beiden Zitate einer Mutter aus den Cambridge-Untersuchungen vergleichen. Im ersten Zitat beschreibt sie, wie gut ihre Kinder miteinander zurechtkamen, als sie fünf bzw. drei Jahre alt waren; im zweiten beschreibt sie dasselbe Geschwisterpaar drei Jahre später.

> Sie haben ein ganz enges Verhältnis. Carol [die ältere Schwester] spielt ständig mit ihr, und sie [die jüngere Schwester] ist ganz begeistert darüber Sie haben ein

Spiel, das sie im Schlafzimmer spielen – es ist irgendwas mit Prinzessinnen, aber ich weiß nicht genau, was –, und sie lachen und lachen. Sie [die ältere Schwester] scheint sich wirklich an Annie zu freuen. Und Annie ist ganz glücklich darüber.

[Drei Jahre später]
Na ja, wissen Sie, Carol ist jetzt die ganze Zeit mit ihren Freundinnen unterwegs, und eigentlich will sie nicht, daß Annie mitkommt. Manchmal hat sie es ziemlich satt mit ihr ... Annie würde immer noch gerne bei den Sachen mitmachen, die sie unternehmen ... Ich glaube, sie ist ziemlich traurig deswegen – sie ist glücklich, wenn Carol dann doch einmal mit ihr spielt. Aber es ist irgendwie einseitig ...

Wir können also davon ausgehen, daß Kinder Unterschiede innerhalb der Beziehung zu ihren Geschwistern wahrnehmen. Die Kinder selbst stellen die Nähe der Beziehung unterschiedlich dar; die Eltern berichten über Unterschiede; und wissenschaftliche Beobachtungen stützen die Aussagen der Familienmitglieder. Für das einzelne Kind in der Familie kann das Aufwachsen mit einem Geschwister die tagtägliche, irritierende Gegenwart eines anderen Kindes bedeuten, das nach Aufmerksamkeit verlangt, aber nicht »richtig« spielt, jedes Spiel ruiniert, jammert und zu Mami rennt, wenn es auf diese Dinge hingewiesen wird, und unfairerweise von diesen ungerechten Eltern ständig verteidigt wird. Für das andere Kind in eben dieser Beziehung bedeutet das Aufwachsen mit einem Geschwister ein unerwidertes Verlangen danach, mit dem bewunderten Älteren zu spielen, wiederholte vergebliche Versuche, dessen ersehnte Aufmerksamkeit zu erlangen, sehnsüchtige Bewunderung und das Bedürfnis, dem anderen zu gefallen, das nur allzu oft unerfüllt bleibt. Die Geschichte von Maggie Tulliver/Mary Anne Evans und ihrem geliebten Bruder Tom

Tulliver/Isaac Evans findet ihr Echo in dem Mißverhältnis von Zuneigung und Interesse, das wir bei der systematischen Erforschung des Geschwisterverhältnisses heutiger Kinder finden. Diese Forschungsarbeiten machen uns deutlich, daß der Fall von Maggie und Tom nicht ungewöhnlich ist. Das Ausmaß der Unterschiede in den Erfahrungen von Geschwistern kann, wie diese Studien es nahelegen, sehr wohl eine Quelle unterschiedlicher Einflüsse auf Kinder innerhalb derselben Familie darstellen.

Zusammenhänge mit dem Entwicklungsergebnis

Die für uns wichtige Frage ist, ob die unterschiedlichen Erfahrungen innerhalb der Geschwisterbeziehung zu den Ergebnissen der kindlichen Entwicklung in Beziehung stehen. Erste Untersuchungen legen nahe, daß diese Frage positiv beantwortet werden kann. In drei Untersuchungen wurden Zusammenhänge zwischen den Antworten im SIDE auf Fragen nach unterschiedlichem Umgang der Geschwister miteinander und der Persönlichkeitsentwicklung gefunden. Unterschiedlich ausgeprägte Eifersucht der Geschwister beispielsweise hängt mit Unterschieden im Grad der Emotionalität zusammen: Das eifersüchtigere der beiden Geschwister ist emotionaler. Auch wenn die Annahme plausibel erscheint, daß solche Zusammenhänge auf genetische Unterschiede zwischen den Geschwistern zurückgehen könnten, haben sich ähnliche Zusammenhänge auch bei eineiigen Zwillingen gefunden, wo sie nicht auf genetischen Faktoren beruhen können.

Auch in der Colorado-Studie wurden die Interviews mit den Eltern und Beobachtungen der Geschwisterinteraktion mit der Entwicklung der Persönlichkeit und der sozialen Anpassung in Beziehung gesetzt. Wie im vorhergehenden Kapitel erwähnt, zeigten sich in der Colorado-Studie Zusammenhänge zwischen antisozialem Verhalten und Depressivität bei Siebenjährigen und deren unterschiedlichen Beziehungen zu den Eltern. In weiteren Analysen befaßten wir uns mit den möglichen Auswirkungen unterschiedlicher Erfahrungen der Geschwister innerhalb ihrer Beziehung auf antisoziales Problemverhalten und depressive Stimmungen bei diesen Kindern. Die Ergebnisse zeigten, daß *Unterschiede* innerhalb der Geschwisterbeziehung – wie sie sowohl aus den Berichten der Mütter als auch aus den Beobachtungen hervorgingen – tatsächlich mit dem Problemverhalten zusammenhingen. Je größer beispielsweise die Ungleichheit in der Zuneigung war, die ältere Geschwister gegenüber jüngeren einerseits und jüngere Geschwister gegenüber älteren andererseits zeigten, desto wahrscheinlicher waren depressive Stimmungen und antisoziales Verhalten bei den älteren Geschwistern. In der Cambridge-Studie war das Selbstwertgefühl der älteren Geschwister um so niedriger, je ausgeprägter die Ungleichheit zwischen ihrem eigenen feindseligen Verhalten ihren jüngeren Geschwistern gegenüber und deren feindseligem (und oft fast gewalttätigem) Verhalten ihnen gegenüber ausfiel.

Soziale Vergleichsprozesse

Wie steht es um die andere, weniger direkte Form des Geschwistereinflusses, die wir den Berichten der Schriftsteller über ihre Beziehungen zu ihren Geschwistern entnommen hatten: den Einfluß des Aufwachsens mit einem Kind, das ganz anders ist als man selbst? Sensibilität für die Unterschiede zwischen einem selbst und dem Geschwister und für die Wahrnehmung der eigenen Person durch das Geschwister zeigt sich keineswegs nur bei Schriftstellern und deren Geschwistern. Untersuchungen mit Kindern aus der gesamten Bevölkerung zeigen, daß sie sich der Unterschiede zwischen ihnen und ihren Geschwistern sehr bewußt sind und daß sie sich in einem überraschend frühen Entwicklungsstadium mit diesen so anderen Geschwistern vergleichen. Obwohl experimentelle Untersuchungen von Kindern in Problemlösungssituationen zeigen, daß Kinder erst relativ spät (mit sieben bis acht Jahren) ihre eigenen Leistungen und Fähigkeiten mit denen anderer zu vergleichen beginnen, ergibt sich aus Untersuchungen von Kindern innerhalb ihrer Familien ein ganz anderes Bild. Soziale Vergleichsprozesse zwischen Geschwistern zeigen sich hier schon recht früh. Vergleiche zwischen den Familienmitgliedern und bewertende Urteile kommen nicht nur in den familiären Gesprächen häufig vor; auch die Kinder selbst treffen solche Beurteilungen sehr früh. Das zeigt das folgende Beispiel aus einer Geschwisterstudie in Cambridge. Der 30 Monate alte Andy, ein sensibles und eher ängstliches Kind, hört den stolzen Kommentar seiner Mutter über seine energische und übermütige kleine Schwester Susie, der es gerade gelungen ist, sich erfolgreich über ein Verbot der Mutter hinwegzusetzen:

> Mutter zu Susie (liebevoll): Susie, Du *bist* ein entschlossener kleiner Teufel!
> Andy zur Mutter (traurig): *Ich* bin kein entschlossener kleiner Teufel.
> Mutter zu Andy (lachend): Nein! Was bist Du? Ein armer kleiner Junge!

Bereits mit zweieinhalb Jahren erkennt Andy, wie seine Schwester eingeschätzt wird, wie sie sich wahrscheinlich verhalten und benehmen wird und wie sehr sie sich von ihm unterscheidet.

Bei unseren Beobachtungen von Familien mit Kindern kommt es immer wieder vor, daß die Kinder sich explizit mit ihren Geschwistern vergleichen – ja manchmal erklären sie sogar dem Beobachter in aller Freundlichkeit, wie sehr sie sich von ihrem Geschwister unterscheiden! Im folgenden Beispiel kündigt der dreijährige ältere Bruder voller offensichtlicher Schadenfreude an, daß das Baby gleich zu weinen beginnen wird:

> Bruce S. (dessen kleiner Bruder mit einem Luftballon spielt): Gleich wird er ihn zum Platzen bringen. Und dann wird er weinen. Und er wird auch vor mir Angst haben. Ich *mag* es, wenn es knallt.

Ältere Geschwister, selbst wenn sie nur zwei oder drei Jahre alt waren, kommentierten häufig ihre eigenen überlegenen Fähigkeiten, so wie Laura W. in unserer Cambridge-Studie:

> Laura (zu ihrem Bruder Callum, der noch ein Baby ist): Du erinnerst dich nicht an Judy. Aber ich!
> [Aus einer späteren Beobachtung:]
> Laura zu ihrer Mutter, die zu Callum etwas über das Zähnebekommen gesagt hat: Ich habe meine Zähne schon bekommen. Ich bin gelaufen, bevor er gelaufen ist. Ich bin vor ihm gelaufen.
> Laura zum Beobachter: Er verhaut andere. Er wird mich hauen, wenn er größer ist. Ich werde riesig sein, wenn er ein bißchen größer ist. Bis an die Decke. Wie du.
> Beobachter zu Laura: Ich gehe nicht bis an die Decke.
> Laura zum Beobachter: Aber ich werde bis an die Decke gehen. Ich werde ganz viel wachsen. Bis an die Decke. So hoch.

Auch jüngere Kinder vergleichen sich oft positiv mit ihren älteren Geschwistern, wobei sie eifrig jede Gelegenheit wahrnehmen, bei der die älteren Geschwister eigene Fehler und Schwächen zugeben. Das zeigen die Kommentare der knapp vierjährigen Sarah im nächsten Beispiel. Ihr Bruder, der sich mit seinen Hausaufgaben abmühte, versuchte seine Mutter (ein weiteres Mal) dazu zu bringen, ihm etwas zu sagen, was sie ihm schon mehrmals erklärt hatte:

Johnny zur Mutter: Ich hab vergessen, was ich schreiben soll! Kannst du es mir nochmal sagen?
Mutter zu Johnny: Nein! Denk nach! Du hast es vergessen!
Johnny zur Mutter: Ich kann mich nicht erinnern!
Sarah zu Johnny: Ich kann mich an alles erinnern!
Johnny zu Sarah (spöttisch): Okay, dann sag's mir!
Sarah zu Johnny: Lalalala!
Johnny zu Sarah (unfreundlich): Du bist wirklich clever!

Worüber wir uns im klaren sein müssen, ist die ungeheure Bedeutung dieses Bewußtseins des eigenen Selbst und des anderen – das sich so deutlich in dem Beispiel von Andy und Susie zeigt – für die kindliche Entwicklung. Seine Bedeutung liegt in zwei verschiedenen Implikationen.

Zum einen verändern sich das soziale Leben und die Beziehungen von Kindern grundlegend, wenn sie zu verstehen beginnen, worüber sich andere Menschen aufregen, freuen und ärgern und wie diese anderen Menschen reagieren und sich verhalten werden. Für die erfolgreiche soziale Anpassung von Kindern, die in eine komplexe soziale Welt hineingeboren werden, ist es von großer Bedeutung, die Gefühle, Motive und Absichten anderer zu verstehen, mit denen sie diese Welt teilen. Wenn man diese adaptive Bedeutung in Rechnung stellt, dann überrascht es nicht, daß das Verständnis anderer eine hohe Entwicklungspriorität hat.

Zweitens – und das ist zentral für die Fragestellung dieses Buches – spielen Informationen darüber, wie andere sich von einem selbst unterscheiden und was sie von einem denken, eine entscheidende Rolle bei der Entwicklung des eigenen Selbstbewußtseins und Selbstwertgefühls. Gerade für diesen Bereich sind Geschwisterunterschiede von großer Wichtigkeit. Denn diese Unterschiede bedeuten, daß Informationen über die Unterschiede zwischen einem selbst und dem anderen und die Auswirkungen dieser Unterschiede für zwei zusammen aufwachsende Kinder *sich unterscheiden* werden. George Eliots wehmütiges Sonett über ihre Kindheit betont, wie das soziale Verständnis ihres Bruders durch das Aufwachsen mit einem jüngeren, ganz anders gearteten Kind gefördert wurde, indem es ihn dazu brachte, seine Impulsivität zu zügeln:

> *Widening its life with separate life discerned,*
> *A Like unlike, a Self that self restrains.*

Im Gegensatz dazu bedeutete seine Gegenwart für sie eine Verankerung ihrer Phantasien in der realen Welt und eine Konzentration auf Handlungen und deren Konsequenzen:

> *I knelt with him at marbles, marked his fling*
> *Cut the ringed stem and make the apple drop,*
> *Or watched him winding close the spiral string*
> *That looped the orbits of the humming top.*

> *Grasped by such fellowship my vagrant thought*
> *Ceased with dream-fruit dream-wishes to fulfil;*
> *My aery-picturing fantasy was taught*
> *Subjection to the harder, truer skill*

> *That seeks with deed to grave a thought-tracked line,*
> *And by »What is,« »What will be« to define.*

In den Cambridge-Studien, in denen wir Kinder durch das zweite und dritte Lebensjahr begleiteten, konnten wir nachweisen, zu welch frühem Zeitpunkt sich dieses Bewußtsein der Interessen, Gefühle und Reaktionen des Geschwisters entwickelt, wie wichtig das Verhalten des anderen für beide Geschwister ist, und wie sehr es die soziale Anpassung von Kindern fördert, wenn sie zu verstehen beginnen, was ein anderes Kind, mit dem sie zusammen aufwachsen, motiviert und bewegt. In den Beobachtungen rückte außerdem die

Bedeutung der Emotionen für diese Entwicklungen in den Vordergrund. Es hat den Anschein, als ob Kinder besonders schnell diejenigen Dinge lernen würden, die ihnen wichtig sind. Die entwicklungsmäßig reifsten Überlegungen und Fragen über die Ursachen des Verhaltens anderer zeigten sich beispielsweise eher in Situationen, die für sie von emotionaler Bedeutung waren, als in neutralen Situationen. Besonders von Bedeutung und Interesse sind für sie das Verhalten und die emotionalen Zustände der anderen Familienmitglieder. In den Cambridge-Studien untersuchten wir z. B. die Reaktionen sehr kleiner Kinder auf Streitigkeiten zwischen anderen Mitgliedern der Familie. Die jüngsten von uns untersuchten Kinder waren zwischen 14 und 16 Monaten alt, doch schon zu diesem Zeitpunkt interessierten sie sich für jeden Streit zwischen ihren Müttern und Geschwistern. Dabei waren es die von den Kontrahenten geäußerten Emotionen, die in besonderem Maße ihre Aufmerksamkeit weckten und ihre unterschiedlichen Reaktionen auf die Auseinandersetzungen anderer bestimmten.

Weitere Belege für die Neugier kleiner Kinder auf die Gefühle ihrer Geschwister und Mütter stammen aus unseren Analysen der Fragen, die Kinder über andere stellen. Während des dritten Lebensjahres, in dem sie sich zunehmend besser ausdrücken konnten, richteten sich ihre Fragen über andere zunehmend auf deren Emotionen. Die sozialen Vergleichsprozesse, die sich in dieser Beschäftigung mit dem anderen Kind zeigen, sind nur selten affektiv neutral, sondern oft geradezu emotional überfrachtet. Andys Kommentar zu den Unterschieden zwischen ihm selbst und seiner Schwester kann kaum als eine emotional neutrale, distanzierte Äußerung betrachtet werden.

Aus ganz unterschiedlichen Fragestellungen ergeben sich also Belege dafür, daß Kinder sich der *Unterschiede* zwischen ihnen und ihren Geschwistern in Persönlichkeit, Selbstvertrauen und Fähigkeiten und der Ungleichheit ihrer Erfahrungen innerhalb derselben Beziehung bewußt sind.

Diese Unterschiede sind für sie von hohem Interesse und können eine große Bedeutung gewinnen. Bislang noch unklar sind die Feinheiten des Entwicklungsprozesses, über die dieses Bewußtsein zusätzlich zu den Unterschieden zwischen den Geschwistern beitragen kann. Es ist klar, daß Kinder nicht nur innerhalb der Geschwisterbeziehung ein unterschiedliches Maß an Zuneigung, Kritik, Gegnerschaft und Eifersucht erfahren, sondern daß auch auf weniger direkte Weise der Einfluß der Anwesenheit des Geschwisters bei jedem Kind ganz anderes ist. Zu der Entwicklung individueller Unterschiede dürften sowohl die Erfahrungen innerhalb der Geschwisterbeziehung als auch die indirekteren sozialen Vergleichsprozesse ihren Beitrag leisten.

Kapitel 6
Die Welt außerhalb der Familie

School parted us; we never found again
That childish world where our two spirits mingled.
— George Eliot, *Brother and Sister*

Als Charles Dickens' Eltern in ihrer großen Notlage den zwölfjährigen Charles zur Arbeit in eine Schuhputzmittelfabrik schickten, änderte sich sein Leben dramatisch. Er wurde in eine Welt hineingestoßen, in der er – im wesentlichen auf sich allein gestellt – mit Armut, Hunger und all den Belastungen des Lebens der Arbeiterklasse im London des frühen 19. Jahrhunderts fertig werden mußte. In seinen Romanen gibt er diese Erfahrungen unmittelbar wieder; in *David Copperfield* wird der Eindruck, den dieses bedrückende Leben auf ihn als kleinen Jungen gemacht hat, für uns lebendig. Seine Welt wurde auf eine Weise »erweitert«, die sich extrem von den Erfahrungen seiner Schwester Fanny unterschied, die Schülerin an der Königlichen Musikakademie geworden war. Wie wir in Kapitel 4 gesehen haben, war dieser Unterschied für ihn ganz besonders schmerzlich. Doch die Veränderung in seinem Leben hatte darüber hinaus umfassendere Auswirkungen, indem sie ihn in eine Welt von armen Jungen und Männern aus der Arbeiterklasse stürzte, eine Welt, in der er sich gedemütigt und unglücklich fühlte. Sein Vater landete wegen seiner Schulden im Gefängnis, und die Folgen der Belastungen, die Charles, und nicht seine Schwester Fanny, zu tragen hatte, begleiteten ihn sein ganzes Leben lang.

Die Familie von Charles Dickens bietet ein extremes Beispiel für die unterschiedlichen Erfahrungen, mit denen Geschwister konfrontiert werden, wenn sich ihre Welt über die

141

Grenzen der Familie hinaus ausdehnt. Es entspricht dem gesunden Menschenverstand, wenn wir annehmen, daß mit dem Beginn eines Lebens außerhalb der Familie – in der Schule, mit Freunden, zum Arbeitsbeginn (wenn auch hoffentlich nicht in einer Schuhputzmittelfabrik) – einschneidende neue Erfahrungen die Entwicklung der Kinder beeinflussen und daß diese Erfahrungen für die Geschwister *unterschiedlich* sein werden.

In vielen bürgerlichen Familien des 19. und frühen 20. Jahrhunderts war der Übergang zu einer Welt außerhalb der Familie, der sich für die Kinder mit dem Schulbeginn (meist in einem Internat) vollzog, eine traumatische Erfahrung. Diese Erfahrung wurde nicht von allen Geschwistern geteilt, denn nicht alle wurden in die Schule geschickt. Es war natürlich nicht immer eine Veränderung zum Schlechteren. Goethe z.B. schildert in *Dichtung und Wahrheit* liebevoll die Welt seiner Kindheit und die Zuneigung, die er für seine jüngere Schwester Cornelia empfand. Diese innige Beziehung fand ein Ende, als er mit 16 Jahren Frankfurt verließ, um in Leipzig zu studieren. Er war begeistert von dieser Erfahrung und pries sie in Briefen und Gedichten; für Cornelia jedoch war es ein schwerer Schlag, der anscheinend eine lang anhaltende Depression auslöste. Für George Eliot markierte – wie wir im letzten Kapitel sahen – der Beginn der Schulzeit ihres Bruders eine radikale Veränderung ihrer gemeinsam erlebten Welt. Rudyard Kipling beschreibt die einschneidenden Erfahrungen der Schulzeit in *Stalky und Co.*[1] und in *Erinnerungen – Etwas von mir*[2], seine Schwester machte diese Erfahrung schulischen Lebens nicht. Im Leben der Menschen, die im 19. Jahrhundert aufwuchsen, waren solche Fälle häufig.

---

[1] Rudyard Kipling, Stalky und Co. Neu übersetzt von Gisbert Haefs. Zürich: Haffmans 1988.

[2] Rudyard Kipling, Erinnerungen – Etwas von mir, für meine bekannten und unbekannten Freunde. Zürich: Scientia A.G., 1938.

Aus diesen Beispielen ergeben sich zahlreiche Fragen zum Einfluß bedeutsamer, außerhalb der Familie gewonnener Erfahrungen auf die Kinder der heutigen Zeit. Zunächst stellt sich jedoch eine Reihe deskriptiver Probleme. Wie sehr unterscheiden sich die Erfahrungen, die Kinder mit Freunden und Gleichaltrigen oder – neben den Eltern – mit anderen, für sie wichtigen Erwachsenen machen, von denen ihrer Geschwister? Wie sehr unterscheiden sich ihre Erfahrungen beim Übergang vom Zuhause zur Schule oder von der Schule in die Arbeitswelt? Über solche deskriptiven Fragen hinaus stellen sich sehr viel schwierigere Probleme: Inwieweit tragen diese unterschiedlichen Erfahrungen außerhalb der Familie zu Unterschieden in der Persönlichkeit, im delinquenten Verhalten und in der emotionalen Anpassung bei? Inwieweit sind sie nicht eher Ergebnis bereits bestehender Persönlichkeitsmerkmale? Und schließlich kommen wir zu entwicklungspsychologischen Fragestellungen, die zu den schwierigsten gehören, mit denen sich Psychologen auseinanderzusetzen haben: Sind die außerhalb der Familie gemachten Erfahrungen der mittleren Kindheit, des Jugend- und Erwachsenenalters weniger einflußreich als die *frühen* Kindheitserfahrungen, auf die sich die Theorien der Entwicklungspsychologie bisher meist konzentriert haben? Sind unterschiedliche Erfahrungen innerhalb der Familie bedeutsamer für die Entwicklung als Unterschiede in den Beziehungen der Geschwister zu Freunden und Gleichaltrigen oder zu Erwachsenen außerhalb der Familie? Wir müssen die Möglichkeit in Betracht ziehen, daß nicht-gemeinsame Erfahrungen im Erwachsenenalter – also weit über die Kindheitsperiode hinaus, auf die sich der größte Teil der entwicklungspsychologischen Forschung konzentriert hat – für die Ausbildung individueller Unterschiede eine entscheidende Rolle spielen.

In diesem Kapitel befassen wir uns mit diesen Fragen, wobei wir notwendigerweise von einer sehr schmalen Informationsbasis ausgehen müssen, insbesondere was die letztgenannten Fragen betrifft. Es ist wichtig zu erkennen, daß die meisten Erfahrungen außerhalb der Familie für jedes einzelne Geschwister unterschiedlich sein dürften. Das bedeutet, daß in einem großen und noch weitgehend unerforschten Bereich die meisten bedeutsamen Erfahrungen nicht-gemeinsame Erfahrungen sein könnten. Und in der Tat war dies ja auch der Ausgangspunkt unserer Überlegungen: Wenn Umweltfaktoren dieser Art die Entwicklung beeinflussen, dann müssen sie für jedes Kind spezifisch sein, und sie müssen nicht-gemeinsam sein.

Wo sollen wir beginnen, dieses riesige, unbekannte Gebiet zu erschließen? Denn überraschenderweise handelt es sich – zumindest was individuelle Unterschiede in der Entwicklung angeht – um ein weitgehend unerforschtes Gebiet. Wir wissen einiges über die Auswirkungen üblicher Veränderungen wie Heirat oder Elternschaft und über die unterschiedlichen Erfahrungswelten großer Personengruppen, wie sie etwa durch Unterschiede im sozialen Status bedingt sein können. Doch bei der Erklärung, welche Bedeutung individuelle Unterschiede dabei haben, wie sich Ereignisse dieser Art auswirken, tappen wir noch weitgehend im dunkeln. Besonders wenig wissen wir über die Rolle, die Geschwisterunterschiede beim Erleben und bei der Verarbeitung außerfamiliärer Erfahrungen spielen, obwohl uns für die jeweilige Bezugsgruppe – die sogenannte »peer group«, d.h. die Gruppe der (meist etwa gleichaltrigen) Freunde und Bekannten, Schulkameraden etc. – wenigstens einige deskriptive Daten zur Verfügung stehen. So ist es denn auch sinnvoll, bei der Erforschung dieser Fragestellungen mit den ersten Beziehungen zu beginnen, die Kinder außerhalb der Familie aufbauen: den Beziehungen zur »peer group«.

Die »peer group«

Machen Geschwister, die in der heutigen Zeit in den westlichen Kulturnationen zusammen aufwachsen, in ihren Beziehungen zu anderen Kindern außerhalb der Familie ähnliche Erfahrungen? Psychologen betonen immer stärker die Rolle der Bezugsgruppe für die individuelle Entwicklung, nicht nur auf den Gebieten von Delinquenz und abweichendem Verhalten (hier gibt es zahlreiche Belege dafür, daß die Bezugsgruppe einen wesentlichen Einfluß ausübt, der von Eltern, Schule oder Nachbarschaft unabhängig ist und zwischen mittlerer Kindheit und Erwachsenenalter mit der Zeit zunimmt), sondern auch für die soziale Entwicklung im weiteren Sinne. In Erweiterung der Aussage von Piaget, wonach der Bezugsgruppe bei der Entwicklung des sozialen und moralischen Verständnisses eine besondere Rolle zukommt, gehen viele Psychologen heute davon aus, daß die Bezugsgruppe auch auf die Entwicklung von Selbstwertgefühl, emotionaler Anpassung und sozialer Kompetenz einen beträchtlichen Einfluß ausüben kann. Wenn wir diese Behauptungen ernst nehmen – und eine wachsende Zahl von Belegen spricht dafür, daß wir das tun sollten –, dann gewinnt die Frage, ob Geschwister in ihrer Bezugsgruppe ähnliche oder unterschiedliche Erfahrungen machen, für die Erforschung nicht-gemeinsamer außerfamiliärer Erfahrungen besondere Bedeutung.

Auf den ersten Blick könnte man denken, daß die Erfahrungen von Geschwistern in ihrer Bezugsgruppe einander ziemlich ähnlich sein könnten. Schließlich wachsen sie im selben Stadtviertel auf, haben denselben sozialen Hintergrund und gehen häufig in dieselbe Schule. Die Einstellung der Eltern gegenüber dem außerfamiliären sozialen Leben dürfte sich wohl nicht innerhalb der Familie von Kind zu Kind unterscheiden. Doch von den Geschwistern selbst hören wir ganz andere Dinge. Der SIDE – der in den vorangehenden Kapiteln beschriebene Fragebogen – enthält 26 Fragen, die sich mit den Erfahrungen der Kinder in ihrer Bezugsgruppe befassen, und in einer mit dem SIDE durchgeführten Geschwisterstudie gaben 20 Prozent der Kinder an, daß ihre Geschwister ganz andere Freunde und mit diesen ganz andere Beziehungen hätten als sie selbst. Weitere 42 Prozent der Kinder geben an, daß sich die Beziehungen zu diesen Freunden bzw. diese selbst »ein bißchen unterschieden«. Inzwischen sind zwei voneinander unabhängige Untersuchungen zu dem Ergebnis gekommen, daß die von den Kindern berichteten Unterschiede in ihren Erfahrungen mit der Bezugsgruppe genauso groß sind wie diejenigen in ihren Erfahrungen mit ihren Geschwistern – und deutlich größer als die Unterschiede in der Behandlung durch die Eltern. Das Ausmaß der Unterschiede hängt ab von den jeweils betrachteten spezifischen Aspekten der Erfahrungen in der Bezugsgruppe. Bei Delinquenz und beim Gebrauch von Drogen und Alkohol sind die Erfahrungen der Bezugsgruppen der Geschwister einander ähnlicher als bei ihrer Einstellung zum Engagement im College oder in der Schule oder bei der Art von Beliebtheit, die sie sich wünschen.

Wie bei den vorhergehenden Kapiteln zu Eltern oder Geschwistern haben wir die Items des SIDE, die für unsere Diskussion relevant sind, mit aufgenommen (siehe Tabelle 6.1; die Auswertungsanleitung findet sich im Anhang).

Zwillings- und Adoptionsstudien, in denen der SIDE verwendet wird, legen einen gewissen genetischen Einfluß auf die Auswahl der Bezugsgruppe und auf die Auswahl durch die Bezugsgruppe nahe. In der oben mehrfach erwähnten Zwillingsstudie ergeben sich für zweieiige Zwillinge genauso große Unterschiede in den Beziehungen zu Freunden wie bei Nicht-Zwillingsgeschwistern, obwohl zweieiige Zwillinge gleich alt sind. Die Bezugsgruppen von eineiigen Zwillingen sind jedoch weniger verschieden als die von zweieiigen Zwillingen. Obwohl dieses Ergebnis nahelegt, daß genetische Faktoren die Auswahl gleichaltriger Bezugspersonen beeinflussen, besteht die Möglichkeit, daß eineiige Zwillin-

Tabelle 6.1: Geschwister-Fragebogen zur Erfassung
unterschiedlicher Erfahrungen (SIDE)
Der Umgang mit der Bezugsgruppe

Betrachten Sie jede Frage so, als ob Ihre Bezugsgruppe (Ihre haupt-sächliche Gruppe von Freunden) eine eigene Persönlichkeit hätte. Obwohl Freunde innerhalb der Bezugsgruppe durchaus verschieden sein können, denken Sie bitte daran, wie die Gruppe insgesamt einzuschätzen ist. Vergleichen Sie Ihre Erfahrungen und diejenigen eines Ihrer Geschwister in der Zeit, als Sie zu Hause aufwuchsen.

1 = traf auf die Bezugsgruppe meines Geschwisters sehr viel mehr zu als auf meine Bezugsgruppe

2 = traf auf die Bezugsgruppe meines Geschwisters ein bißchen mehr zu als auf meine Bezugsgruppe

3 = Mein Geschwister und ich hatten in dieser Hinsicht eine ähnliche Bezugsgruppe.

4 = traf auf meine Bezugsgruppe ein bißchen mehr zu als auf die meines Geschwisters.

5 = traf auf meine Bezugsgruppe sehr viel mehr zu als auf die meines Geschwisters.

	Bezugsgruppe des Geschwisters sehr viel mehr		gleich	meine Bezugs-gruppe sehr viel mehr	
1) beliebt	1	2	3	4	5
2) ehrgeizig	1	2	3	4	5
3) unternehmungs-lustig	1	2	3	4	5
4) faul	1	2	3	4	5
5) fleißig	1	2	3	4	5
6) intelligent	1	2	3	4	5
7) reif	1	2	3	4	5
8) extravertiert	1	2	3	4	5
9) kriminell	1	2	3	4	5
10) verantwortungs-bewußt	1	2	3	4	5

	Bezugsgruppe des Geschwisters sehr viel mehr		gleich	meine Bezugs-gruppe sehr viel mehr	
11) erfolgreich	1	2	3	4	5
12) freundlich	1	2	3	4	5
13) rebellisch	1	2	3	4	5
14) fügsam	1	2	3	4	5
15) gut angepaßt	1	2	3	4	5

Kreuzen Sie bitte für die unten aufgeführten Interessen die zutreffende Zahl an. Freunde innerhalb einer Bezugsgruppe mögen unterschiedliche Interessen gehabt haben, doch bewerten Sie bitte diejenige Aktivität, die am besten das beschreibt, was die Gruppe im allgemeinen am liebsten getan hat.

1 = Mein Geschwister hatte eine Bezugsgruppe, die daran sehr viel mehr interessiert war als meine Bezugsgruppe.

2 = Mein Geschwister hatte eine Bezugsgruppe, die daran ein bißchen mehr interessiert war als meine Bezugsgruppe.

3 = Mein Geschwister und ich hatten ähnliche Bezugsgruppen mit in dieser Hinsicht ähnlichen Interessen.

4 = Meine Bezugsgruppe war daran ein bißchen mehr interessiert als die Bezugsgruppe meines Geschwisters.

5 = Meine Bezugsgruppe war daran sehr viel mehr interessiert als die Bezugsgruppe meines Geschwisters.

	Bezugsgruppe des Geschwisters sehr viel mehr		gleich	meine Bezugs-gruppe sehr viel mehr	
16) auf das College gehen	1	2	3	4	5
17) in der Schule etwas leisten	1	2	3	4	5
18) in der Schüler-vertretung arbeiten	1	2	3	4	5

	Bezugsgruppe des Geschwisters sehr viel mehr		gleich		meine Bezugsgruppe sehr viel mehr
19) Parties feiern, trinken etc.	1	2	3	4	5
20) illegale Drogen (wie Marihuana)	1	2	3	4	5
21) politische und soziale Themen	1	2	3	4	5
22) in sozialen Situationen einen gewissen »Status« erreichen	1	2	3	4	5
23) einen Freund oder eine Freundin haben	1	2	3	4	5
24) wahrscheinlich sitzenbleiben	1	2	3	4	5
25) im Leben wahrscheinlich gut zurechtkommen	1	2	3	4	5
26) wahrscheinlich als »übler Haufen« bezeichnet werden	1	2	3	4	5

ge – die ja nicht nur gleich alt sind, sondern auch sehr ähnlich aussehen – Gleichaltrige in einer Weise auswählen bzw. von diesen ausgewählt werden, die nicht auf andere Geschwister verallgemeinerbar ist. In einem Vergleich der entsprechenden SIDE-Werte von biologischen und Adoptivgeschwistern zeigten sich bei Adoptivgeschwistern hinsichtlich der Beziehungen zu Gleichaltrigen etwas größere Unterschiede als bei biologischen Geschwistern; auch dies ist ein Hinweis auf genetische Einflüsse. Die Tatsache, daß sogar eineiige Zwillinge im SIDE solche Unterschiede berichten, ist ein deutlicher Hinweis darauf, daß nicht-gemeinsame Umweltfaktoren zu den Geschwisterunterschieden in den Beziehungen zu Gleichaltrigen beitragen.

In diesen Studien wurden außerdem erste Schritte auf dem Weg zur Beantwortung unserer zweiten Gruppe von Fragen unternommen, die sich mit den Zusammenhängen zwischen diesen unterschiedlichen Erfahrungen in der Bezugsgruppe und den individuellen Unterschieden in der Persönlichkeit und der sozialen Anpassung beschäftigen. Solche Zusammenhänge zwischen den Persönlichkeitsunterschieden von Geschwistern und Unterschieden in ihren Erfahrungen in der Bezugsgruppe wurden tatsächlich gefunden. Besonders interessant ist jedoch, daß diese unterschiedlichen Erfahrungen nicht einfach mit Unterschieden zwischen den Geschwistern verknüpft sind (so daß z.B. das geselligere Geschwister Freunde bevorzugt, die auch allgemein beliebt sind, während das aggressivere Geschwister Freunde hat, die z. B. gegenüber der Schule eher eine rebellische Haltung einnehmen), sondern auch mit der Persönlichkeit des Individuums im Vergleich zu anderen Individuen in der Bevölkerung insgesamt. Daraus folgt: Wenn wir erklären wollen, warum sich die Persönlichkeiten von Individuen in der Bevölkerung insgesamt unterscheiden, dann müssen wir die Erfahrungen berücksichtigen, die sie in ihrer Kindheit in ihrer Bezugsgruppe gemacht haben.

Sind diese unterschiedlichen Erfahrungen in der Bezugsgruppe die Folge von Unterschieden in der Persönlichkeit und in der sozialen Anpassung, oder tragen sie auch zur Entstehung solcher Unterschiede bei? Das wissen wir noch nicht. Die bisher durchgeführten Studien sind Querschnittsuntersuchungen und keine Längsschnittuntersuchungen, mit denen diese wichtige Frage beantwortet werden könnte. Ist eventuell ein dritter Faktor – die Vererbung – für diesen Zusammenhang verantwortlich? Wie wir gesehen haben, können genetische Faktoren die Antworten im SIDE auf Fragen nach den Beziehungen zu Gleichaltrigen beeinflussen. Da sich der Zusammenhang zwischen Geschwisterunterschieden in den Beziehungen zu Gleichaltrigen einerseits und der Persönlichkeit (insbesondere der Extraversion) bzw. dem Grad der erfolgreichen Anpassung (insbesondere im Sinne des Sich-Wohlfühlens) andererseits auch bei eineiigen Zwillingen zeigt, kann er nicht vollständig genetisch erklärt werden.

Wir nehmen an, daß beide kausalen Wirkrichtungen bedeutsam sind. Gesellige und umgängliche Kinder werden wahrscheinlich in ihrer Bezugsgruppe beliebter sein als ihre eher schüchternen, ängstlicheren Geschwister, doch wir wissen auch, daß gute Erfahrungen in der Bezugsgruppe ihrerseits einen positiven Effekt auf das soziale Selbstvertrauen von Kindern im Umgang mit anderen Kindern und auf ihr Selbstwertgefühl haben.

Das SIDE-Interview konzentriert sich eher auf die Erfahrungen der Kinder in ihrer Bezugsgruppe als auf deren besonders enge Freundschaften. Es scheint jedoch von vornherein sehr wahrscheinlich, daß unterschiedliche Erfahrungen innerhalb von Freundschaften genauso wichtig – wenn nicht wichtiger – sind als Unterschiede zwischen den Bezugsgruppen, zu denen die Geschwister Kontakte haben. Wir berühren hier einen ganz besonders wichtigen Aspekt des außerfamiliären Lebens von Kindern, über den hinsichtlich Geschwisterunterschieden nichts bekannt ist.

Zusammenfassend zeigen uns diese ersten Informationen über die außerfamiliären Erfahrungen von Kindern, daß sich bereits während der Kindheit die außerfamiliären sozialen Erfahrungen der Kinder voneinander unterscheiden, daß diese Unterschiede zum Teil systematisch mit ihrer Persönlichkeit und dem Grad ihrer erfolgreichen Anpassung zusammenhängen und daß sie weiterhin mit nicht-gemeinsamen Erfahrungen innerhalb der Familie verknüpft sind. Wenn wir individuelle Unterschiede in der Qualität kindlicher Freundschaften in der Gesamtpopulation erklären wollen, dann müssen wir die unterschiedlichen Erfahrungen der Geschwister innerhalb der Familie berücksichtigen.

Die Erfahrungen in der Bezugsgruppe stellen nur einen

Ausschnitt aus der Vielfalt möglicher Einflüsse auf die kindliche Entwicklung dar, die ihre Wirkung außerhalb der Familie entfalten. Sowohl der gesunde Menschenverstand als auch wissenschaftliche Untersuchungen unterstreichen den Einfluß von Lehrern und anderen wichtigen Erwachsenen im Leben von Kindern und Jugendlichen, von sexuellen Beziehungen, Arbeitserfahrungen und Ehe und Elternschaft. Unsere Untersuchungen der Beziehungen von Geschwistern zu ihren Lehrern zeigen beispielsweise, daß sich diese Beziehungen zwischen den Geschwistern in erstaunlichem Maße unterscheiden. Psychologen, die sich mit der Entwicklung über die gesamte Lebensspanne beschäftigen, haben dargelegt, wie wichtig es ist, die Art und den Zeitpunkt solcher Einflüsse im Leben eines Individuums zu berücksichtigen; sie haben außerdem gezeigt, wie sich die Bedeutung solcher Einflüsse für unterschiedliche historische »Kohorten« verändern kann. So gibt es etwa hinsichtlich des Zeitpunkts und der Bedeutsamkeit von Ehe und Beruf große Unterschiede zwischen den Mädchen und Frauen der achtziger Jahre und denen der zwanziger Jahre, also der Zeit der Weltwirtschaftskrise. Doch in welchem Maße unterscheiden sich diese unendlich vielen möglichen Einflüsse hinsichtlich ihrer Wirkung auf die Geschwister? Wie groß ist die relative Bedeutung dieser nicht-gemeinsamen Erfahrungen in den verschiedensten Bereichen für die Entwicklung individueller Unterschiede in der sozialen und emotionalen Anpassung, der Kriminalität oder der Qualität der Beziehungen im Erwachsenenalter? Wie sehr unterscheiden sich verschiedene Kohorten von Geschwistern hinsichtlich des Umfangs nicht-gemeinsamer außerfamiliärer Erfahrungen? Zu diesen Fragen gibt es praktisch keinerlei Informationen. Anstatt in Ermangelung von Forschungsergebnissen zu Geschwisterdifferenzen über mögliche Antworten auf diese Fragen zu spekulieren, werden wir uns im folgenden auf zwei Bereiche der gegenwärtigen entwicklungspsychologischen Forschung beschränken, die uns bei der Erforschung dieses unbekannten Gebietes eine Leitlinie vermitteln könnten. Dabei steht ein übergreifendes Thema im Vordergrund.

Der Einfluß von Umweltfaktoren auf die Entwicklung in der späteren Kindheit

Aufgrund zahlreicher Belege gilt es inzwischen als erwiesen, daß Erfahrungen in der mittleren Kindheit, im Jugendalter und im Erwachsenenalter für die individuelle Entwicklung von herausragender Bedeutung sein können. Zunehmend wird die Veränderbarkeit und Flexibilität von Entwicklungsprozessen erkannt, und unsere Annahmen über diese Prozesse bewegen sich weg von der einfachen Vorstellung, daß frühkindliche Erfahrungen notwendigerweise einen größeren Einfluß ausüben als spätere Erfahrungen. Die überraschenden Ergebnisse aktueller entwicklungspsychologischer Forschungsarbeiten dokumentieren, wie stark bestimmte Erfahrungen im späteren Verlauf der Entwicklung den Einfluß früher Erfahrungen positiv verändern können.

Nehmen wir als besonders anschauliches Beispiel eine Untersuchung, die von Michael Rutter und seinen Mitarbeitern am Institut für Psychiatrie in London durchgeführt wurde. Untersucht wurde das Leben einer Gruppe erwachsener Frauen, die ihre Kindheit in Heimen ohne die Sicherheit einer positiven Bindung an eine Elternfigur verbracht hatten. Bei denjenigen Frauen, die Kinder im Alter von zwei Jahren hatten, konzentrierte sich die Untersuchung darauf, ob die frühen Erfahrungen in den Heimen mit Schwierigkeiten bei der eigenen Elternschaft verknüpft waren und ob Erfahrungen, die sie in den dazwischenliegenden Jahren gemacht hatten, ihre Beziehungen zu den eigenen Kindern oder ihren Erziehungsstil beeinflußt hatten. Diese Untersuchung lieferte eine große Zahl interessanter Ergebnisse und hat uns viel über Entwicklung gelehrt. In unserem Zusammenhang ist wichtig, daß die im Heim aufgewachsenen Frauen zwar tatsächlich in ihrer Elternrolle mehr Probleme hatten als eine Kontrollgruppe, daß aber darüber hinaus sowohl die Erfahrungen in ihrer Jugend als auch die Qualität ihrer Ehe einen wesentlichen Einfluß auf einige Merkmale ihres elterlichen Verhaltens hatten. So hatten z. B. Frauen, deren Ehepartner mit ihrem Leben gut zurechtkamen und von denen sie unterstützt wurden, *trotz der Erfahrungen in der frühen Kindheit* sehr viel weniger Probleme in ihrer Elternrolle als Frauen, auf deren Ehepartner dies nicht zutraf.

Allerdings kann man auf der Basis dieser Studie nur schwer die Frage beantworten, inwieweit diese späteren Erfahrungen durch Unterschiede in den Persönlichkeiten der Frauen bedingt waren. Waren die Frauen mit Beziehungen zu gut angepaßten Männern ihrerseits gefestigtere Persönlichkeiten als die Frauen, deren Ehepartner sich sowohl in der Partner- als auch in der Vaterrolle als Versager herausstellten? Waren die positiven Erfahrungen in der Adoleszenz, die mit besseren Entwicklungsergebnissen im Erwachsenenalter verknüpft waren, eher die Folge von Persönlichkeitsunterschieden bei den Frauen als ein unabhängiger Einflußfaktor? Diese Fragestellung zeigt, wie wichtig es ist, Geschwister durch mehrere Entwicklungsphasen hindurch zu begleiten, um die Auswirkungen der verschiedenen Faktoren auf Unterschiede in ihren Erfahrungen und Beziehungen über die Kindheit hinaus zu klären. Wie auch aus einigen anderen der breit angelegten Studien, bei denen die Entwicklung der Teilnehmer von der Kindheit bis zum Erwachsenenalter verfolgt wurde, ergeben sich aus dieser Untersuchung von Frauen, die ihre Kindheit in Heimen verbracht hatten, nicht nur neue und schwierig zu beantwortende Fragen, sondern auch einige nützliche Leitlinien. Sowohl solche Forschungsarbeiten als auch unser Alltagsverständnis geben uns Aufschluß über die Auswirkungen dieser über die Kindheit hinausgehenden Erfahrungen auf die Entwicklung individueller Unterschiede im Erwachsenenalter, wobei bestimmte Erfahrungen in der Adoleszenz und die eheliche Beziehung als besonders bedeutsam erscheinen. Das führt uns zu einem zweiten entwicklungspsychologischen Thema, das sich aus solchen Längsschnittuntersuchungen ergeben hat.

Übergänge im Lebenslauf

In der erwähnten Untersuchung von Frauen, die im Heim aufgewachsen sind, stellten sich Unterschiede zwischen ihnen in der Art und Weise, wie sie als Jugendliche den Übergang von der Schule zum Arbeitsleben bewältigt hatten, als besonders aufschlußreich heraus. Diejenigen Frauen, die als Jugendliche bereits einige Pläne für ihr zukünftiges Leben hatten, kamen mit höherer Wahrscheinlichkeit mehrere Jahre später gut mit ihrer Elternrolle zurecht und hatten Ehepartner, von denen sie unterstützt wurden. Dieses Beispiel spricht für eine Annahme, die sich bereits aus einigen anderen entwicklungspsychologischen Studien ergeben hatte: daß die Zeitpunkte eines Übergangs im Lebenslauf wie z. B. der Schulbeginn, der Übergang von der Schule zur Arbeitswelt der Erwachsenen oder der Übergang zur Elternschaft von besonderer Bedeutung sind.

Wir sollten jedoch nicht davon ausgehen, daß solche Übergänge zwangsläufig und in jedem Falle mit hohen Belastungen einhergehen oder deutliche Auswirkungen haben. Viel eher können Unterschiede in der Art und Weise, wie Menschen solche Veränderungen durchleben, und die Zeitpunkte dieser Veränderungen Wendepunkte im Lebenslauf des Einzelnen darstellen. Untersuchungen von Avshalom Caspi, Glen Elder und Daryl Bem haben besonders eindrucksvoll belegt, daß der Zeitpunkt des Eintritts in die Arbeitswelt oder der Heirat anhaltende Auswirkungen auf den späteren Lebensverlauf hat, daß aber zugleich diese Zeitpunkte von der Persönlichkeit des Individuums mit bestimmt werden. So war es z. B. bei Jungen, die in ihrer späten Kindheit schüchtern und zurückhaltend waren, wahrscheinlicher, daß sie erst zu einem vergleichsweise späteren Zeitpunkt heirateten, Kinder bekamen und eine feste berufliche Laufbahn einschlugen. Von den Wissenschaftlern wird das fortschreitende Anwachsen der jeweiligen Konsequenzen dieser Erfahrungen hervorgehoben, wofür sie den Begriff der »kumulativen Kontinuität« geprägt haben. Für unser Thema – die Entwicklung individueller Unterschiede – ist diese Hervorhebung von Übergängen im Lebenslauf deshalb so relevant, weil Unterschiede zwischen Geschwistern in der Art und Weise, wie sie diese Übergänge bewältigen, und in deren Zeitpunkt und Auswirkungen für die Entwicklung des Lebens der Geschwister in ganz verschiedene Richtungen von besonderer Bedeutung sein können.

So hatte z. B. in der Familie James der Umzug nach Europa, den Henry (der Vater) organisierte, als William und Henry (der Sohn) 14 bzw. 12 Jahre alt waren, insbesondere für Henry außerordentlich wichtige Konsequenzen. Der Umzug bezeichnete den Beginn seines »kultivierten Kosmopolitismus« und seiner lebenslangen Erforschung der Feinheiten der kulturellen Unterschiede zwischen Europäern und Amerikanern sowie der Auswirkungen dieser Unterschiede auf das Leben der Menschen. Für die nur siebenjährige Schwester Alice hatten diese Veränderungen nach Aussage des Biographen Leon Edel weit geringere Auswirkungen, da die Erfahrung unterschiedlicher Kulturen in diesem Alter notwendigerweise weniger einschneidend war.

In unseren Studien über Kinder der heutigen Zeit finden sich mehrere vergleichbare Fälle. Eine Familie aus Cambridge beispielsweise zog in einen anderen Teil Englands, als die ältere Schwester sieben und der jüngere Bruder drei Jahre alt waren. Für den Jungen, dessen Welt noch fast ausschließlich aus der Familie bestand, stellte der Umzug keinen Einschnitt dar, doch das Mädchen hatte erhebliche Schwierigkeiten bei der Eingliederung in ihre neue Schule, in der sie sich als Außenseiterin gegenüber einer verschworenen Clique anderer Mädchen erlebte. Ihre besorgten und verwirrten

Reaktionen führten dazu, daß die anderen Mädchen ein ungünstiges Bild von ihr gewannen, und dieses negative Image verfolgte sie für mehrere eher unglückliche Jahre.

Das Muster *kumulativer* Erfahrungen, das durch bestimmte Veränderungen oder Übergänge ausgelöst wird, führt uns zu einem Thema, das in der Entwicklungspsychologie der Lebensspanne ebenfalls besonders betont wird: die Annahme, daß alle Menschen im Laufe ihres Lebens Erfahrungen ansammeln und diese Erfahrungen zunehmend für die Unterschiede zwischen uns verantwortlich sind. Diese von Paul Baltes vom Max-Planck-Institut für Entwicklungspsychologie in Berlin formulierte Hypothese impliziert, daß im Lauf der Lebensspanne Umwelteinflüsse zunehmend an Bedeutung gewinnen und genetische Faktoren dementsprechend an Bedeutung verlieren. Wir können inzwischen eine weitere Implikation erkennen, nämlich daß *nicht-gemeinsame* Erfahrungen im späteren Leben immer wichtiger werden. Relevant ist hier ein allgemeines Ergebnis gerontologischer Forschung, nach dem die Varianz zwischen Individuen im späteren Leben ansteigt. Das bedeutet, daß im Gegensatz zu dem Image älterer Menschen, das durch Sammelbezeichnungen wie »die Alten« geprägt wird, ältere Menschen in Wirklichkeit ein höheres Maß an Individualität aufweisen als jüngere. Möglicherweise erleben Menschen im Zuge des Alterns zunehmend *nicht-gemeinsame Umwelten*, und möglicherweise ist dieser Zuwachs an nicht-gemeinsamen Umwelten verantwortlich für das Ansteigen der Varianz. Liefert die verhaltensgenetische Forschung Hinweise auf eine Veränderung des Verhältnisses von Anlage und Umwelt im späteren Leben?

Der Einfluß nicht-gemeinsamer Umweltfaktoren über die Lebensspanne

Auf Fragen dieser Art können keine eindeutigen Antworten gegeben werden, weil sich bislang nur wenige verhaltensgenetische Forschungsarbeiten mit der zweiten Lebenshälfte, also mit der Zeit vom mittleren Erwachsenenalter bis zum Alter, befaßt haben. In der Tat gibt es außer einer in den vierziger Jahren in New York durchgeführten Zwillingsstudie, die sich auf die Themen Gesundheit und Langlebigkeit konzentrierte, nur eine verhaltensgenetische Untersuchung der späteren Jahre des Erwachsenenlebens. Die Schwedische Adoptions- und Zwillingsstudie über das Altern *(Swedish Adoption/Twin Study of Aging [SATSA])* arbeitet mit einer Stichprobe, deren Durchschnittsalter bei 60 liegt, und verwendet das aussagekräftigste Untersuchungsdesign, das der verhaltensgenetischen Forschung zur Verfügung steht. Bei der SATSA handelt es sich um eine Zwillingsstudie, bei der eineiige und zweieiige Zwilling miteinander verglichen werden, und außerdem um eine Adoptionsstudie, bei der getrennt aufgewachsene Zwillinge mit gemeinsam aufgewachsenen Zwillingen verglichen werden. Wie wir in Kapitel 2 erläutert haben, ist es ein Hinweis auf genetische Einflüsse, wenn die Korrelationen bei eineiigen Zwillingen höher als bei zweieiigen Zwillingen liegen. Vergleiche zwischen den Korrelationen für gemeinsam und getrennt aufgewachsene Zwillinge sind ein direktes Maß für die Summe der Einflüsse des gemeinsamen Aufwachsens, also für diejenigen Umwelteinflüsse, die wir als gemeinsame Umwelteinflüsse bezeichnet haben. Ein Register von fast 25 000 schwedischen Zwillingspaaren umfaßte Hunderte von Zwillingspaaren, die getrennt aufwuchsen und deren Alter nun mehr als 60 Jahre betrug. Diesen getrennt aufgewachsenen Zwillingen wurden Zwillinge zugeordnet, die gemeinsam aufgewachsen waren. Obwohl Zwillinge heutzutage nur noch selten direkt bei der Geburt getrennt werden, waren solche Trennungen vor fünfzig bis siebzig Jahren aufgrund weltweiter Epidemien, wirtschaftlicher Depression und hoher Müttersterblichkeit bei der Geburt relativ häufig. In manchen Jahren wurde bis zu 1 Prozent aller in Schweden geborenen Zwillinge getrennt. Die Hälfte der getrennten Zwillinge in der SATSA wurde während der ersten beiden Lebensjahre getrennt, 85 Prozent bis zum Alter von 5 Jahren und der Rest bis zum Alter von 10 Jahren.

Auch wenn die Wissenschaft auf Wiederholung beruht, so geben uns doch das Design und die Stichprobengröße dieser nur einmal durchgeführten Studie Vertrauen in ihre Ergebnisse. Für den Bereich der Persönlichkeit, der bislang im Mittelpunkt der Studie stand, wird durch die Ergebnisse der SATSA in gewissem Umfang die Hypothese gestützt, daß der Einfluß der nicht-gemeinsamen Umwelt zunimmt und der Einfluß der Erblichkeit nachläßt. Etwa 60 Prozent der Varianz sind auf nicht-gemeinsame Umweltfaktoren zurückzuführen, gegenüber 55 Prozent in Untersuchungen jüngerer Erwachsener, und die Erblichkeit liegt im Mittel bei 30 und nicht bei 40 Prozent. Sind diese Differenzen so gering, daß sie irrelevant sind? Nein: In den Verhaltenswissenschaften gibt es nur selten Ergebnisse, die mehr als 10 Prozent der Varianz erklären, während wir hier Differenzen von 5 bzw. 10 Prozent vorfinden. Wir können mit hoher Sicherheit sagen, daß die nicht-gemeinsame Umwelt im späteren Verlauf des Lebens mindestens genauso wichtig ist wie in den ersten Jahren, und anscheinend nimmt ihre Bedeutung im Erwachsenenalter noch zu.

Wenn 60 Prozent der Varianz auf die nicht-gemeinsame Umwelt und 30 Prozent auf genetische Faktoren zurückzuführen sind, wie sind dann die restlichen 10 Prozent zu erklären? Dahinter könnte sich ein interessanter Sachverhalt verbergen. Die schwedische Studie ermöglicht einen überzeugenden Test der Bedeutung des Aufwachsens in einer gemeinsamen Umgebung, da die gemeinsam aufgewachsenen Zwillinge mit den getrennt aufgewachsenen verglichen werden können. Sie prüft außerdem die Bedeutung einer gemeinsamen Umgebung im Erwachsenenalter, indem sie das Ausmaß der Zwillingsähnlichkeit untersucht, das nicht auf eine gemeinsame Umgebung im Kindesalter oder auf Erbfaktoren zurückgeht. Die an der SATSA beteiligten Wissenschaftler nahmen zunächst an, daß die gemeinsame familiäre Umgebung, die ja schon im Kindesalter wenig Einfluß ausübt, Jahrzehnte später, in der zweiten Hälfte der Lebensspanne, allenfalls einen sehr geringen Einfluß auf die Persönlichkeit ausüben würde. Sie erwarteten weiterhin, daß eine andere Gruppe gemeinsamer Umgebungsfaktoren, nämlich die von den Geschwistern im Erwachsenenalter nach dem Verlassen des Elternhauses gemachten gemeinsamen Erfahrungen, an Bedeutung zunehmen würden.

In beiderlei Hinsicht wurden die Forscher von ihren Ergebnissen überrascht. Zum einen zeigten sich nur geringe Auswirkungen gemeinsamer Erfahrungen im Erwachsenenalter, d. h. der Einfluß, den erwachsene Zwillinge aufeinander ausübten, oder gemeinsame Erfahrungen im Erwachsenenalter trugen – über den Einfluß genetischer Faktoren und des gemeinsamen Aufwachsens hinaus – nicht zur Ähnlichkeit von Zwillingen im späteren Leben bei. Zum zweiten – und dies ist sicherlich noch überraschender – trägt das Aufwachsen in einer gemeinsamen Umgebung etwa 10 Prozent zur Persönlichkeitsvarianz in späteren Lebensabschnitten bei. Es besteht also die interessante Möglichkeit, daß dieses Aufwachsen in einer gemeinsamen Umgebung Jahrzehnte später Auswirkungen auf die Persönlichkeit hat, obwohl es nur geringe Auswirkungen zeigt, während die Geschwister zusammen in derselben Familie aufwachsen.

Trotz dieses möglichen verzögerten Effekts gemeinsamer Kindheitserfahrungen sind es weiterhin die nicht-gemeinsamen Umwelteinflüsse, die die größte Rolle spielen. Aus neueren Ergebnissen der SATSA lassen sich zwei weitere Arten erschließen, wie nicht-gemeinsame Erfahrungen im späteren Leben wichtig werden können. Die schwedischen

Zwillinge wurden nach einem dreijährigen Intervall erneut untersucht, um den Einfluß von genetischen und Umweltfaktoren sowohl auf Veränderungen als auch auf die Kontinuität des späteren Lebens einschätzen zu können. Während dieser Dreijahresperiode schien die Persönlichkeit vergleichsweise unverändert geblieben zu sein. Das stimmt mit Ergebnissen von Längsschnittstudien im jüngeren Erwachsenenalter überein, bei denen die Persönlichkeit über drei bis vier Jahrzehnte im wesentlichen gleich blieb. Wie läßt sich diese Stabilität erklären? Es scheint, daß die Kombination von genetischen und Umwelteinflüssen, die in einem bestimmten Alter zu Veränderungen führt, in gleichem Maße auch für Kontinuität über den Lebenslauf hinweg sorgt. Das heißt: Mehr als die Hälfte der Ähnlichkeit von Zwillingen in den verschiedenen Abschnitten ihres Lebens geht auf nicht-gemeinsame Umweltfaktoren zurück; der Rest der gemeinsamen Varianz ist durch genetische Faktoren bedingt. Mit anderen Worten trägt die nicht-gemeinsame Umwelt nicht nur entscheidend dazu bei, wer wir in einem bestimmten Alter sind, sondern sie ist auch die wichtigste Ursache dafür, daß wir bleiben, wer wir sind. Auch genetische Faktoren tragen wesentlich zur Kontinuität von Lebensabschnitt zu Lebensabschnitt bei, während die gemeinsame Umwelt absolut keine Rolle spielt.

Das zweite Ergebnis, das für unser Interesse an nicht-gemeinsamen Erfahrungen relevant ist, betrifft eher Veränderung als Kontinuität – es gibt eine gewisse Veränderung der Persönlichkeit über die Lebensspanne hinweg, trotz der beträchtlichen Kontinuität. Bei den schwedischen Zwillingen waren die Persönlichkeitsveränderungen, die sich während der Dreijahresperiode vollzogen hatten, vollständig auf unterschiedliche Erfahrungen in der jeweiligen Umgebung zurückzuführen. Das heißt: Genetische Faktoren tragen nur zur Kontinuität bei, während nicht-gemeinsame Umweltfaktoren sowohl zu Veränderung als auch zu Kontinuität beitragen. Das ist vielleicht gar nicht so überraschend, wenn wir die kritischen Lebensereignisse näher betrachten, die im späteren Verlauf des Lebens die Persönlichkeit verändern können. Die eigene Pensionierung, die Krankheit und der Tod des Ehepartners und der Freunde dürften für das Geschwister nicht annähernd so wichtig sein wie für einen selbst.

Von diesen Einzelheiten einmal abgesehen, liegt die umfassendere Bedeutung der Ergebnisse der SATSA darin, daß sie einen Anstoß zur weiteren Erforschung der Bedeutung nicht-gemeinsamer Umwelten geben; eine Bedeutung, die sich über die Familie hinaus »von der Wiege bis zur Bahre« über die ganze Lebensspanne hinweg erstreckt.

Kapitel 7
Der Zufall

Ich betrachte die Faktoren, die mir dabei halfen, mein Schicksal zu erfüllen, als eine Reihe glücklicher Zufälle. Die Modellvorstellung von der Familie, der meine Eltern huldigten, schloß ein, daß sie möglichst bald ein zweites Kind haben müßten. Der Zufall wollte, daß dieses Kind eine Tochter war. Hätten die Dinge, wenn es ein Junge gewesen wäre, für mich irgendeine andere Wendung genommen? . . . Jedenfalls glaube ich nicht, daß ich dabei gewonnen hätte . . . Der Zufall half mir in der einen oder anderen Form, mein Leben mit anderen Menschen zu erfüllen. . . . Der Zufall war mir außergewöhnlich gewogen, indem er Sartre auf meinen Weg sandte.

– Simone de Beauvoir, *Alles in allem*[1]

Simone de Beauvoir hob oft die Rolle des Zufalls hervor, der ihr Leben und ihre Erfahrungen so ganz anders gestaltet hatte als bei ihrer Schwester. Die Bedeutung des Zufalls für die unterschiedliche Entwicklung von Brüdern und Schwestern wurde auch von Francis Galton klar erkannt, der zugleich die Erkenntnis, daß die nicht-gemeinsame Umwelt den für die Entwicklung wichtigsten Umwelteinfluß darstellt, um ein Jahrhundert vorwegnahm:

> Der Zufall umfaßt all die zusätzlichen Ereignisse, alle Besonderheiten der Umwelt sowohl vor als auch nach der Geburt, und jeden Einflußfaktor, der dazu führen kann, die Eigenschaften des einen Bruders verschieden von denen des anderen zu gestalten.

---

[1] Simone de Beauvoir, Alles in allem. Deutsch von Eva Rechel-Mertens. Reinbek: Rowohlt 1974, S. 14 u.a.

Galton nahm weiterhin an, daß die nicht-gemeinsame Umwelt hauptsächlich vom Zufall bestimmt wird, wobei er dem Zufall durchaus auch langfristige Effekte zuschrieb:

> Die wunderlichen Auswirkungen des Zufalls bei der Hervorbringung stabiler Ergebnisse sind bekannt genug. Ein Bündel verworrener Schnüre, an denen mal hier, mal da gezogen wird, wird schnell zu einem festen Knoten.

Galtons Voraussicht bei dem Thema Anlage und Umwelt läßt es auch uns geraten erscheinen, seinen Ansichten zur Rolle des Zufalls bei der Ausbildung von Geschwisterdifferenzen besondere Aufmerksamkeit zu widmen. Weil es jedoch zu den Auswirkungen des Zufalls auf die Entwicklung kaum empirische Daten gibt, wird dieses Kapitel notwendigerweise kurz ausfallen.

Wir gebrauchen den Begriff *Zufall* zur Bezeichnung von wenig wahrscheinlichen, unvorhersehbaren Ereignissen, die wir kaum oder gar nicht kontrollieren können. Das sind relative Kriterien. Autounfälle werden als Unfälle (angl. »accidents« = Unfall, Zufall; Anm. d. Übers.) bezeichnet, weil wir annehmen, daß sie zufällig geschehen, obwohl ihre Wahrscheinlichkeit nicht sehr gering ist und sie in gewissen Grenzen sowohl vorhersehbar als auch kontrollierbar sind. In dem Maße, wie die Wahrscheinlichkeit, Vorhersagbarkeit und Kontrollierbarkeit eines Ereignisses zunehmen, bezeichnen wir das Ereignis nicht mehr als Zufall: Es ist nicht einfach nur Pech, wenn ein betrunkener Fahrer einen Unfall verursacht.

Zufall in diesem Sinne wurde von den Griechen als *tyche* bezeichnet und der *techne* gegenübergestellt, einem Begriff, der die Fähigkeit meint, sein Schicksal kontrollieren zu können. Für die griechischen Dichter Aischylos und Sophokles war *tyche* ein wesentliches Element des Lebens. In ihren Tragödien erleben wir, wie das Leben unschuldiger Menschen durch blinde Zufälle zerstört wird. Heutzutage kommen uns solche Handlungsabläufe eher fremdartig vor, weil wir rationale Abläufe bevorzugen – eine Veränderung des Geschmacks, die den enormen Einfluß Platons und später Kants auf das abendländische Denken widerspiegelt. Platons Konzeption des vernünftigen Lebens war im Kern ein Versuch, den Menschen von den Launen des Schicksals unabhängig zu machen. In seinem utopischen Werk *Der Staat* war die vollkommenste Form menschlichen Lebens dem Ziel gewidmet, durch Lernen und die Betrachtung der Wahrheit die Herrschaft über den Zufall zu erweitern. In dieser platonischen Welt war für *tyche* kein Platz. Aristoteles versuchte das Gleichgewicht zwischen *tyche* und *techne* wiederherzustellen, doch Kant und die ihm nachfolgenden Philosophen löschten *tyche* als Teil unseres kulturellen Erbes praktisch aus.

Obwohl Freuds Name mit der Erforschung des Irrationalen verbunden ist, beschäftigte er sich in seinem Werk nicht mit der Rolle des Zufalls, sondern suchte nach rationalen Erklärungen scheinbar irrationalen Verhaltens. Auch die gegenwärtig in vielen Bereichen der Wissenschaft populäre Chaostheorie stellt einen Versuch dar, Ordnung im Ungeordneten zu entdecken. Obwohl das Wort *Chaos* Zufälligkeit impliziert, geht es der Chaostheorie darum, daß in nichtlinearen dynamischen Systemen wie dem Wetter das scheinbar Zufällige mit einfachen Gleichungen beschrieben werden kann.

Manchmal jedoch geschehen die Dinge einfach – *tyche*. Biographien sind voll von Beispielen zufälliger Ereignisse, die sich als Wendepunkte im Leben des einzelnen erwiesen. Bei diesen Zufällen kann es sich um einschneidende Ereignisse handeln, wie z. B. schwere Krankheiten, Unfälle oder Kriegserfahrungen, die den Lauf der Entwicklung eines Menschen tiefgreifend verändern können. Der Tod eines Elternteils markierte häufig einen entscheidenden Wendepunkt im Leben unserer Schriftsteller aus dem 19. Jahrhundert.

Überraschender sind die oft scheinbar trivialen Zufälle,

die dem Leben anfangs eine nur leicht veränderte Richtung
geben, jedoch im Laufe der Zeit immer größere Folgeeffek-
te nach sich ziehen. Eines unserer Lieblingsbeispiele stammt
aus der Biographie von Charles Darwin:

> Die Reise mit der *Beagle* war das wichtigste Ereignis
> meines Lebens und hat meine ganze Berufslaufbahn
> bestimmt; und doch hing es von dem ganz nebensäch-
> lichen Umstand ab, daß mein Onkel mir anbot, mich
> die dreißig Meilen nach Shrewsbury zu fahren, was nur
> wenige Onkel an seiner Stelle getan hätten; und es
> drohte zu scheitern an einer Nichtigkeit wie der Form
> meiner Nase.[2]

Darwins Bemerkung über seine Nase bezieht sich auf den
geistig etwas wirren Kapitän der *Beagle*, Kapitän Fitz-Roy,
der Darwins Teilnahme an der Reise beinahe verweigert
hätte, weil er an der Form von Darwins Nase zu erkennen
glaubte, daß dieser nicht genug Energie und Entschlossen-
heit für die Reise aufbringen würde. Darwin schrieb, daß
Fitz-Roy sich während der Reise davon überzeugen ließ, daß
»meine Nase falsch gesprochen hatte«.

Ein weiteres Beispiel findet sich in der kürzlich erschiene-
nen Autobiographie des französischen Genetikers François
Jacob, der für seine Arbeiten über die DNS-Regulation den
Nobelpreis erhalten hatte. Jacob, der während der Invasion
in der Normandie einige schwere Verwundungen davonge-
tragen hatte, arbeitete nach dem Krieg in diversen Jobs als
Journalist und in der Filmproduktion. Er machte die Be-
kanntschaft eines jungen Mannes, der sein Interesse an genetischer Forschung weckte. An dieser Stelle griff der Zufall
ein: Jacob wurde, obwohl er keinerlei Ausbildung hatte, im
Labor eines berühmten Biologen eingestellt, weil dieser –

---

[2] aus: Charles Darwin. Mein Leben. 1809–1882. Hrsg. v. Nina Barlow. Aus dem Englischen von Christa Krüger. Frankfurt: Insel 1993.

wie Jacob berichtet – an diesem Tag eine wichtige Entdeckung gemacht hatte und deswegen gut gelaunt war. Jacob schrieb dazu: »Wenn ich an seiner Stelle gewesen wäre, hätte ich jemanden wie mich mit Sicherheit nicht in mein Labor aufgenommen.«

Die Rolle des Zufalls bei Geschwisterunterschieden

Zufällige Ereignisse sind in unserem Kontext besonders interessant, weil sie eine sehr wahrscheinliche Ursache für Unterschiede zwischen Geschwistern sind. Beispiele für Ereignisse, die nur eines der Geschwister betreffen, sind Krankheiten oder Unfälle wie im Falle von Henry James' geheimnisvollen »obskuren Schmerzen« oder besondere Erfahrungen außerhalb der Familie wie Schulprobleme oder Freundschaften.

Man könnte annehmen, daß Zufälle per definitionem nicht gemeinsam von beiden Geschwistern erlebt werden können. Rudyard Kiplings ungewöhnliche Schulerfahrungen hatten tiefgreifende Auswirkungen auf ihn selbst und auf seine Werke als Schriftsteller, weil sie ihn, wie sein Biograph sagte, »lehrten, in der Welt des Handelns zu leben und doch er selbst zu bleiben«. Diese Erfahrungen spielten für seine Schwester überhaupt keine Rolle, ähnlich wie Charles Dickens' Fabrikerfahrungen keine Rolle im Leben seiner Schwester Fanny spielten. Es gibt jedoch einige wichtige zufällige Ereignisse, die von Geschwistern gemeinsam erlebt werden. Solche Ereignisse können sich innerhalb der Familie ereignen, etwa wenn ein Elternteil früh stirbt oder psychisch erkrankt, oder sie können für eine ganze Gesellschaft gelten, wie im Falle von wirtschaftlicher Depression oder Krieg. Doch solche anscheinend gemeinsam erlebten zufälligen Ereignisse können von den Geschwistern ganz unterschiedlich erlebt werden, weil sie sich in den allermeisten Fällen in unterschiedlichen Entwicklungsphasen befinden und sich auch in ihrer Persönlichkeit unterscheiden. Im Jahre 1888 wurden Virginia Woolf und alle ihre Geschwister von Keuchhusten befallen. Virginia, zu diesem Zeitpunkt 6 Jahre alt, erkrankte schwer und brauchte zur Erholung sehr viel länger als ihre drei Geschwister. Ihre Gesundung wurde, wie ihr Biograph Bell anmerkte, von einer geistigen Umwälzung begleitet: »Im Alter von sechs Jahren hatte sich ihre Persönlichkeit deutlich verändert, sie war nachdenklicher und grüblerischer geworden.«

In einer unserer in Cambridge durchgeführten Geschwisterstudien stellte sich heraus, daß die Auswirkungen vieler Ereignisse, die von den Geschwistern auf den ersten Blick gemeinsam erlebt wurden (wie z. B. eine schwere Erkrankung der Mutter oder Arbeitslosigkeit des Vaters), für die beiden Kinder oft ausgesprochen verschieden waren. Wir untersuchten die Auswirkungen einer Reihe potentiell streßverursachender Ereignisse oder Situationen wie z. B. Umzüge, Veränderungen in den Arbeits- und Vermögensverhältnissen der Eltern, der Nähe der Beziehung zu Verwandten und der Gesundheit der Familienmitglieder, außerdem Unfälle und schulische Probleme. Ein Kinderpsychiater beurteilte die Auswirkungen jedes dieser Ereignisse auf jedes der Geschwister. Es stellte sich heraus, daß 69 Prozent der Ereignisse, die für die Kinder in der Studie negative Auswirkungen hatten, bei den Geschwistern *unterschiedliche* Wirkungen zeigten. Beispielsweise litt eine Mutter an streßverursachten Angstattacken und war deswegen in psychologischer Behandlung. Ihr erstgeborener Sohn litt sehr darunter und entwickelte sich zu einem sorgenvollen Kind; die zweitgeborene Tochter war dagegen kaum betroffen. In einer anderen Familie sah sich der Vater nach dem Verlust seines Arbeitsplatzes gezwungen, einige Monate lang an einem anderen Ort zu arbeiten. Das hatte auf seinen zweitgeborenen Sohn größere Auswirkungen als auf seine ältere Tochter. Bei einer anderen Mutter wurde Leukämie diagnostiziert. Ihr zweites Kind zeigte sich davon sehr viel mehr betroffen als das erste.

Die häufigsten Lebensereignisse mit schweren negativen Auswirkungen auf die Kinder waren solche, die eher ein Kind als beide betrafen, wie Unfälle, Krankheiten oder streßverursachende Schulprobleme, wobei letztere oft – wie in dem Beispiel aus dem vorhergehenden Kapitel – mit einem Schulwechsel verbunden waren. Wichtig für unser Thema – die Erklärung von Unterschieden im Ergebnis der individuellen Entwicklung – ist zum einen, daß zwei in derselben Familie aufwachsende Kinder solche streßverursachenden Ereignisse unterschiedlich erlebten, und zum zweiten, daß diese Ereignisse regelmäßig mit späteren Unterschieden im Entwicklungsergebnis zusammenhingen. In der Forschung zu den Auswirkungen kritischer Lebensereignisse ist es ein wohlbekanntes Problem, daß die Auswirkungen eines solchen Ereignisses nicht unabhängig von der Persönlichkeit – der »Verletzlichkeit« – der betroffenen Person sind. Deshalb können solche Ereignisse nur selten als »äußere« Faktoren betrachtet werden, die die emotionale Anpassung oder das Selbstwertgefühl in einer unabhängigen oder unmittelbar kausalen Weise beeinflussen.

Der wesentliche Punkt ist hier, daß zwei Kinder innerhalb derselben Familie normalerweise ein unterschiedliches Maß an Streß erleben werden. Streßverursachende Ereignisse können einen kumulativen, sich selbst verstärkenden Effekt haben, und das Erleben einer Reihe solcher Ereignisse kann eine Person sehr wohl zunehmend verletzlich machen, und anfälliger dafür, daß zukünftige Ereignisse sich noch stärker negativ auswirken. Ausgehend von anfänglichen Persönlichkeitsunterschieden können sich also ganz unterschiedliche »Leidenswege« der Belastung durch »zufällige« Ereignisse entwickeln.

Nehmen wir die Ereignisse in einer der Familien aus der Cambridge-Studie. Der Vater war aus beruflichen Gründen drei Monate lang nicht zu Hause. Sein erstgeborener Sohn vermißte ihn sehr, sehr viel mehr als die jüngere Tochter. In den folgenden 18 Monaten erlebte die Familie zwei Autounfälle, einen Einbruch und einen Umzug. Bei einem der Unfälle wurde der Fahrer des anderen Wagens getötet; beide Kinder waren im Auto, doch es war der Erstgeborene, der von dieser Erfahrung am meisten mitgenommen wurde. Er hatte Angst um seine Eltern, wenn sie das Haus verließen. Dann wurde zum zweiten Mal in das Haus eingebrochen, und wieder war das erstgeborene Kind durch das Ereignis am meisten beeinträchtigt. Schließlich starb der Großvater väterlicherseits, zu dem der Junge eine enge Bindung hatte, und erneut zeigte er sich sehr betroffen. Im Gegensatz zu der zunehmenden Beeinträchtigung, die ihr Bruder zeigte, bewältigte die Schwester all diese Ereignisse, ohne mehr als eine kurze, unmittelbare Reaktion zu zeigen.

Aus der Schilderung einer Mutter zweier Kinder aus Cambridge ergibt sich ein ähnliches Bild – eine zunehmende Anhäufung von Problemen für ein junges Mädchen, von denen ihre Schwester in keiner Weise betroffen schien:

Dieses Jahr hat es eine ganze Reihe von Dingen gegeben, mit denen sie nur schwer fertiggeworden ist – wobei sie alles ohnehin viel schwerer nimmt als Katy – und jetzt hat sie das Gefühl, vor einem Berg von Problemen zu stehen. Zuerst kam sie mit ihrem neuen Lehrer nicht zurecht (im Grunde haben beide nicht den Lehrer bekommen, den sie wollten, aber Katy machte das nicht so viel aus), und dann zog ihre beste Freundin Sarah aus Cambridge weg. Jetzt gibt es Wochenenden, an denen sie nur herumschmollt *und* ihre Hausaufgaben nicht macht, was noch mehr Ärger in der Schule bedeutet. Bei ein paar Sachen an der Schule darf sie nicht mitmachen ... wahrscheinlich wegen des ganzen anderen Ärgers ... Im Moment ist sie wirklich unglücklich.

Wie steht es um Ereignisse, die jedem der Geschwister einzeln zustoßen, wie etwa eine Verletzung bei einem Sturz von einer Schaukel? Natürlich gibt es keine *schlimazel*-Gene (Jiddisch für »Pech«), mit denen man die Unglücksfälle des Lebens auf sich zieht. Genetische Unterschiede können jedoch Auswirkungen auf die Persönlichkeit haben, und diese Unterschiede können sich bei manchen Kindern in einer Neigung zu risikofreudigem Verhalten äußern, so daß die Kinder durch ihren eigenen Leichtsinn einem größeren Unfallrisiko ausgesetzt sind. So ist es zwar richtig, daß Unfälle einfach »passieren«, aber sie passieren manchen Kindern und manchen Geschwisterpaaren häufiger als anderen. Mit anderen Worten, wir können Unfälle nicht als rein zufällige Ereignisse betrachten. Wenn man einmal damit begonnen hat, den Zufall in dieser Weise zu betrachten, dann erscheint es plausibel, daß Geschwister viele Dinge gemeinsam erleben, die man sonst für Zufälle hielte – wie etwa peinliche Zwischenfälle in der Schule oder in schlechte Gesellschaft zu geraten. Die Persönlichkeitsähnlichkeiten von Geschwistern können zu ähnlichen Erfahrungen führen. Auch die körperliche Ähnlichkeit kann wichtig sein. Obwohl es unwahrscheinlich ist, daß die Nasenform von Darwins Geschwistern bei ihnen zu ähnlichen Erfahrungen wie bei seiner Begegnung mit Kapitän Fitz-Roy führte, ist es doch möglich, daß Faktoren wie die äußerliche Erscheinung zu vergleichbaren, scheinbar zufälligen Begegnungen führen. Um diese Möglichkeiten näher zu erforschen, bedarf es der Untersuchung zufälliger Ereignisse im Leben von Geschwistern.

Ebenfalls relevant sind Forschungsarbeiten über das Auftreten und die Auswirkungen kritischer Lebensereignisse bei Erwachsenen. Seit Beginn der modernen Forschung zu kritischen Lebensereignissen in den sechziger Jahren sind Tausende von Arbeiten zu größeren und kleineren solcher Ereignisse erschienen. Der Grund für dieses intensive Forschungsinteresse liegt in der Verknüpfung von derartigen

Ereignissen mit Streß und in der Verwendung dieses Zusammenhangs zur Vorhersage psychischer Erkrankungen. Die Forscher begannen damit, lange Listen von Ereignissen aufzustellen, die Menschen im Laufe ihres Lebens zustoßen. Diese Listen umfaßten sowohl positive (Heirat, Beförderung, Geburt eines Kindes) als auch negative Ereignisse (Tod eines Verwandten, Scheidung) und außerdem Ereignisse, die entweder positiven oder negativen Charakter annehmen können (z. B. ein Umzug). Die Ereignisse werden danach gewichtet, wieviel Streß sie verursachen, und aus diesen Werten wird ein Gesamtwert errechnet, der verwendet wird, um psychische Erkrankungen vorherzusagen. Daraus ergibt sich – was kaum überraschen kann –, daß negative Ereignisse eher zur Vorhersage psychischer Erkrankungen taugen, auch wenn positive Ereignisse wie eine Heirat durchaus Streß bedeuten können. Auch hier müssen wir erst herausfinden, wie ähnlich oder wie unterschiedlich Geschwister diese Ereignisse erleben, bevor wir einschätzen können, inwieweit sie für eine Person spezifisch sind und damit zu individuellen Unterschieden im Entwicklungsergebnis beitragen.

Vor einiger Zeit ist eine weitere Unterscheidung eingeführt worden, die für unser Thema besonders wichtig ist. Es wird angenommen, daß unkontrollierbare kritische Lebensereignisse eher zu psychischen Störungen führen als kontrollierbare Ereignisse. Zu solchen unkontrollierbaren Ereignissen zählen Krankheit oder Tod eines Familienmitglieds, während Konflikte mit Familienmitgliedern als kontrollierbare Ereignisse betrachtet werden. Die Unterscheidung zwischen kontrollierbaren und unkontrollierbaren kritischen Lebensereignissen entstand aus Forschungen zum Thema der »erlernten Hilflosigkeit«. Wenn eine Person das Gefühl hat, daß sie keine Kontrolle über das ausüben kann, was ihr zustößt, dann beginnt sie sich zunehmend »hilflos« zu verhalten – sie lernt, hilflos zu sein. Diese Hilflosigkeit kann zu Depressionen und zu einem Zusammenbruch des Immunsystems und auf diese Weise zu körperlichen Erkrankungen führen. Der Begriff des unkontrollierbaren Ereignisses entspricht weitgehend dem, was wir Zufall nennen. Neuere Arbeiten zur erlernten Hilflosigkeit legen die Annahme nahe, daß sich Menschen in ihrer Anfälligkeit gegenüber unkontrollierbaren Ereignissen unterscheiden, und zwar hauptsächlich aufgrund von Unterschieden im Grad ihres Optimismus. Wenn man diese Annahme teilt, dann könnte es am besten sein, wenn man sich mit Optimismus über die Wechselfälle des Lebens hinwegtäuscht, auch wenn die Betrachtung des Lebens durch eine rosa Brille das Leben selbst nicht rosiger machen dürfte. Kurz gesagt: Wir müssen lernen, *tyche* zu genießen.

Wir nehmen an, daß Geschwister Zwischenfälle in der Kindheit bis zu einem gewissen Grade ähnlich erleben und daß diese Ähnlichkeit genetische Ursachen haben könnte. Bei kritischen Lebensereignissen im Erwachsenenalter gibt es Hinweise darauf, daß dies tatsächlich der Fall sein könnte. Bei einer Untersuchung im Rahmen der im letzten Kapitel beschriebenen SATSA-Studie wurde bei Zwillingspaaren im mittleren Erwachsenenalter ein Standard-Fragebogen zu kritischen Lebensereignissen eingesetzt. Es ergab sich eine signifikante Korrelation (r = .15) des Gesamtwerts für kritische Lebensereignisse bei zweieiigen Zwillingen des gleichen Geschlechts, d. h. die Geschwister erlebten diese Ereignisse tatsächlich in gewissem Grade ähnlich. Überraschend ist der Befund, daß die Geschwisterähnlichkeit in der Häufigkeit von Lebensereignissen in hohem Maße auf genetische Faktoren zurückgeht. Beim Gesamtwert für kritische Lebensereignisse waren sich eineiige Zwillinge doppelt so ähnlich wie zweieiige. Die Erblichkeit (siehe Kapitel 2) für die Gesamtheit kritischer Lebensereignisse wurde auf 30 Prozent geschätzt. Mit anderen Worten, etwa ein Drittel der individuellen Unterschiede in der Gesamthäufigkeit kritischer Lebensereignisse geht auf Vererbung zurück.

Der Gedanke, daß Erbfaktoren die Lebenserfahrung beeinflussen können, erscheint auf den ersten Blick verwir-

173

rend. Er macht jedoch Sinn, wenn wir uns darüber klar werden, daß das, was uns zustößt, bis zu einem gewissem Grade eine Funktion dessen ist, wer wir sind – und daß unsere Persönlichkeit wiederum wesentlich von genetischen Faktoren beeinflußt wird (siehe Kapitel 2). Wie wir es auf der Basis dieser Argumentation erwarten würden, zeigt sich bei kontrollierbaren Lebensereignissen ein deutlicherer genetischer Einfluß als bei nicht kontrollierbaren, das heißt das Auftreten kontrollierbarer Lebensereignisse hängt mit unserer Persönlichkeit zusammen. Aber auch bei unkontrollierbaren Ereignissen – die wir als Zufälle betrachten würden – zeigt sich ein gewisser genetischer Einfluß: Die Erblichkeit lag bei 18 Prozent. Mit anderen Worten, hinsichtlich der Anzahl unkontrollierbarer Ereignisse, der sie bis dahin ausgesetzt waren, zeigte sich bei eineiigen Zwillingen mittleren Alters eine höhere Ähnlichkeit als bei zweieiigen (siehe Kapitel 2). Das muß bedeuten, daß solche Ereignisse sich nicht völlig zufällig ereignen. Unterschiede in der Auftretenshäufigkeit von Krankheiten können beispielsweise Ergebnis genetisch bedingter Unterschiede in der Anfälligkeit für Krankheiten sein.

Die Annahme, daß die Unterschiede zwischen Geschwistern durch zufällige Ereignisse verstärkt werden, ist nach diesen Ergebnissen mit Vorsicht zu behandeln. Es handelt sich um eine empirische Frage, die nur durch Untersuchungen an Geschwistern beantwortet werden kann. Trotz des überraschenden Ergebnisses, daß Geschwister einander bei einigen kritischen Lebensereignissen aus genetischen Gründen ähnlich sind, dürfte der Zufall für die Erklärung von Geschwisterunterschieden immer noch ein wesentlicher Faktor sein.

Umweltbedingte Epistasis

Die Forschung zu lebensverändernden Ereignissen konzentriert sich auf wichtige einzelne Ereignisse. Es erscheint jedoch plausibel, daß der Zufall auch in weniger dramatischer Form wirkt. Kleine Dinge – insbesondere die Verkettung mehrerer Ereignisse – können sich miteinander verbinden und die Entwicklung sanft vorantreiben; eine Sichtweise der Umwelt, die wir als *umweltbedingte Epistasis* bezeichnet haben. Dies sind Galtons »verworrene Schnüre«, an denen von den »wunderlichen Auswirkungen des Zufalls . . . mal hier, mal da gezogen wird«.

Der Begriff *Epistasis* stammt aus der Genetik. Er wurde 1907 von dem berühmten Genetiker William Bateson eingeführt, um die Wirkung von Genkombinationen höherer Ordnung zu bezeichnen, die die Fellfarbe von Tieren beeinflußten. Wie wir in Kapitel 2 erläutert haben, gibt es zwar einige wenige Verhaltenseffekte, die auf ein einziges Gen zurückzuführen sind. In den meisten Fällen jedoch sind Verhaltensunterschiede zwischen Individuen auf zahlreiche, vielleicht Hunderte von Genen zurückzuführen. Jedes dieser Gene kann seinen eigenen kleinen Beitrag zur Variabilität zwischen Individuen leisten. Genetische Einflüsse dieser Art werden als additiv bezeichnet, weil sich die Auswirkungen der einzelnen Gene auf das Verhalten addieren. Aus diesem Grunde sagt man, daß sich Geschwister und andere Verwandte ersten Grades genetisch zu 50 Prozent ähneln. Bei der Empfängnis wird das genetische Blatt der Eltern sozusagen völlig neu gemischt, und wir und jedes unserer Geschwister erhalten eine zufällige Auswahl der Hälfte der Gene jedes Elternteils. Wenn also diejenigen Gene, die Auswirkungen auf das Verhalten haben, unabhängig voneinander wirken – das heißt, wenn die genetischen Effekte additiv sind –, dann würden wir unseren Eltern und unseren Geschwistern bei Persönlichkeitsmerkmalen, die völlig unter genetischer Kontrolle stehen, zu genau 50 Prozent ähneln.

Doch nicht immer ist 2 und 2 gleich 4: Genetische Effekte können sich durch die Anwesenheit anderer Gene verändern. Diese interaktiven, nicht-unabhängigen Effekte werden als Epistasis bezeichnet. Da Verwandte ersten Grades nicht die gleiche Kombination von Genen haben, werden sie sich in dem Maße unähnlich sein, in dem ein bestimmtes Merkmal der Epistasis unterliegt. Die einzigen Verwandten, die einander auch im Hinblick auf die epistatischen Effekte ähnlich sind, sind eineiige Zwillinge, da bei ihnen alle Genkombinationen identisch sind. Aus diesem Grunde sind epistatische Effekte dadurch gekennzeichnet, daß Verwandte ersten Grades einander weniger als halb so ähnlich sind wie eineiige Zwillinge.

Die genetische Neumischung, aus der Eizellen und Spermien entstehen, ist ein zufälliger Prozeß. Der Schlüssel zum Prozeß der Evolution ist jedoch, daß dieser Zufallsprozeß zu einem vorhersagbaren Ergebnis führt, nämlich daß die Nachkommen den Eltern ähnlich sind. Dies trifft jedoch nur in dem Maße zu, wie die genetischen Effekte additiv sind. Die Epistasis andererseits entspricht dem genetischen Glück. Glück bei der »Ziehung« – das heißt bei der Empfängnis – kann zu bestimmten einzigartigen Genkombinationen führen, die wiederum außergewöhnliche Auswirkungen haben, die bei Eltern und Geschwistern nicht auftreten. David Lykken von der Universität Minnesota hat die Bedeutung der Epistasis besonders hervorgehoben. Er verwendet als Beispiel eine Telefonnummer. Eine bestimmte Kombination von sieben Ziffern führt zu der gewünschten Verbindung, doch eine andere siebenstellige Zahl, die nur sechs dieser sieben Ziffern enthält, ist nutzlos. Ein anderes von Lykken angeführtes Beispiel bezieht sich auf das berühmte Rennpferd Sekretariat, das 1989 starb. Sekretariat wurde mit vielen edlen Stuten gekreuzt und hatte Hunderte von Nachkommen. Unter diesen Nachkommen waren dank der additiven genetischen Effekte viele gute Pferde, aber keines kam auch nur entfernt an die einmalige Kombination herausragender Eigenschaften heran, die Sekretariats Größe ausmachten. Die Epistasis ist nicht auf außergewöhnliche Rennpferde oder menschliche Genies beschränkt. Obwohl die meisten genetischen Effekte als additiv betrachtet werden – was für viele physische Merkmale wie die Körpergröße auch zutrifft –, finden die Genetiker zunehmend Belege für epistatische genetische Effekte auf das Verhalten, die innerhalb der normalen Variabilität liegen. Mit anderen Worten, ein Teil der Unterschiede, die wir zwischen Geschwistern feststellen, ist auf genetisches Glück zurückzuführen.

Eine komplexere Sichtweise des Faktors Glück kann analog zu diesen Überlegungen als umweltbedingte Epistasis betrachtet werden. Im Laufe unseres Lebens sind wir von einer Unzahl möglicher Umwelteinflüsse umgeben. Es gibt einige bedeutsame Ereignisse, die den Auswirkungen einzelner Gene entsprechen, doch die meisten Effekte sind nicht sehr ausgeprägt. Wie bei der additiven genetischen Varianz werden die Menschen von den meisten Umweltveränderungen in gleicher Weise beeinflußt. Das zufällige Zusammentreffen einzelner Umweltelemente kann jedoch zu einzigartigen Kombinationen führen, die außergewöhnliche Wirkungen zeigen. Das ist gemeint, wenn wir von umweltbedingter Epistasis sprechen. Der Junge aus unserer Cambridge-Studie, der so unter den Einbrüchen, Autounfällen und dem Tod seines Großvaters zu leiden hatte, kann nach unserer Auffassung als ein Opfer umweltbedingter Epistasis betrachtet werden.

In einem Buch von Dean Simonton, der an der Universität von Kalifornien in Davis lehrt, wird eine »Zufalls-Konfigurations«-Theorie vorgeschlagen, in der das zufällige Zusammentreffen (die Konfiguration) zahlreicher »mentaler Elemente« hervorgehoben wird, die manchmal zu bedeutenden wissenschaftlichen Entdeckungen führt. Der Zufall spielt sich bei dieser Theorie im Kopf ab und bezieht sich nicht auf zufällige Ereignisse oder Erfahrungen, aber die Parallelen zur Epistatis sind auffallend.

Auch die Chaostheorie ist für diese Annahme einer umweltbedingten Epistasis relevant. Wie bereits erwähnt, bemüht sich die Chaostheorie, Ordnung in der Unordnung zu finden. Etwas präziser formuliert ist die Chaostheorie Teil der Erforschung nichtlinearer (interaktiver und nicht-additiver) dynamischer Systeme, für die das Wetter das bekannteste Beispiel ist. Eine der zentralen Annahmen, die zu dem explosionsartig anwachsenden Interesse an der Chaostheorie beitrug, war die These der *sensiblen Reaktion auf Veränderung der Anfangsbedingungen*. In traditionellen linearen Systemen führt eine kleine Veränderung zu einer entsprechend geringen Veränderung des Ergebnisses. So führt z. B. die Erhitzung von Wasser zwischen 0 und 100 Grad Celsius zu einer linearen Erhöhung der Temperatur; an diesen beiden Punkten jedoch führt eine kleine Differenz in der Temperatur zu einem drastischen Unterschied im Aggregatzustand des Wassers – ein nichtlinearer, dynamischer Effekt. In nichtlinearen Systemen können kleine, anscheinend triviale Inputdifferenzen zu gigantischen Outputdifferenzen führen. Nur halb scherzhaft ist dies als der »Schmetterlingseffekt« bezeichnet worden, in dem Sinne, daß das Schlagen eines Schmetterlingsflügels heute in Chicago ein Sturmtief über New York im nächsten Monat beeinflussen kann. Chaotische Systeme sind nicht vorhersagbar, jedoch in ihren unregelmäßigen Mustern stabil. Die genaue Bahn eines flußabwärts treibenden Blattes, das in die Turbulenzen eines Felsens im Strom gerät, kann nicht vorhergesagt werden, aber bei dem scheinbar zufälligen Muster der Wellen, die das Blatt tragen, handelt es sich um ein System, das den einfachen Gesetzen der Mechanik von Flüssigkeiten folgt. Manche Ereignisse, die für uns wie Zufälle aussehen, könnten – wie das Chaos – zwar nicht vorhersagbar, aber geordnet sein. Selbst wenn das Chaos nicht mehr sein sollte als eine Metapher, die uns an die Bedeutung nicht-linearer dynamischer Systeme erinnert, so kann es uns doch für unsere Überlegungen zum Faktor Zufall von Nutzen sein.

178

Wir möchten diese Überlegungen noch einen Schritt weiter führen: Zufall heißt nicht nur, zur rechten Zeit am rechten Ort (oder zur falschen Zeit am falschen Ort) zu sein. Die Auswirkungen einer bestimmten Konstellation von Ereignissen hängen von der Person ab – davon, ob die richtige Person zur richtigen Zeit am richtigen Ort ist. Newton war nicht der erste, der einen Apfel vom Baum fallen sah, aber er sah in diesem Ereignis eine neue Bedeutung, weil es sich in seine Überlegungen zur Schwerkraft einfügte (und sicherlich auch, weil er einer der klügsten Menschen war, die jemals gelebt haben). Mit anderen Worten, es kann eine Interaktion von umweltbedingter und genetischer Epistasis geben.

Es dürfte schwierig sein, den Auswirkungen des zufälligen Zusammentreffens von Ereignissen nachzuspüren, das wir als umweltbedingte Epistasis bezeichnet haben. Aus Biographien und Längsschnittstudien könnten sich jedoch Möglichkeiten ergeben, im Leben des einzelnen solche Wirkfaktoren zu erkennen. In Biographien und vereinzelten Forschungsarbeiten zeigt sich, daß der Zufall einen wesentlichen Faktor beim Entstehen von Geschwisterunterschieden darstellt. Obwohl der Zufall nicht vorhersagbar ist, bedeutet dies nicht, daß wir ihn nicht untersuchen können oder daß der Begriff lediglich unser Unwissen bezeichnet. Wir können zahlreiche Prozesse beschreiben, auch wenn wir ihr Auftreten nicht vorhersagen können. Wir wissen viel über Elektronen, obwohl die Heisenbergsche Unschärferelation besagt, daß Elektronen grundsätzlich unvorhersagbar sind: Wir können die Geschwindigkeit oder die Position eines Elektrons bestimmen, jedoch nicht beides, weil der Akt der Beobachtung des einen Parameters den anderen verändert.

Die ersten Schritte zum Verständnis zufälliger Lebensereignisse, die zu den Unterschieden zwischen Geschwistern beitragen, sind getan. Es ist nicht ohne Bedeutung, zu wissen, daß manche Ereignisse, die wie Zufall aussehen, nicht wirklich Zufall sind und sogar von den genetischen Eigenschaften der jeweiligen Person abhängen können. Wir müssen die Rolle des Zufalls bei der Entstehung von Geschwisterdifferenzen näher untersuchen, doch genauso wichtig kann umgekehrt die Geschwisterforschung dafür sein, unser Verständnis der Auswirkungen des Zufalls auf die Entwicklung zu vertiefen. Wenn wir außerdem über die einzelnen großen Lebensereignisse hinausgehen und das Zusammentreffen kleinerer Ereignisse analysieren, das wir als umweltbedingte Epistasis bezeichnet haben, so wird uns dies dabei helfen, die Feinheiten des Beitrags der Umwelt zu den unterschiedlichen Leben innerhalb derselben Familie besser zu verstehen.

Kapitel 8
Schlußfolgerungen

Eines ist klar: Geschwister, die in derselben Familie aufwachsen, sind sehr verschieden. Auf einem so komplexen Gebiet wie den Verhaltenswissenschaften kommt es selten vor, daß sich so klare und konsistente Belege für einen Befund finden, der unser Denken über ein so grundlegendes Thema wie den Einfluß der Familie auf die Entwicklung radikal verändert. Wie oft sind wir davon ausgegangen – sei es als Eltern, Therapeuten oder Psychologen –, daß die wesentlichen Einflüsse auf die kindliche Entwicklung von den Kindern in ähnlicher Weise erlebt werden: die Persönlichkeiten der Eltern und die Erfahrungen der Kindheit, die Qualität der elterlichen Ehe, die Ausbildung der Kinder, die Nachbarschaft, in der sie aufwachsen, die Einstellung der Eltern zur Schule oder zu erzieherischen Maßnahmen. Das ist eine lange Liste, aber jeder der aufgezählten Faktoren scheint auf jedes einzelne Kind innerhalb einer Familie zu wirken. Doch in dem Maße, wie diese Faktoren gemeinsam wirken, können sie für die Unterschiede, die wir im Ergebnis der kindlichen Entwicklung sehen, nicht verantwortlich sein. Und diese Entdeckung zeigt uns nicht nur, was an unseren bisherigen Erklärungsansätzen zur kindlichen Entwicklung falsch ist, sondern weist uns auch in die richtige Richtung: Wir müssen herausfinden, welche Umweltfaktoren zwei in derselben Familie aufwachsende Kinder voneinander verschieden machen. Dies ist der Schlüssel zum Verständnis des Einflusses der Umwelt auf die kindliche Entwicklung allgemein, nicht nur auf die von Geschwistern.

Das erste Kapitel dokumentierte die auffallenden Unterschiede zwischen Geschwistern innerhalb derselben Familie sowohl in körperlicher als auch in psychischer Hinsicht. Kapitel 2 faßte die Ergebnisse von Zwillings- und Adoptionsstudien zusammen, die zum einen zeigen, daß genetische Faktoren für familiäre Ähnlichkeiten verantwortlich sind, und zum anderen belegen, daß genetische Faktoren nur einen kleinen Teil der Unterschiede zwischen Geschwistern erklären können. Kapitel 3 vervollständigte unsere Argumentation zur Bedeutung nicht-gemeinsamer Umwelten: Es sind die nicht-genetischen Faktoren, die primär für die Unterschiede zwischen Geschwistern verantwortlich sind. Tatsächlich verhält es sich so, daß der einzige Weg, auf dem Umweltfaktoren die Entwicklung der Persönlichkeit und der Psychopathologie von Kindern beeinflussen können, darin besteht, Geschwister verschieden und nicht einander ähnlich zu machen. Die Einflüsse von Erfahrungen dieser Art werden als *nicht-gemeinsam* bezeichnet.

In den restlichen Kapiteln des Buches wurden Einflußfaktoren skizziert, die zur Antwort auf die Frage beitragen könnten, warum Kinder innerhalb derselben Familie so verschieden sind. Zu diesen Faktoren gehören unterschiedliche Beziehungen zwischen Eltern und Kindern, unterschiedliche Erfahrungen innerhalb der Geschwisterbeziehung, die Auswirkungen des Aufwachsens mit einem Menschen, der ganz anders ist als man selbst, Einflüsse von außerhalb der Familie und schließlich der Zufall. Obwohl es noch viel zu früh ist, um im Rahmen dieses Forschungsprogramms sagen zu können, wie bedeutsam jeder einzelne dieser nicht-gemeinsamen Umweltfaktoren für bestimmte Entwicklungsergebnisse sein könnte, existieren doch in den in Kapitel 4 bis 7 dargestellten Forschungsarbeiten genug Hinweise darauf, daß jeder dieser Bereiche einen Beitrag zur Entstehung von Geschwisterdifferenzen leistet. Das bedeutet, daß wir bei der Suche nach den Ursprüngen individueller Unterschiede nicht danach fragen sollten, ob es sich bei dem wesentlichsten nicht-gemeinsamen Umweltfaktor um die Eltern oder die Geschwister oder die außerfamiliäre Umgebung oder den Zufall handelt. Nein, wir sollten danach fragen, in welchem Maße ein bestimmtes Entwicklungsergebnis von jedem dieser Bereiche, von den vielen Einzelfaktoren innerhalb dieser Bereiche und von den Kombinationen dieser Bereiche beeinflußt wird. Um den Einfluß unterschiedlicher Erfahrungen mit der Mutter zu erforschen, analysierten wir die Auftretenshäufigkeit von Problemverhalten und depressiven Stimmungen in einer Stichprobe von Siebenjährigen (siehe Kapitel 4). Unterschiede in den Beziehungen der Mütter zu ihren beiden Kindern trugen signifikant zu diesem negativen Entwicklungsergebnis bei. Als Beispiel für den Einfluß unterschiedlicher Erfahrungen innerhalb der Geschwisterbeziehung führten wir in Kapitel 5 an, daß das Selbstwertgefühl eines Kindes wesentlich von einem ausgewogenen Verhältnis zwischen selbst gezeigter und vom anderen erlebter Feindseligkeit innerhalb der Geschwisterbeziehung beeinflußt wurde. Es war also nicht die »absolute« Menge an Feindseligkeit und Kritik seitens des Geschwisters, die das Selbstbild der Kinder beeinflußte, sondern die »relative« Menge: Geschwister, die mehr Feindseligkeit »einstecken« mußten, als sie selber »austeilten«, fühlten sich schlechter als Kinder, bei denen es sich umgekehrt verhielt.

Die Berücksichtigung dieser beiden Einflußfaktoren ist jedoch nur ein erster Schritt. Die Suche nach nicht-gemeinsamen Umwelteinflüssen ist wahrscheinlich noch sehr viel komplizierter als die Erforschung der gemeinsamen Auswirkungen dieser beiden Faktoren. Zum einen sollten wir nicht erwarten, zahlreiche einfache Eins-zu-eins-Verknüpfungen zwischen unterschiedlichen Erfahrungen von Geschwistern und unterschiedlichen Entwicklungsergebnissen zu finden. Entwicklungsprozesse laufen auf zahlreichen, miteinander interagierenden Ebenen ab, und das Muster der wechselseitigen Einflüsse spielt in der Familie eine entscheidende Rolle. Wie sich ein Elternteil gegenüber einem Kind verhält, ist, wie wir wissen, damit verknüpft, wie dieses Kind sich gegenüber seinen Geschwistern verhält. Die Persönlichkeit und das Selbstwertgefühl jedes Kindes beeinflußt jede dieser Beziehungen und wird seinerseits wahrscheinlich von jeder beeinflußt. Es handelt sich um ein komplexes Netzwerk von

Einflußfaktoren, das sich zudem oft verändert – komplex genug, um nach unserem Gefühl auch die wagemutigsten Forscher abzuschrecken. Doch allmählich sind wir zu mehr imstande, als uns nur über diese Komplexität zu beklagen, indem wir einzelne Themen und Einflußmuster herausgreifen und so diese geradezu detektivische Arbeit erst ermöglichen.

Zweitens ist es wahrscheinlich, daß die Wahrnehmung von Ereignissen und Beziehungen von großer Bedeutung ist, und zwar insbesondere innerhalb des intensiven, gefühlsbetonten Kontextes der Familie. Bis jetzt wissen wir noch nicht allzuviel über die Art und das Ausmaß solcher Wahrnehmungen und über ihre Rolle im Entwicklungsprozeß. Die bisherigen Forschungsergebnisse legen es jedoch nahe, daß die Wahrnehmung und die Reaktionen der Kinder auf die Beziehungen, Gefühle und Persönlichkeiten anderer Familienmitglieder und der (innere und öffentliche) Vergleich des eigenen Verhaltens und der eigenen Beziehungen mit denen anderer durchaus einen Einfluß auf den Entwicklungsprozeß haben.

Wie wir in den Kapiteln 1 und 4 beschrieben haben, zeigt sich in den Autobiographien von Schriftstellern immer wieder deren Sensibilität für solche Wahrnehmungs- und Vergleichsprozesse. Erinnern wir uns an die Geschwister Sitwell, die ihre jeweiligen Beziehungen zur Mutter mit denen der Geschwister zu derselben (aber zugleich ganz anderen) Mutter verglichen; oder an Mark Twain, wie er sein eigenes und das Verhältnis seines Bruders Henry zu ihrer Mutter beschrieb (Tom Sawyer, Sid und Tante Polly). Und Vladimir Nabokov äußert sich in *Erinnerung, sprich*[1] so über seinen Bruder Sergei und sich selbst: »Ich war derjenige, der verhätschelt wurde; er war der Zeuge meines Verhätscheltwer-

---

[1] Vladimir Nabokov: Erinnerung, sprich (Wiedersehen mit einer Autobiographie). Gesammelte Werke Bd. 22. Deutsch von Dieter E. Zimmer. Reinbek: Rowohlt, 1991

dens«. Oder nehmen wir Simone de Beauvoir, die ihre Beziehung zu ihren Eltern mit der ihrer Schwester Poupette vergleicht:

> Auf den zweiten Platz verwiesen, mußte sich »die Kleine« fast überflüssig fühlen. Ich war für meine Eltern ein neues Erlebnis gewesen; meine Schwester hatte weit größere Mühe, sie in Staunen zu setzen oder aus der Fassung zu bringen; mich hatte man noch mit niemand verglichen, sie aber verglich ein jeder mit mir.[2]

Die Unterschiede in den Beziehungen der Schwestern zu Erwachsenen gingen, wie Simone erkannte, über die Grenzen der Familie hinaus und erstreckten sich auch auf den Bereich der Schule:

> ... was Poupette auch [im Cours Désir, ihrer Schule] tat, der Abstand der Zeit, die Sublimierung durch die Legende wollte, daß mir alles besser geglückt war als ihr; kein Bemühen, kein Erfolg verhalfen ihr jemals dazu, sich gegen mich durchzusetzen. Als Opfer eines ungreifbaren Fluches litt sie und saß am Abend oft weinend auf ihrem Stühlchen. Man warf ihr ihr mürrisches Wesen vor: es entstammte einzig und allein ihrem Minderwertigkeitsgefühl.[3]

Aus den Ergebnissen systematischer Forschung ergibt sich das gleiche Bild, seien es Helen Kochs Interviews mit Fünf- und Sechsjährigen oder unsere eigenen Studien von Kindern der heutigen Zeit. Es ist die subjektive Bedeutung der familiären Beziehungen für jedes einzelne Kind, die uns durch die

---

[2]   Simone de Beauvoir, Memoiren einer Tochter aus gutem Hause. Aus dem Französischen von Eva Rechel-Mertens. Reinbek: Rowohlt 1969, S. 42.
[3]   ebd.

Forschungen zu nicht-gemeinsamen Umwelten besonders deutlich wird. Und diese neue Betonung des Kindes-als-Familienmitglied verbindet sich mit den neuesten Erkenntnissen über die Differenziertheit des familiären sozialen Verständnisses von Kindern.

Die Subtilität dieses Verständnisses führt uns zu einem dritten Punkt. Es ist möglich – ja sogar wahrscheinlich – daß die genannten Einflußprozesse in sehr subtiler Weise ablaufen. Als Psychologen, die zahlreiche Personen untersuchen und sich bemühen, dies mit standardisierten Methoden zu tun, reduzieren wir unvermeidlich die Feinheiten von Beziehungen und die Momente der Einsicht, des Zwangs oder der Spannung, die das Leben von Kindern formen, auf eine begrenzte Anzahl plumper Kategorien. Vereinfachungen dieser Art bedeuten möglicherweise, genau das nicht erfassen zu können, was im familiären Leben von Kindern wichtig ist. Wir können viel lernen aus dem Verständnis und der Erforschung von Lebensläufen und Beziehungen und der formenden Einflüsse in der kindlichen Erfahrung, wie wir es bei unseren Schriftstellern sehen. Natürlich werden wir nie die Subtilität von Virginia Woolfs Beschreibung der Reaktion des Kindes auf seinen Vater in *Zum Leuchtturm* erreichen, oder Tolstois tiefes Verständnis der Höhen und Tiefen im Leben einer jungen Mutter, aber die Aufschlüsse, die wir hier erhalten, sollten zumindest unsere eigene Sichtweise erweitern. Wir brauchen die Erleuchtung durch diese »Epiphanien des Gewöhnlichen«, um Joyce' Formulierung zu verwenden. Solange wir nicht die Subtilität dieser Beschreibungen anerkennen, werden wir möglicherweise bei der Beschreibung nicht-gemeinsamer Erfahrungen keine Fortschritte machen.

Wie können wir auf dem Wege zu einer subtileren Beschreibung der wichtigen Prozesse in einer Familie vorankommen? Weiter unten werden wir uns dafür aussprechen, genauer auf die Sichtweisen der familiären Ereignisse zu hören, wie sie von Kindern und Eltern geäußert werden – also dafür, die Wahrnehmungen der Familienmitglieder sehr ernst zu nehmen, und darüber hinaus für die verstärkte Durchführung von Untersuchungen in natürlicher Umgebung.

Diese neue Orientierung auf Nicht-Gemeinsames bei der Erforschung von Entwicklungsprozessen macht es nicht erforderlich, die traditionellen Ansätze der Erforschung familiärer Prozesse aufzugeben. Eher verhält es sich so, daß diese Ansätze eine radikal veränderte Richtung erhalten, die sich nicht mehr auf Unterschiede zwischen, sondern auf Unterschiede innerhalb von Familien konzentriert. Aus dieser neuen Perspektive erkennen wir erst die Implikationen, die die Theorie nicht-gemeinsamer Umwelten für Forscher, Kliniker und Eltern hat. Wenn die Auswirkungen der Umwelt in der jeweils einzigartigen Welt der in einer Familie aufwachsenden Kinder zu suchen sind, dann müssen Forschungs- und Therapieansätze neu gefaßt, Programme der Vorschulerziehung und Interventionen mit dem Ziel der Verhinderung psychischer Erkrankungen neu durchdacht und Bücher über Kindererziehung in weiten Teilen neu geschrieben werden. Die Bedeutung der Theorie nicht-gemeinsamer Umwelten liegt in ihrer Implikation, daß die Umweltfaktoren, die die Entwicklung individueller Differenzen vorantreiben, in den spezifischen und wahrscheinlich sehr feinen Unterschieden zu sehen sind, die von Kindern, die in derselben Familie aufwachsen, wahrgenommen oder erfahren werden. Im verbleibenden Teil des Kapitels werden wir uns mit diesen Implikationen befassen.

Die in diesem Buch aufgeführten Argumente und Belege sind erst der Anfang der Geschichte. Der überraschende Befund, von dem wir ausgingen, war die Unwichtigkeit der gemeinsamen Umwelteinflüsse für die Entwicklung von Persönlichkeit und Psychopathologie. In diesem Buch soll jedoch nicht die Ansicht vertreten werden, daß geteilte Erfahrungen für alle Aspekte der Entwicklung bedeutungslos sind. Schon jetzt ist klar, daß gemeinsame Umwelteinflüsse für einige Bereiche der kindlichen Entwicklung sehr wichtig sind, und zwar insbesondere für die kognitive Entwicklung und die schulischen Leistungen in der Kindheit (jedoch nicht später), für körperlich aggressives Verhalten und für bestimmte Bereiche delinquenten Verhaltens. Die Arbeiten von Gerry Patterson und seinen Mitarbeitern in Oregon haben gezeigt, daß es hinsichtlich aggressiven Verhaltens eine beträchtliche Ähnlichkeit zwischen Geschwistern gibt, wobei dieses aggressive Verhalten von den Geschwistern und ihren Eltern durch spiralförmige Muster zwangausübender Interaktion »geformt« wird. Für andere Persönlichkeitseigenschaften ist die relative Bedeutsamkeit gemeinsamer und nicht-gemeinsamer Erfahrungen noch nicht bekannt, einfach weil sie noch nicht untersucht worden sind.

Eine weitere Einschränkung ist darin zu sehen, daß wir Umweltfaktoren nicht als entweder gemeinsam oder nicht-gemeinsam ansehen. Im Gegenteil: Wir nehmen an, daß jeder beliebige Umweltfaktor sowohl gemeinsam als auch nicht-gemeinsam sein kann, und wir betrachten es als eine wesentliche Implikation der »nicht-gemeinsamen« Perspektive, Geschwisterstudien mit dem Ziel durchzuführen, auf empirischem Wege den gemeinsamen und nicht-gemeinsamen Anteil eines bestimmten Umweltfaktors zu bestimmen.

Eine letzte Einschränkung betrifft Differenzen zwischen Gruppen, insbesondere zwischen sozialen Schichten. Bei Vorträgen und Seminaren zum Thema nicht-gemeinsamer Umwelteinflüsse begegnen wir häufig dem folgenden Einwand: Wie kann die Bedeutung nicht-gemeinsamer Umwelten mit der umfassenden Bedeutung vereinbart werden, die die soziale Schicht für die Entwicklung hat? Schließlich haben Geschwister die soziale und ökonomische Herkunft ihrer Eltern gemeinsam. Hinsichtlich solcher Gruppendifferenzen gilt es einige Punkte zu beachten. Am wichtigsten ist, daß mittlere Gruppendifferenzen nur selten zur Erklärung größerer Varianzanteile herangezogen werden können. Solche Gruppendifferenzen repräsentieren oft statistisch signifikante Effekte, die jedoch keine soziale Signifikanz besitzen, weil die Varianz innerhalb der Gruppen weit größer ist als die mittlere Differenz zwischen den Gruppen. Für die im Rahmen unserer Argumentation wichtigsten Entwicklungsergebnisse – Persönlichkeit und Psychopathologie – existieren nur wenige klare Belege für Schichtdifferenzen. Hinsichtlich des Intelligenzquotienten, bei dem Vergleiche zwischen sozialen Schichten die meiste Aufmerksamkeit erregt haben, sollte man bedenken, daß die mittlere IQ-Differenz zwischen Geschwistern innerhalb derselben Familie 14 IQ-Punkte beträgt, wohingegen die mittlere IQ-Differenz zwischen sozialen Schichten – unabhängig von der ethnischen Zugehörigkeit – gerade einmal 6 Punkte ausmacht. Aus diesem Grunde sind wir auf Gruppendifferenzen nicht ausführlich eingegangen. Zweifellos könnten mittlere Gruppendifferenzen wie z. B. Schichtunterschiede mit Gewinn aus der Perspektive nicht-gemeinsamer Umwelteinflüsse untersucht werden. In nahezu allen Forschungsarbeiten ist bisher davon ausgegangen worden, daß ein anscheinend gemeinsamer Umweltfaktor wie die soziale Schicht sich in gleichem Maße auf die Kinder einer Familie auswirkt. Doch die Auswirkungen eines jeden scheinbar die Familie im ganzen betreffenden Faktors – sei es soziale Schicht, Streit innerhalb der Familie oder psychische Vernachlässigung – können nicht-gemeinsam sein, wenn sich dieser Faktor aufgrund von Unterschieden in der Persönlichkeit, im Alter oder in den Erwartungen der Geschwister in verschiedener Weise auf diese auswirkt. Was wir brauchen, sind Untersuchungen derjenigen Prozesse, in denen sich diese anscheinend allgemeinen Faktoren auf Kinder auswirken – und in denen sie sich auf Geschwister innerhalb derselben Familie unterschiedlich auswirken.

Konsequenzen für das Verständnis des Entwicklungsprozesses

Welche Konsequenzen hat diese neue Auffassung der Art und Weise, wie sich Erfahrungen auf Kinder auswirken, für unser Verständnis des Entwicklungsprozesses? Zunächst ist darin eine starke Betonung der Bedeutung nicht-genetischer Einflüsse auf die Entwicklung zu erkennen. Das sollte der Forschung zu Umwelteinflüssen auf die Entwicklung neue Impulse geben. Diese Forschungsrichtung ist im letzten Jahrzehnt fast vollständig zum Erliegen gekommen – zumindest soweit es die Entwicklung der Psychopathologie betrifft –, weil es ihr nicht gelang, aussagekräftige und replizierbare Ergebnisse zu erzielen und sie von den eleganten High-Tech-Methoden der Biologie quasi überholt wurde. Die zunehmende Akzeptanz der Bedeutung genetischer Einflüsse und die Hoffnung, mittels neuer genetischer Techniken, die rekombinante DNS verwenden, die »schuldigen« Gene zu finden, hat es besonders auf dem Gebiet psychischer Erkrankungen schwierig gemacht, Unterstützung für die Erforschung nicht-genetischer Faktoren zu erhalten. Vor fünfzehn Jahren war die wesentliche Erkenntnis, daß genetische Faktoren nahezu alle Bereiche der Entwicklung beeinflussen. Heute lautet die Botschaft, daß Entwicklung in keiner Weise vollständig genetisch determiniert ist. Eine Konkordanz von 40 Prozent für Schizophrenie bei eineiigen Zwillingen paßt in das Bild signifikanter und starker genetischer Einflüsse bei schizophrenen Erkrankungen, doch zugleich tritt bei mehr als der Hälfte genetisch identischer Zwillinge Schizophrenie nicht »paarweise« auf – eine Tatsache, die nur auf nicht-genetische Einflüsse zurückgeführt werden kann, insbesondere auf nicht-gemeinsame Umwelteinflüsse. Ein klareres Verständnis der Art und Weise, wie Umwelteinflüsse auf Kinder wirken, wird also dazu beitragen, eine ausgewogenere Balance zwischen umweltorientierter und genetisch orientierter Forschung wiederherzustellen.

190

Eine zweite allgemeine Implikation ist, daß diese neue Perspektive relativ einfach in verschiedene theoretische Rahmenvorstellungen der Entwicklungsforschung integriert werden kann. Es ist nicht notwendig, als Forscher auf dem Gebiet nicht-gemeinsamer Umwelteinflüsse »wiedergeboren« zu werden, um diejenigen spezifischen Faktoren identifizieren zu können, die in derselben Familie aufwachsende Kinder so unterschiedlich machen. Die dazu notwendigen Studien ergeben sich in ganz natürlicher Weise aus jedem Forschungsprogramm, das sich mit Entwicklungsprozessen beschäftigt. Die Suche nach Prozessen, durch die sich Kinder innerhalb derselben Familie unterschiedlich entwickeln, kann aus der Perspektive jeder psychologischen Theorie betrieben werden – ob es sich um lernpsychologische, psychoanalytische, Piagetsche, ethologische, biopsychologische oder soziopsychologische Theorien handelt. Alle sind relevant und können einen Beitrag leisten. Der Schlüssel liegt darin, mehr als ein Kind in jeder Familie einzubeziehen. Der allergrößte Teil der Studien, die gegenwärtig die Entwicklung eines Kindes pro Familie zwischen verschiedenen Familien vergleichen, kann allein durch die Einbeziehung eines weiteren Kindes in jeder Familie in Richtung auf die Aufdeckung nicht-gemeinsamer Einflußfaktoren erweitert werden. Dadurch wird es möglich, das Ausmaß der Unterschiede zwischen verschiedenen Geschwistern zu erfassen, die umweltbezogenen Ursachen dieser Unterschiede zu erforschen und nach unterschiedlichen Umwelten der Geschwister zu suchen, die Geschwisterunterschiede im Entwicklungsergebnis erklären können. Um noch einmal zu erklären, welche Bedeutung es hat, diesen Ansatz zu verfolgen: Umweltfaktoren können langfristig für die Entwicklung der Persönlichkeit oder der Psychopathologie nur unter der Voraussetzung bedeutsam sein, daß sie in bezug auf Geschwister innerhalb derselben Familie unterschiedlich sind.

Bei der dritten Implikation geht es um die Notwendigkeit,

Meßverfahren und Meßgrößen für nicht-gemeinsame Umwelteinflüsse zu entwickeln, deren Fehlen gegenwärtig das Haupthindernis für das Fortschreiten der Forschung darstellt. Wenn Umweltmaße bei der Untersuchung der wesentlichen entwicklungsrelevanten nicht-gemeinsamen Erfahrungen nützlich sein sollen, müssen sie in dreierlei Hinsicht verbessert werden. Zum einen verfügen wir zwar über zahlreiche Maße des *Entwicklungsergebnisses*, bei denen sich Unterschiede zwischen Geschwistern zeigen, doch wir benötigen Maße der *Umwelt*, die Erfahrungen erfassen können, die für jedes Kind innerhalb der Familie spezifisch und nicht gemeinsam sind. Da die umweltorientierte Forschung so grundsätzlich von der zwar plausiblen, jedoch falschen Annahme ausging, daß Umwelteinflüsse sich jeweils auf die gesamte Familie auswirken, beziehen sich die meisten Maße der familiären Umgebung auf die Familie im ganzen und nicht auf das einzelne Kind. Es ist offensichtlich, daß eine Variable wie der Bildungsgrad der Eltern nur für Untersuchungen sinnvoll ist, die auf Vergleichen zwischen Familien beruhen. Solche allgemeinen Maße beziehen sich auf Faktoren, die von den Geschwistern innerhalb einer Familie gemeinsam erlebt werden und die insofern für die Entwicklung individueller Unterschiede so lange nicht bedeutsam sein können, wie wir ihre möglicherweise unterschiedlichen Auswirkungen auf jedes Kind nicht berücksichtigen. Andere Variablen, die nach den Maßstäben des gesunden Menschenverstandes wichtig sein dürften – wie etwa die mütterliche Zuneigung –, werden oft in einer auf die Familie als ganze bezogenen Weise erhoben (»Wie liebevoll zeigt sich die Mutter gegenüber ihren Kindern?«). Ein Maß, daß sich in dieser Weise auf die Familie als ganze bezieht, kann jedoch keinen Beitrag zur Beantwortung von Fragen nach nicht-gemeinsamen Einflüssen leisten.

Maße, die sich auf ein bestimmtes Kind beziehen (»Wie liebevoll verhält sich die Mutter gegenüber diesem Kind?«), können auf gemeinsame Einflüsse verweisen: Eine Mutter, die sich im Vergleich zu anderen Müttern gegenüber einem Geschwister besonders liebevoll verhält, könnte sich auch gegenüber dem anderen Kind besonders liebevoll zeigen. Das ist eine empirisch zu klärende Frage. Wenn wir genauer hinsehen, stellen sich oft bedeutsame Unterschiede in der von Müttern gezeigten Zuneigung heraus (siehe Kapitel 4). Durch Geschwisteruntersuchungen können Umweltmaße isoliert werden, die sich nur auf ein Kind beziehen und die die anderen Geschwistern in der Familie nicht betreffen.

Dabei ist immer zu bedenken, daß Umweltfaktoren, die Unterschiede innerhalb von Familien verursachen, unabhängig von solchen Faktoren wirken können, die Unterschiede zwischen Familien verursachen – und dies selbst dann, wenn es, wie im Falle elterlicher Zuneigung, um das gleiche allgemeine Thema geht. Kinder kennen im Grunde nur ihre eigenen Eltern. Es ist unwahrscheinlich, daß sie sich darüber im klaren sind, ob ihre Eltern sie mehr oder weniger lieben, als Eltern in anderen Familien ihre Kinder lieben. Es ist ihnen jedoch wahrscheinlich sehr schmerzhaft bewußt, wenn ihnen ihre Eltern weniger Zuneigung entgegenbringen als ihren Geschwistern. In ähnlicher Weise dürften sie wenig darüber wissen, wie sich das Erziehungsverhalten ihrer Eltern von dem anderer Eltern unterscheidet, aber sie werden sich sehr wohl möglicher Unterschiede in dieser Hinsicht zwischen den Geschwistern bewußt sein. Je mehr wir über die Emotionen und über die Verständnisfähigkeiten von Kindern lernen, desto deutlicher wird uns, wie genau beobachtet und wie wichtig Charles Dickens' Aussagen über die kindliche Wahrnehmung von Ungerechtigkeit waren, die wir in Kapitel 4 erwähnt hatten.

Die Wichtigkeit der kindlichen Wahrnehmung bringt uns zu einem zweiten Bereich, in dem neue Maße notwendig sind. Wir haben wiederholt angemerkt, daß die Geschwister innerhalb einer Familie dasselbe Ereignis unterschiedlich wahrnehmen können. Wir nehmen an, daß die kindliche Wahrnehmung von Ereignissen für die Entwicklung der

Kinder möglicherweise wichtiger ist als das »wirkliche« Ereignis. Erfahrung ist Umwelt, so wie sie wahrgenommen wird. Die Probleme bei der Beschreibung und Messung von Wahrnehmungen – insbesondere derjenigen von Kindern – und das Bedürfnis nach wissenschaftlicher Präzision haben die Forscher auf dem Gebiet der kindlichen Entwicklung dazu gebracht, sich auf die äußere, »objektive« Umgebung zu konzentrieren und nicht auf das subjektive Erleben von Umwelteinflüssen. Wir würden dagegen argumentieren, daß die unterschiedlichen Wahrnehmungen der Umgebungen innerhalb und außerhalb der Familie wahrscheinlich eine wesentliche Quelle der bedeutsamen nicht-gemeinsamen Einflüsse darstellen, die die Persönlichkeiten, das Verhalten und die Beziehungen der Geschwister prägen.

Schließlich benötigen wir drittens Maße für die Art und Weise, in der sich Kinder aktiv in ihrer Umwelt engagieren, sie auswählen und konstruieren. Die Entwicklungsforschung ist schon lange von der Vorstellung abgekommen, daß das Kind lediglich ein passiver Behälter für die Einflüsse der Umwelt sei. Seit Piaget ist immer wieder überzeugend dafür argumentiert worden, daß Kinder sich aktiv ihre eigenen Welten erschaffen, indem sie bestimmte Umwelten auswählen oder sogar neu entstehen lassen und indem sie den Einfluß der Umwelt modifizieren. Doch wie messen wir diese aktive »Konstruktion« der für ein Kind wichtigen Umgebung? Hier hat es kaum Fortschritte gegeben, obwohl es in Forschungsarbeiten zur Sprachentwicklung einige interessante Hinweise gibt. Die Lücke zwischen den theoretischen Vorstellungen und den Methoden, mit denen sie getestet werden können, ist unangenehm groß. Bei unseren Umweltmaßen hat sich der Übergang vom passiven zum aktiven Modell der Entwicklung noch nicht vollzogen, doch wir nehmen an, daß sich mit solchen aktiven Umweltmaßen sehr viel eher die wesentlichen Ursprünge nicht-gemeinsamer Umwelten erfassen lassen.

Konsequenzen für Kliniker

Vielen Klinikern ist die Vorstellung sehr vertraut, daß die einzelnen Familienmitglieder die Vorgänge in der Familie unterschiedlich wahrnehmen und die Bedeutung des Verhaltens der anderen Familienmitglieder unterschiedlich beurteilen. Das gilt auch für die Annahme, daß die Beziehungen von Kindern zu ihren Geschwistern, ihr Selbstwertgefühl, ihr Verhalten und ihre Selbstsicherheit von der Qualität anderer Beziehungen innerhalb der Familie beeinflußt werden. Insbesondere in der Familiensystemtheorie finden sich Annahmen, die eindeutig auf der Linie unserer Argumentation liegen, sich auf nicht-gemeinsame Erfahrungen innerhalb der Familie zu konzentrieren: Die Familiensystemtheorie betont die einmalige Stellung jedes Individuums innerhalb der familiären Subsysteme. Ein Kind nimmt in der Beziehung zu einem Geschwister innerhalb des Geschwister-«Subsystems» eine einmalige Position ein, genauso wie als Sohn oder Tochter im Subsystem der Beziehung zum Vater. Daraus folgt, daß Geschwister die Beziehungen und Persönlichkeiten in dieser Familie unterschiedlich wahrnehmen. Die Familiensystemtheorie betont auch die Bedeutung des »Feedback«. So kann z. B. ein unbedeutendes Problem, das Geschwister B im Verhalten von Geschwister A gegenüber B wahrnimmt, zu feindseligerem Verhalten von B gegenüber A führen, woraufhin sich A seinerseits feindseliger gegenüber B verhält. Diese Eskalation feindseligen Verhaltens innerhalb des Geschwister-»Subsystems« kann ihrerseits Auswirkungen auf die Beziehung der Eltern haben, und die dadurch entstandenen Spannungen können wiederum die beiden Geschwister beeinflussen. Die Bedeutung dieser Feedback-Schleifen für unsere gegenwärtige Argumentation liegt in der Annahme, daß geringfügige Unterschiede in der Erfahrung des einzelnen Schneeballeffekte auf die Entwicklung der Kinder haben können. Die ausführlichen Überlegungen, die die Familientheoretiker im Hinblick auf Übergänge zwischen innerfami-

liären Subsystemen und deren Reorganisation angestellt
haben, können uns bei unseren Überlegungen zu wichtigen
unterschiedlichen Erfahrungen von Geschwistern eine Hilfe
sein, wie wir in Kapitel 6 gesehen haben. Gibt es neben diesen Übereinstimmungen weitere Implikationen unseres
Ansatzes, die für den Kliniker bedeutsam sein könnten?

Am wichtigsten ist, daß die unter der Perspektive nicht-gemeinsamer Umwelten durchgeführten Forschungsarbeiten
allmählich eine systematische empirische Informationsbasis
hinsichtlich der unterschiedlichen Erfahrungen der Mitglieder der Geschwister-»Subsysteme« innerhalb der Familie zu
liefern beginnen. Die Familiensystemtheorie ist eher ein all-
gemeiner Forschungsansatz als eine Theorie mit empirisch
überprüfbaren Hypothesen und hat insofern keine Forschungen dieser Art hervorgebracht. Die Fortschritte bei der Untersuchung nicht-gemeinsamer Familieneinflüsse sind für die
Familiensystemtheorie in zweierlei Hinsicht relevant. Wichtig sind zum einen die allgemeinen Implikationen: Nur durch
die Konzentration auf Unterschiede in den Erfahrungen der
Geschwister können wir herausfinden, wie und warum sich
Individuen in einer bestimmten Art und Weise entwickeln.
Zweitens – und spezifischer – liefern diese Forschungsarbeiten Informationen über verschiedene »Subsysteme« und die
Veränderungen in deren Art und Einfluß. Zum gegenwärtigen Zeitpunkt stützt sich die Familiensystemtheorie hauptsächlich auf Fallgeschichten sowie auf spektakuläre und besonders aufschlußreiche Beispiele anstatt auf großangelegte
und systematische Forschungen.

Wir haben uns primär mit Geschwistererfahrungen innerhalb des »normalen« Familienspektrums beschäftigt. Fami-
lientherapeuten sind dagegen häufig mit extremen Familien-
verhältnissen befaßt, in denen z. B. die Eltern die Kinder
mißbrauchen. Die Erfahrungen der Kinder in solchen Familien können derart traumatisch sein, daß sie alle Kinder in
der Familie überwältigen und umfassende und gleichartige
Auswirkungen auf die Geschwister haben. Es gibt jedoch

einige Hinweise darauf, daß sich solche schrecklichen Handlungen oft gegen ein bestimmtes Kind und nicht gleichmäßig gegen alle Kinder der Familie richten. Wir wissen immer noch frustrierend wenig darüber, warum manche Kinder anscheinend gegenüber solchen Belastungen weniger widerstandsfähig sind als andere, genauso wie wir wenig darüber wissen, warum manche Kinder – um den Begriff der Therapeuten zu gebrauchen – zu »Sündenböcken« werden. Gründliche und systematische Untersuchungen solcher »Risikofamilien«, die mehr als nur ein Kind mit einbeziehen, könnten Aufschluß darüber geben, worin die Schutz- und die Verwundbarkeitsfaktoren liegen.

Hierin liegt auch die Bedeutung der Erforschung nichtgemeinsamer Erfahrungen innerhalb der Familie für die Mehrheit der Kliniker (die nicht Anhänger der Familiensystemtheorie sind). Um die Prozesse verstehen zu können, die zu den erwähnten Unterschieden in der Widerstandsfähigkeit führen, müssen wir die familiäre Mikro-Umwelt jedes einzelnen Kindes analysieren. Um beispielsweise herauszufinden, warum und in welcher Weise sich die Depressionen einer Mutter auf ihre Kinder auswirken, müssen wir erklären können, warum ein Geschwister in der Familie betroffen ist, andere hingegen nicht. Um die Bedeutung einer schwierigen Ehe für die Kinder dieser Ehe verstehen zu können, müssen wir in der Lage sein, die Auswirkungen der Eheprobleme für jedes einzelne Kind herauszudifferenzieren. Der Wechsel von einem Bezugsrahmen, der jeweils Familien als Ganze miteinander vergleicht, hin zu einer Betrachtung der Individuen innerhalb der Familien ist für Kliniker von großer Bedeutung. Klinische Ansätze, die sich auf die »ineinander verstrickte Familie« konzentrieren oder die sich auf »die Erfahrungswelt der Familie« oder »die Bewältigungstrategien der Familie« beziehen, können für sich genommen keinen Aufschluß über die Entwicklung der Unterschiede zwischen Individuen geben. Und obwohl Heilverfahren nicht notwendigerweise mit den Ursachen einer

Erkrankung zusammenhängen, erscheint es doch plausibel, daß therapeutische Prozesse durch ein besseres Verständnis der Rolle nicht-gemeinsamer Umweltfaktoren für die Entstehung psychischer Störungen unterstützt werden können. Theorien, die von einer einheitlichen, monolithischen Sichtweise der Familie ausgehen und die Familien als ganze miteinander vergleichen, müssen durch eine feinkörnigere Betrachtungsweise ersetzt werden, die sich auf die Mikro-Umwelten der Geschwister innerhalb einer Familie bezieht. Bei der Erforschung von Umweltfaktoren, die psychische Erkrankungen verursachen, müssen wir solche Faktoren in Betracht ziehen, die von zwei Kindern innerhalb derselben Familie unterschiedlich erfahren werden können; Faktoren, die auf jedes Kind innerhalb der Familie spezifisch wirken und die von den Geschwistern nicht geteilt werden.

Konsequenzen für die Eltern

Die Konsequenzen dieser neuen Betrachtungsweise familiärer Einflüsse lassen sich nicht in einfache Verhaltensregeln für die Eltern von der Art »Alles, was Sie zu tun haben, ist . . .« übersetzen. Wir beschäftigen uns hier mit einem Thema aus der Grundlagenforschung, das noch keineswegs vollständig geklärt ist. Dennoch lassen sich einige wichtige Implikationen aufzeigen. Auf einer sehr allgemeinen Ebene ist jede Klärung dessen, was wir wissen und was wir nicht wissen, für Eltern von Bedeutung. Eltern haben ein Recht auf jede psychologische Erkenntnis über die geheimnisvollen Wege, auf denen aus Babies erwachsene Menschen werden, und – was vielleicht noch wichtiger ist – ein Recht darauf, es zu erfahren, wenn die Psychologen und »Experten« vielleicht alles falsch verstanden haben.

In gewissem Sinne nimmt unsere Argumentation den Eltern einiges von der Schuld (allerdings auch von den Verdiensten), die ihnen in bezug auf die Entwicklung ihrer Kinder zugesprochen wurden. Weil beispielsweise gesellschaftlich bedeutsame Persönlichkeitseigenschaften wie psychische Störungen gehäuft innerhalb von Familien auftreten, betrachtete man dies gewöhnlich als einen Hinweis auf den Einfluß der Eltern. Inzwischen wissen wir jedoch (siehe Kapitel 2), daß Geschwisterähnlichkeiten innerhalb von Familien auf die elterliche DNS und nicht auf die Erziehung zurückgehen. Mit anderen Worten: Wenn Geschwister einander ähnlich sind, dann ist das wahrscheinlich eher ein Ergebnis der Vererbung als etwas, für das die Eltern in positivem oder negativem Sinne verantwortlich gemacht werden können.

Unser Plädoyer für die Bedeutung nicht-gemeinsamer Erfahrungen impliziert selbstverständlich, daß Eltern einen Einfluß auf ihre Kinder haben können, der über den Einfluß der Gene hinausgeht, die sie ihnen bei der Geburt mitgegeben haben; was sich jedoch dramatisch verändert, ist unser Verständnis dieses Einflusses. Alle elterlichen Verhaltensweisen, die gleichermaßen für beide Kinder gelten – und es sind Maßnahmen dieser Art, die in Büchern zur Kindererziehung in aller Regel erörtert werden –, können langfristig für die Entwicklung der Persönlichkeit oder von Problemverhalten nicht von Bedeutung sein. Die Auswirkungen elterlichen Verhaltens auf die Kinder liegen in der *unterschiedlichen* Art und Weise, in der sich ihre Beziehungen zu jedem einzelnen Kind, ihre Erwartungen, ihre Einstellungen und ihr Verhalten entwickeln.

Aus den von uns angestellten Überlegungen und den aufgeführten Belegen ergeben sich für Eltern vor allem zwei Schlußfolgerungen. Zum einen ist klar geworden, daß Kinder für (tatsächliche oder eingebildete) Unterschiede zwischen ihren eigenen Beziehungen zu den Eltern und denen ihrer Geschwister hochgradig sensibel sind, ob sich diese Unterschiede auf elterliche Zuneigung, Interesse, Erwartungen, den Respekt oder auf den Umgang mit den einzelnen Kindern der Familie beziehen. Zum anderen sind es diese

Unterschiede, von denen die wesentlichen Auswirkungen auf die Entwicklung der Kinder ausgehen, und weniger die allgemeineren Aspekte der Persönlichkeit oder der Einstellungen der Eltern. Die Forschungsergebnisse als solche implizieren nicht, daß Eltern ihre Kinder gleich oder auch unterschiedlich behandeln sollten. Dies sind wertgebundene Entscheidungen, und es wäre für uns sowohl unangemessen als auch anmaßend, Verhaltensregeln für Handlungsweisen aufzustellen, die so eng mit jeweils unterschiedlichen Wertvorstellungen verbunden sind. Doch es ist sicherlich sinnvoll, wenn Eltern um diese Überempfindlichkeit ihrer Kinder für mögliche Ungerechtigkeiten wissen und einsehen, daß *differentielle* Anerkennung (in dem Maße, wie sie menschenmöglich ist) ihren Kindern eher helfen wird als *bevorzugende Behandlung*.

Aus den ersten systematischen Untersuchungen läßt sich, wie wir gesehen haben, die Annahme ableiten, daß Unterschiede in der elterlichen Behandlung mit Unterschieden in der sozialen und psychischen Anpassung der Kinder verknüpft sind. Eltern könnten sich demnach sehr wohl die Frage stellen, ob das bedeutet, daß besonders viel Aufmerksamkeit für ein Kind zu dessen besonders erfolgreicher Anpassung führt. Oder bedeuten diese Ergebnisse, daß eine unterschiedliche Behandlung der Kinder nur in negativer Weise wirkt? Als Forscher müssen wir hier sofort darauf hinweisen, daß wir erst ganz am Anfang der Untersuchung dieser komplexen Zusammenhänge stehen. Die ersten Ergebnisse der Colorado-Studie stützen jedoch die letztere Annahme: Eine bevorzugende Behandlung der Eltern hat negative Auswirkungen auf das benachteiligte Kind, ohne jedoch die erfolgreiche Anpassung oder das Selbstvertrauen des bevorzugten Kindes zu fördern.

Wie aber kann man von Eltern erwarten, daß sie ihre Kinder gleich behandeln, wenn diese Kinder so verschieden sind? Ähnliches elterliches Verhalten wird von diesen so unterschiedlichen Kindern unterschiedlich wahrgenommen werden; die Verschiedenheit der Kinder führt zwangsläufig zu unterschiedlichen Gefühlen der Eltern; die Übereinstimmung (oder Nicht-Übereinstimmung) der Persönlichkeiten in der Eltern-Kind-Dyade wird bei jedem Paar anders sein. Natürlich können sich Eltern bei der Zahlung von Taschengeld und bei der Verteilung von Haushaltspflichten gerecht zeigen, doch von diesen Bereichen gehen wahrscheinlich nur geringe Auswirkungen auf die Entwicklung der Kinder aus.

In unserer Rolle als Eltern völlig verschiedener Kinder sind wir uns über diese Schwierigkeiten sehr wohl im klaren, und wir möchten auf eine weitere Möglichkeit hinweisen: Sowohl der unterschiedlichen Behandlung durch die Eltern als auch den unterschiedlichen Entwicklungsergebnissen könnten Temperamentsunterschiede zwischen den Geschwistern zugrunde liegen. Betrachten wir das wiederholt gefundene Ergebnis, daß unterschiedliche Behandlung durch die Eltern mit Konflikten zwischen den Geschwistern korreliert. Dieser Zusammenhang kann auf verschiedene Weise entstehen und kann über die Standardinterpretation hinaus, daß unterschiedliche elterliche Behandlung Konflikte zwischen den Geschwistern verursacht, auch auf andere Weise interpretiert werden. Für jede Korrelation zwischen X und Y gibt es drei Interpretationen: X verursacht Y, oder Y verursacht X, oder ein weiterer Faktor Z verursacht sowohl X als auch Y. In unserem Fall könnte sehr wohl ein »Faktor Z« am Werke sein: Wir glauben, daß Temperamentsunterschiede zwischen Geschwistern sowohl zu Konflikten zwischen ihnen als auch zu Unterschieden in der elterlichen Behandlung beitragen. Es gibt einige Belege, die diese unorthodoxe Annahme stützen können. In einer Untersuchung zu den Zusammenhängen zwischen dem Temperament jedes Kindes, den Unterschieden im elterlichen Verhalten und Konflikten zwischen den Geschwistern stellte sich die *Übereinstimmung* zwischen den Persönlichkeiten der beiden Kinder als ganz besonders wichtig heraus, weniger das spezifische Temperament jedes der beiden Kinder für sich. In Familien, in denen sich die Geschwister vom Temperament her deutlich unterschieden, war die Konflikthäufigkeit sehr viel höher. Unterschiede im Temperament erklärten mehr Varianz in der Konflikthäufigkeit zwischen den Geschwistern als das individuelle Temperament der beiden Geschwister.

Insgesamt legen die Ergebnisse dieser ersten Untersuchungen die Annahme nahe, daß Eltern sich zum Ziel setzen sollten, die Unterschiede in den Beziehungen zu ihren verschiedenen Kindern so weit wie möglich zu reduzieren und für die Genauigkeit, mit der Kinder die Beziehungen innerhalb einer Familie beobachten, eine besondere Sensibilität zu entwickeln. Doch bedeutet das Erreichen dieses Zieles nicht, daß die Eltern sich aus dem Prozeß der Entwicklung ihrer Kinder völlig zurückziehen? Wenn die Auswirkungen elterlichen Verhaltens auf unterschiedliche Behandlung der Kinder beschränkt sind und die Eltern zugleich unterschiedliche Behandlung zu minimieren versuchen – folgt daraus nicht, daß Eltern auf diesem Wege jeglichen Einfluß aufgeben, den sie auf ihre Kinder zu haben hoffen? Die Antwort ist nein. Durch die Minimierung unterschiedlicher Behandlung nutzen Eltern den größten und positivsten Effekt, den sie auf ihre Kinder haben könnten.

Wir haben in diesem Buch auch andere Quellen unterschiedlicher Erfahrungen diskutiert. Ergeben sich aus den angeführten Belegen hier weitere Implikationen für die Eltern? Die Ergebnisse der Untersuchungen der Geschwisterbeziehung legen nahe, daß Kinder (insbesondere später geborene), die von ihren Geschwistern mehr negative Behandlung erfahren, als sie diesen ihrerseits zufügen, unter geringem Selbstwertgefühl leiden und weniger gut angepaßt sind. Eltern, die mit Geschwisterauseinandersetzungen fertig werden müssen und bei ihren Kindern ungleich verteiltes geringschätziges und kritisierendes Verhalten wahrnehmen, müssen wahrscheinlich nicht erst dazu ermutigt werden, die Feindseligkeiten des überlegenen Geschwisters zu dämpfen. Die von uns angeführten Belege geben hierfür eine weitere Rechtfertigung. Die Forschung geht jedoch noch weiter und liefert - zumindest für Eltern junger Geschwister - einige Anhaltspunkte, wie man gegebenenfalls die Lage beruhigen kann.

Empirische Belege für unterschiedliche Geschwistererfahrungen außerhalb der Familie sind, wie wir in Kapitel 6 gesehen haben, extrem selten. Die Bezugsgruppen, mit denen die verschiedenen Kinder einer Familie Umgang haben, scheinen sich stark zu unterscheiden. Für Eltern, die sich Sorgen um den Umgang eines ihrer Kinder machen, mag der Hinweis sinnvoll sein, daß die elterliche Beobachtung der Aktivitäten von Jugendlichen mit ihren Freunden – mit wem sie sich treffen und wo sie hingehen – mit geringeren Problemen auf seiten der Kinder verknüpft ist. Schließlich gibt es noch die Auswirkungen des Zufalls, auf die wir in Kapitel 7 eingegangen sind und die zu unterschiedlichen Entwicklungsverläufen von Geschwistern beitragen können. Definitionsgemäß dürfte es für die Eltern schwierig sein, ein Kind vor den negativen Auswirkungen unglücklicher Zufälle zu schützen, doch möglicherweise läßt sich aus der Annahme kumulativer Wirkungen eine Lehre ziehen, also aus der von uns erörterten Idee einer »umweltbedingten Epistasis«. Insbesondere für solche Kinder, die von Beginn an verwundbarer sind, kann es eine Art abwärtsgerichteter Spirale negativer Ereignisse geben, die zu schweren Problemen führt. Erwähnt hatten wir u. a. das Beispiel eines Jungen, der zunehmend unter einer Serie von Autounfällen, Einbrüchen usw. litt, und eines Mädchens, das nach einem Umzug schulische Probleme entwickelte, die weitere Probleme auslösten. Eltern, die ein wachsames Auge auf die Auswirkungen anfänglicher Probleme halten, können solche verwundbaren Kinder möglicherweise vor den schlimmsten Folgen solcher Verkettungen negativer Ereignisse schützen.

Eltern von Einzelkindern fragen oft, inwieweit diese Betonung der Differenzierung zwischen Geschwistern für sie relevant ist. Und worin liegen die Implikationen für das jeweils erste Kind? Ein Verständnis der Art und Weise, wie sich spezifische, nicht-gemeinsame Erfahrungen auf Einzelkinder auswirken, ist wichtig für die Einschätzung der Bedeutung unserer Theorie insgesamt. Es handelt sich nicht einfach nur um eine Theorie zu Geschwisterunterschieden. Vielmehr benutzt die Theorie Unterschiede zwischen Geschwistern als Schlüssel für das Verständnis der Art und Weise, wie die Umwelt die Entwicklung aller Kinder beeinflußt, ob es sich nun um Einzelkinder oder um Geschwister handelt. Die grundlegende Aussage ist, daß die Makro-Umgebung der Familie, von der alle Kinder in gleichem Maße betroffen sind, für die Entwicklung der Kinder nicht von Bedeutung ist. Wir vertreten die Ansicht, daß der Bildungsgrad der Eltern und deren Beschäftigung an sich unwichtig sind. Wichtig ist die Mikro-Umgebung innerhalb der Familie, Dinge, die von den beiden in der Familie aufwachsenden Kindern unterschiedlich erlebt werden können. Wenn zum Beispiel – wie es den Anschein hat – unterschiedliche elterliche Zuneigung das spätere Selbstwertgefühl von Kindern beeinflußt, dann bedeutet das, daß die spezifische Zuneigung der Eltern zu einem Kind und nicht die Tatsache, daß die Eltern sich allgemein liebevoll verhalten, die Entwicklung der Kinder beeinflußt. Dies kann sowohl die Entwicklung des Selbstwertgefühls eines Einzelkindes als auch die eines Geschwisters beeinflussen. Der Unterschied liegt darin, daß Einzelkinder nicht von den Vergleichen mit ihren Geschwistern und dem Umgang mit diesen beeinflußt werden. Auch andere Themen sind für Eltern von Einzelkindern und von Geschwistern gleichermaßen relevant. Die Theorie lenkt die Aufmerksamkeit auf die Sensibilität von Kindern für andere Beziehungen innerhalb der Familie, auf die Bedeutsamkeit, die relative Wertschätzung oder Vernachlässigung selbst für sehr junge Kinder haben, und auf die Bedeutsamkeit von Vergleichsprozessen. Die Aussage, daß Kinder für ihre Stellung im familiären Beziehungsgefüge hochgradig sensibel sind, ist für alle Eltern wichtig.

Abschließend möchten wir darauf hinweisen, daß die

Implikationen der Theorie nicht-gemeinsamer Umwelteinflüsse über unsere Rollen als Forscher, Kliniker oder Eltern hinausgehen: Es ist eine Theorie darüber, wer wir sind und wie wir dazu geworden sind. Um uns selbst wie auch unsere Kinder und Patienten zu verstehen, müssen wir über die Unterschiede zwischen uns und unseren Geschwistern nachdenken, über die unterschiedlichen Leben, die wir innerhalb unserer eigenen Familien führen.

> Ein Leben besteht nicht in der bloßen Entfaltung eines ursprünglichen Keims. Unaufhörlich läuft es Gefahr, zu scheitern, unterbrochen, verstümmelt, aus der Bahn geworfen zu werden. Indessen regt ein glücklicher Lebensbeginn das Individuum an, aus den gegebenen Verhältnissen das denkbar Beste zu machen. . . . Ein Vergleich mit dem Schicksal meiner Schwester ist da sehr aufschlußreich: Ihr Lebensweg hat sich weit schwieriger gestaltet als der meinige. . . . Mit zweieinhalb Jahren trage ich auf Fotografien eine entschiedene, selbstsichere Miene zur Schau, während sie im gleichen Alter eher ängstlich wirkt. . . . Sie hat lange gebraucht, um ihre Kindheit vollkommen zu überwinden. Die meine ist freundlich verlaufen. . . . Ich bin der Meinung, daß ich einen der mir zuteil gewordenen glücklichen Zufälle darin sehen muß, daß ich eine Schwester bekam, daß sie zwar jünger als ich, mir aber doch altersmäßig noch sehr nahe war. Sie hat mir geholfen, mich selbst zu bestätigen.[4]
>
> – Simone de Beauvoir, *Alles in allem*

---

[4] Simone de Beauvoir, Alles in allem, S. 12, 14.

Anmerkungen

Prolog

S. 7 ff David Lodge sollte Pflichtlektüre für Akademiker werden, die zu wenig lachen: *Changing places* (1979), *Small world* (1984) und *Nice work* (1989). Zitat Francis Galton: Galton (1875, S.576); Jensen: Jensen (1969); Geschwister: Dunn u. Kendrick (1982); Solomon Diamond: Diamond (1957); Temperament: Buss u. Plomin (1975); CIBA-Konferenz: Porter u. Collins (1982).

1. Kapitel

Autobiographische und biographische Literatur

S. 13 Leon Edel, der hervorragende Biograph von Henry James, stellt fest, daß »eine Autobiographie aus der Erfahrung, der Erinnerung, aus dem Gefühl heraus geschrieben wird; eine Biographie dagegen ist Nach-Erleben und Nach-Prüfung der Erfahrung eines anderen, und diesen Unterschied mußte man sich stets vor Augen halten« (Edel 1953, S. 345). Für unsere Zwecke ist beides wichtig: autobiographische Erinnerungen und die nachträgliche Überschau des Biographen; wir haben nur solche Biographien ausgewählt, die selbst außergewöhnliche literarische Schöpfungen sind und die Aufgabe, dem Leben ihres Helden nachzuspüren, in besonders eindringlicher Form bewältigt haben.

S. 13 Mark Twain: Twain (1966; 1985). Zitate zu Henry/Sid: Twain, S. 135; 53).

S. 14 Henry James und Geschwister: James (1913, 1914), Edel (1953). Zitate aus James (1913, S. 2) und (1914, S. 151). Bemerkenswert, wie sich Henry mit seinem jüngeren Bruder Wilky vergleicht, der mit anderen meist ganz ungezwungen umging:

... mein Bruder Wilky ... schaffte es in diesen Jahren, mit einer Direktheit zu leben, die mich um Längen überrundete. Ich überlegte immer noch, während er das Problem einfach ambulando löste, was für ihn der reinste gesellige Spaziergang war. Das stellte für mich Erfolg dar – eine Art von Erfolg, aber eine so garantierte Art von Erfolg –, in einem Maß, wie es meine Verzweiflung war (James 1914, S. 33).

William James stellt im oben zitierten Brief an seine Eltern einen ähnlichen Vergleich an; er spricht von Henry als »weniger fatal als der leicht verrückte und ewig charmante Wilky«.

S. 15   A. E. und Laurence Housman; vgl. Letters of A. E. Housman, hg. v. Maas (1972); Housman (1969). Zitat: Maas (1972, S. 4).

S. 17   John Keats: Gittings (1968).

S. 18   Shelley: Holmes (1976). Zitat von Hellen Shelley: Hogg (1858, S. 23), angeführt bei Holmes (1976).

S. 18   Die Geschwister Brontë: Gerin (1967), Gaskell ([1857] 1975).

S. 19   Proust: Painter (1959).

S. 19   Leo Tolstoi, seine Geschwister und das Zitat von Tolstois Lehrer: Troyat (1970). Vgl. auch bei Tolstoi ([1852] 1964) das Porträt des Bruders Nikolaj.

S. 19   Thomas und Heinrich Mann: Hamilton (1978, 1983), Mann (1918).

S. 20   George Eliot: (Eliot ([1860] 1979), Haight (1968). D. H. Lawrence: Callow (1975), Lawrence ([1913] 1981), Nehls (1957). Virginia Woolf: Bell (1972), Woolf (1975). Katherine Mansfield ([1916] 1954). Rudyard Kipling: Wilson (1978). Oscar Wilde: Ellmann (1988). Lewis Carroll: Clark (1979).

Daten von Körpergröße und Gewicht bei Geschwistern

S. 21   Galtons Daten von Körpergröße und Gewicht, ebenso wie die Daten zum Verhalten, die weiter unten behandelt wer-

den, stammen aus Galton (1889) und einer Reanalyse dieser
Daten (Johnson et al. 1985). Die Verhaltensdaten beruhen
auf einer Stichprobe von 279 Brüderpaaren und 105 Schwe-
sternpaaren. Mittlere Differenzen zwischen Geschwistern
wurden mit Hilfe des folgenden Verhältnisses zwischen
Korrelationen (τ) und mittleren Differenzen gewonnen:
1.13 $\sigma \sqrt{1- \tau}$ mit Standardabweichungen (σ) nach Galtons
Daten.

Korrelation

S. 22 In England stand Galton vor über hundert Jahren vor dem
Problem, die Familienähnlichkeit bei Saaterbsen zu
beschreiben. Er löste das Problem mit der von ihm so
genannten Korrelation, und sein Schüler Karl Pearson voll-
endete seine Forschungsarbeit. Die statistische Kenngröße,
heute bekannt als Pearsonscher Product-Moment- Korrelationskoeffizient, erlaubt es, die Ähnlichkeiten von Paaren
(auch von Gegenständen, nicht nur von Familienmitgliedern) in der gesamten Naturwissenschaft zu beschreiben.
Galton erkannte, daß mittlere Differenzen nicht nur deshalb
sehr nützlich waren, weil die Interpretation dieser Differenzen vom Maß der Differenzen in der Population abhängt. So
ist z. B. die mittlere Differenz von 3,8 cm bei der Körpergröße von Geschwistern sinnvoll, wenn man weiß, daß die
mittlere Differenz zwischen zwei Personen, die willkürlich
aus der Population herausgegriffen wurden, 5,7 cm beträgt.
Mit anderen Worten, wir müssen mittlere Geschwisterdifferenzen in Begriffen der Differenzen in der Population ausdrücken. Ein weiteres Problem bei der Berechnung von
mittleren Differenzen besteht darin, daß wir die Ähnlichkeit
für verschiedene Variablen nicht vergleichen können, weil
sie mit verschiedenen Maßeinheiten gemessen werden. So
beträgt die mittlere Geschwisterdifferenz bei der Körpergröße 3,8 cm, beim Körpergewicht dagegen 9 kg. Das
Wichtigste an Galtons Ergebnissen ist also, daß er die Maße
jedes einzelnen Individuums als Abweichung von den mittleren Maßen sämtlicher Individuen berechnen konnte. Die
Ähnlichkeit von Paaren wird durch die Kovarianz festgestellt, die berechnet wird, indem man die Abweichung vom

209

Populationsmittel bei dem einen Geschwister mit der Abweichung des anderen Geschwisters multipliziert. Kovarianz ist der Mittelwert dieser Produkte bei allen Geschwisterpaaren. Wenn z. B. ein Geschwister überdurchschnittlich groß ist und das andere ebenfalls, dann trägt das Produkt aus den positiven Abweichungen der beiden Geschwister positiv zur Geschwisterkovarianz für Körpergröße bei. Die Varianz beschreibt Differenzen zwischen Individuen in einer Population, indem man die Abweichung jedes Individuums vom Populationsmittel mit sich selbst multipliziert. Die Varianz ist der Mittelwert dieser quadrierten Abweichungen. Eine Korrelation ist das Verhältnis der Kovarianz zur Varianz, d. h. das Maß, in dem Varianz in der Population bei Geschwisterpaaren kovariiert. Somit beträgt die Korrelation zwischen Geschwistern bei der Körpergröße o.5, weil die Geschwister-Kovarianz bei Körpergröße 2 und die Varianz 4 beträgt.

Korrelation und Varianz

S. 25 Lesern, die sich in Statistik auskennen, ist bekannt, daß man Korrelationen üblicherweise quadriert, um die erklärte Varianz zu erhalten. Warum bedeutet die Geschwisterkorrelation 0,5 für Körpergröße, daß 50 Prozent der Varianz bei Körpergröße der Geschwisterähnlichkeit (d. h. der Kovarianz) zuzuschreiben ist? Die Korrelation zu quadrieren würde vermuten lassen, daß nur 25 Prozent der Varianz bei Körpergröße erklärt sind. Die Antwort lautet, daß wir in diesem Fall versuchen, den Anteil der Varianz in der Population zu beschreiben, der auf die Geschwisterähnlichkeit zurückzuführen ist. Das ist die Geschwisterkorrelation selbst, nicht die quadrierte Korrelation. Wie oben dargelegt, stellt die Korrelation das Verhältnis von Geschwisterkovarianz zur Populationsvarianz dar. Korrelationen werden quadriert, wenn wir wissen wollen, wieviel von der Varianz eines Meßwerts des einen Geschwisters durch den Meßwert des anderen vorhergesagt werden kann. Wenn wir z. B. wissen wollten, welcher Varianzanteil der Größe eines Geschwisters durch die Größe des anderen Geschwisters

210

vorhergesagt werden kann, so können wir das mit der quadrierten Korrelation beantworten. Aber die Korrelation selbst zeigt an, wieviel von der Varianz bei Körpergröße für Geschwister kovariiert. In diesem Band konzentrieren wir uns auf 1,0 minus die Korrelation als Index dafür, wie verschieden Geschwister sind.

Körpermerkmale und Krankheiten

S. 21 Geschwisterkorrelationen für Gesichtsmerkmale: Susanne (1975); andere Körpermerkmale: Cohen et al. (1973), Nichols u. Bilbro (1966); Krankheiten: Edford-Lubs (1971), Holm, Hauge u. Jensen (1982), Kendler u. Robinette (1983).

Qualitative Merkmale und der Phi-Koeffizient

S. 23 Bei Entweder-oder-Merkmalen, wie den meisten Krankheiten, werden die Geschwister-Daten üblicherweise als Konkordanz wiedergegeben: als Prozentsatz von Paaren, bei denen beide Teile unter derselben Krankheit leiden. Wie oben im Haupttext dargelegt, besteht die Schwierigkeit bei der Geschwisterkonkordanz darin, daß diese mit dem Vorkommen (der Inzidenz) der Krankheit in der Population verglichen werden muß. Eine spezielle Korrelation, Phi genannt, vereinigt diese Populationsinzidenz mit der Geschwisterkonkordanz bei Entweder-oder-Merkmalen (Guilford u. Fruchter 1973). Der Phi-Koeffizient kann ganz ähnlich wie die übliche Pearson-Korrelation interpretiert werden. In der Forschung werden häufig »Zusammenhangskorrelationen« errechnet, die voraussetzen, daß solchen Entweder-oder-Merkmalen eine kontinuierliche Streuung unterliegt (Smith 1974). Viele Annahmen werden vorausgesetzt, wenn Geschwisterkorrelationen für eine hypothetische Liabilität errechnet werden und nicht für aktuelle Meßdaten. Wir ziehen es vor, den Phi-Koeffizienten anzugeben, weil er näher an den Daten bleibt und leichter in Begriffen von Geschwisterdifferenzen interpretiert werden kann.

211

Geschwisterdifferenz als 1,0 minus Geschwisterkorrelation

S. 25   In den Tab. 1.1 und 1.2 werden Geschwisterdifferenzen mit 1,0 minus Geschwisterkorrelation errechnet. Wie oben dargelegt, bezeichnet die Geschwisterkorrelation das Verhältnis der Varianz, das für Geschwister kovariiert. 1,0 minus der Geschwisterkorrelation ergibt die Varianz, die von Geschwistern nicht geteilt wird. Bei Entweder-oder-Krankheitszuständen wurde die Geschwisterkonkordanz in den Phi-Koeffizienten umgewandelt, der die Inzidenz bei der Population berücksichtigt. Der Phi-Koeffizient wurde genauso behandelt wie die Geschwisterkorrelation, damit er das Maß der Geschwisterdifferenzen darstellt.

Psychologische Merkmale

S. 26   Zitat nach Galton (1892, S. 314). Zum IQ: Bouchard u. McGue (1981). Zum IQ bei erwachsenen Geschwistern: DeFries et al. (1979). Spezielle geistige Fähigkeiten: DeFries, Vandenberg u. McClearn (1976); DeFries et al. (1979); Plomin (1988). Schulleistung und ein Überblick über andere psychologische Bereiche: Plomin (1986). Leseschwäche: Stevenson et al. (1987); Finnucci u. Childs (1983). Geistige Behinderung: Johnson, Ahern u. Johnson (1976); Nichols (1984). Alzheimersche Krankheit: Heston u. Mastri (1977). Persönlichkeit: Ahern et al. (1982); Loehlin, Willerman u. Horn (1988); Plomin (1986). Schizophrenie: Gottesman u. Shields (1982). Affektive Störungen: Reich et al. (1987); Rice et al. (1987); McGuffin u. Katz (1986). Delinquenz: Gottesman, Carey u. Hanson (1983); Rowe (1986). Kriminalität: Wilson u. Herrnstein (1985); Mednick, Moffit u. Stack (1987). Alkoholismus: Cotton (1979). Zitat Scarr: Scarr u. Grajek (1982, S. 361).

2. Kapitel

Autobiographien und Biographien

S. 35 Zitat über die Brüder Huxley: West (1983, S. 167). Zu
Joyce: Kimball (1983); Zitate von Stanislaus Joyce und
Svevo über die Brüder Joyce als Don Quichotte und Sancho
Pansa: Joyce (1958). Zu den Angaben über Katherine Mans-
field und D. H. Lawrence vgl. die Anm. zu Kap. 1.

Zur Genetik

S. 36 In zahlreichen hervorragenden Monographien werden die
Mendelsche Vererbungslehre und die molekularen genetischen Mechanismen beschrieben, die für die erbliche Wei-
tergabe von einer Generation zur nächsten sorgen. Wir
erörtern hier nicht die molekulargenetischen Grundlagen
der Vererbung, weil es nicht erforderlich ist, sie zu kennen,
um die genetischen Ursachen für die Geschwisterunterschiede zu verstehen. Ein anschaulicher Bericht über die
Entdeckung der Struktur und Funktion der DNS stammt
von einem ihrer Entdecker, James Watson (1968). Zusammen mit John Tooze verfaßte Watson (1981) auch einen
ausgesprochen spannenden Bericht über die Techniken
rekombinanter DNS, die in der modernen molekulargenetischen Forschung angewandt werden.

S. 39 Mendels bahnbrechender Aufsatz (1866) ist immer noch
sehr lesenswert; man kann seine Erkenntnisse auf zahlreiche
genetische Zusammenhänge übertragen. Auch der Artikel
von Fisher (1918) über die zu erwartende Ähnlichkeit von
Verwandten ist sehr zu empfehlen. Die grundlegende Arbeit
über quantitative Genetik mit besonderer Berücksichtigung
der Tierzucht stammt von D. S. Falconer (1989). Allgemein
zur Mendelschen Vererbungslehre, zu Methoden der quantitativen Genetik und zur Molekulargenetik im Zusammenhang mit der Verhaltensforschung: Plomin, DeFries u.
McClearn (1990). Eine ausgezeichnete Übersicht zur Verhaltensforschung beim Tier und beim Menschen mit einer
Bibliographie von über 1000 Titeln geben Fuller u. Thomp-

son (1978). Ein Überblick über die Literatur zur Genetik menschlichen Verhaltens im Hinblick auf geistige Fähigkeiten, Persönlichkeit und Psychopathalogie aus der Entwicklungsperspektive: Plomin: (1986). Speziellere Übersichten bei Dixon u. Johnson (1980) und Plomin (1990). Die Zeitschrift *Annual Review of Psychology* brachte Übersichtsartikel zur neuesten Entwicklung bei der Verhaltensgenetik: 1960, 1966, 1971, 1974, 1978, 1982, 1985, 1988. Dort auch Plomin u. Rende (1991). *Behavior Genetics*, eine zweimonatlich erscheinende Zeitschrift, ist seit 1970 die wichtigste Quelle für Forschungen auf dem Gebiet der Verhaltensgenetik beim Tier und beim Menschen.

Berechnungen von Erblichkeit

S. 43 Wenn ein statistisch signifikanter Effekt entdeckt wird, lautet die nächste Frage regelmäßig, wie groß der Effekt ist. Zahlreiche statistisch signifikante Effekte sind in der Praxis nicht signifikant, weil sie für die Varianz kaum Bedeutung haben. Auch in der Genetik können wir die Frage nach der Größe des Effekts stellen, und häufig lautet die Antwort, daß genetische Effekte nicht nur signifikant, sondern auch substantiell sind.

Erblichkeit ist ein statistischer Meßwert, der den Anteil der Varianz eines Merkmals angibt, der auf genetische Unterschiede zwischen einzelnen Individuen zurückzuführen ist. Wie in den Anm. zu Kap. 1 dargelegt, ist Korrelation ein statistischer Meßwert, der den Anteil einer Merkmalsvarianz angibt, der auf die Kovarianz zurückzuführen ist. Bei eineiigen Zwillingen, die getrennt in nicht korrelierter Umgebung adoptiert wurden, stellt ihre Korrelation den Anteil phänotypischer Varianz dar, die auf genetische Varianz zurückzuführen ist, welche zwischen den jeweiligen eineiigen Zwillingspaaren kovariiert. Getrennt adoptierte eineiige Zwillinge kovariieren nur dann aus genetischen Gründen, wenn sie getrennt in nicht korrelierten Umgebungen aufwuchsen. Deshalb ist die Korrelation bei getrennt aufwachsenden eineiigen Zwillingen unmittelbar gleichbedeutend mit Erblichkeit. Bei getrennt adoptierten

Verwandten ersten Grades stellt ihre Korrelation den Anteil phänotypischer Varianz dar, welcher zur Hälfte auf die genetische Varianz zurückzuführen ist, weil Verwandte ersten Grades genetisch nur zu 50 Prozent ähnlich sind. Somit beträgt ihre Korrelation die Hälfte der Erblichkeit, die verdoppelte Differenz ergibt die Erblichkeit.

Einigermaßen genaue Berechnungen der Erblichkeit erfordern umfangreiche Stichprobenwerte. Man kann nicht oft genug betonen, daß Erblichkeit ein deskriptiver statistischer Meßwert ist, der sich auf das Ausmaß bezieht, in dem genetische Unterschiede zwischen Individuen einer speziellen Population die beobachteten Unterschiede bei der Mischung von genetischen und Umwelteinflüssen in derselben Population zu diesem Zeitpunkt erklären. Erblichkeit ist keine Konstante und impliziert nicht festgelegte, unveränderliche Auswirkungen von Genen. Vgl. die eingehendere Erörterung von Berechnung und Interpretation der Erblichkeit bei Plomin, DeFries u. McClearn (1990).

Hinweise auf genetische Einflüsse

S. 49   Körperliche Merkmale: Größe und Gewicht: Plomin (1986). Gesichtsmerkmale: Susanne (1975).

S. 51   Verbreitete Krankheiten: Krebs: Holm, Hauge u. Jensen (1982). Ekzem, Asthma und Heuschnupfen: Edforst-Lubs (1971). Herzkrankheiten, Magengeschwüre, Diabetes und Bluthochdruck: Kendler u. Robinette (1983).

S. 53   Psychologische Merkmale: Allgemeine Diskussion der Forschung zur Intelligenz einschließlich einer Übersicht über die Forschung zur Verhaltensgenetik vgl. Vernon (1979). Zur Berechnung des genetischen Einflusses haben wir die Zusammenfassung der verhaltensgenetischen Forschung zu IQ von Bouchard u. McGue (1981) herangezogen. Berechnung des genetischen Einflusses bei anderen psychologischen Merkmalen nach den Berichten von Ergebnissen in der Verhaltensgenetik in Plomin (1986) und Plomin, DeFries u. McClearn (1990).

3. Kapitel

Unterschiedliche Umwelteinflüsse

S. 57 Maccoby u. Martin (1983) und Wachs u. Gruen (1982) geben Überblicke über die ältere Forschung – die sich mit Unterschieden zwischen einzelnen Familien befaßte – zum Zusammenhang zwischen familiärer Umgebung und Entwicklung der Kinder; Maccoby u. Martin betonen, daß nur relativ geringe Varianzanteile bei individuellen Entwicklungsergebnissen mit herkömmlichen Vergleichen »zwischen Familien« zu erklären sind.

Hier sollte man anmerken, daß Studien »zwischen Familien« nicht dasselbe sind wie Studien über gemeinsame Umgebung. Erstere untersuchen einen speziellen Aspekt der Familie und das Entwicklungsergebnis bei einem einzigen Kind in dieser Familie und setzen diese mit anderen Familien in Beziehung. Das Maß der familiären Umgebung könnte gemeinsam oder nicht-gemeinsam sein – dieses Problem können wir erst lösen, wenn wir mehr als nur ein Kind in jeder Familie betrachten.

Die Bedeutung nicht-gemeinsamer Umwelten

S. 60 Obwohl die Verhaltensgenetiker seit Jahrzehnten anmerkten, ihre Ergebnisse implizierten, daß die meisten Umwelteinflüsse als nicht-gemeinsam anzusehen seien, äußerten sich Loehlin u. Nichols (1976) als erste ausführlicher über die Bedeutung nicht-gemeinsamer Umwelten. Rowe u. Plomin befaßten sich als erste eingehend mit der Bedeutung nicht-gemeinsamer Umwelten und prägten auch erst den Begriff. Zur endgültigen Etablierung des Begriffs, der in 32 Kommentaren und einer Erwiderung zu den Kommentaren auftauchte, vgl. Plomin u. Daniels (1987). Wir empfehlen dem Leser, diese Kommentare kritisch zu prüfen. Vielleicht kommt er selbst zu der Ansicht, daß die Behauptung zu Recht besteht, die nicht-gemeinsame Umwelt sei der entscheidende Faktor.

216

S. 61 Berichte über neueste Untersuchungen von Adoptivge-
schwistern und andere Angaben, die alle den Schluß nahele-
gen, daß der größte Teil des Umwelteinflusses nicht-
gemeinsam ist, finden sich bei Plomin u. Daniels (1987) und
Plomin, DeFries u. McClearn (1990). Berichte über die
Bedeutung nicht-gemeinsamer Umwelten in speziellen
Bereichen liegen ebenfalls vor: Schizophrenie (Gottesman
u. Shields, 1982); jugendliche Delinquenz und Kriminalität
(Plomin, Nitz u. Rowe, 1989); IQ und spezielle geistige
Fähigkeiten (Plomin, 1988).

S. 70 Zwillingsstudien im Kibbuz zum IQ: Nathan u. Guttman
(1984); Metaanalyse von Zwillingsstudien zum IQ, die belegen, daß die Bedeutung nicht-gemeinsamer Umwelten im
weiteren Verlauf des Lebens geringer wird: McCartney,
Harris u. Bernieri (1990).

S. 72 Beschreibungen der Beziehungen in der Elefantenfamilie
bei Moss (1988).

S. 72 Zu Inzuchtstämmen bei Mäusen ausführlicher Plomin et al.
(1990); Bericht über nicht-gemeinsame Umwelten bei Mäusen, vgl. Neiderhiser u. Plomin (1990).

Irrtümer bei der Messung

S. 76 Nicht-genetische Geschwisterunterschiede schließen Irrtü-
mer bei der Messung genauso ein wie die nicht-gemeinsame
Umgebung. Aus zwei Gründen haben wir diese Unterscheidung nicht besonders betont; zum einen sind die Messungen, die wir beschrieben haben, annähernd reliabel. Die
typische Reliabilität beträgt 0,80 bis 0,90. Das bedeutet,
daß 10 bis 20% der gesamten Varianz möglicherweise auf
falsche Messungen zurückzuführen sind. Diese Varianz
wurde als nicht-gemeinsame Umwelt bezeichnet. Somit
könnte die nicht-gemeinsame Umwelt unabhängig von der
Nicht-Reliabilität von 50 % auf 40 % oder sogar auf 30 %
reduziert werden. Allerdings ändert dies nichts an unserer
wichtigsten Folgerung, daß nicht-gemeinsame Umwelt
einen substantiellen Anteil der Varianz ausmacht. Zum
anderen könnten vorübergehende Inkonsistenzen in den
Ergebnissen, die wir »Irrtum« nennen, auf systematische

Veränderungen in den Verhältnissen zurückzuführen sein, die eher die nicht-gemeinsame Umwelt betreffen und nicht den Irrtum (Plomin u. Nesselroade, 1990).

4. Kapitel

Autobiographien und Biographien

S. 81 Katherine Mansfield: Tomalin (1988). Zitat aus ihrem Tagebuch ([1937] 1954, dt. 1983).

S. 82 Glendinning (1981) gibt Einzelheiten zu Ereignissen, die von den Sitwell-Geschwistern ganz verschieden wahrgenommen wurden. Autobiographien der Familie: E. Sitwell (1965), O. Sitwell (1944, 1946), S. Sitwell (1943).

Die Sichtweise der Geschwister

S. 83 Mary Wollstonecraft: vgl. Tomalin (1974).

S. 83 Bei Katherine Mansfield wie bei Mary Wollstonecraft läßt sich überzeugend nachweisen, daß elterliche Vorlieben für andere Geschwister entscheidend für den geistigen und emotionalen Antrieb der beiden Frauen waren. Im Fall von D. H. Lawrence war nach Auskunft seines Biographen Callow der Einfluß der unterschiedlichen mütterlichen Zuneigung innerhalb der Familie vielschichtig und unausgeglichen, aber beträchtlich, wie er selbst in *Sons and Lovers* ganz eindeutig zu erkennen gibt.

S. 83 Während Edith Sitwell und Katherine Mansfield ihre Brüder ungeachtet der elterlichen Vorliebe anbeteten, war bei vielen anderen die elterliche Vorzugsbehandlung mit einer starken Antipathie gegen das vorgezogene Geschwister verbunden. Der berühmte französische Schriftsteller Stendhal erinnert sich in seinem autobiographischen Roman *La Vie des Henry Brulard* (dt. Neuausg. 1991) an die Vorliebe seines Vaters für seine zweite Schwester Zénaïde und an seine eigene Reaktion auf die Vorzugsbehandlung, die ihr zuteil wurde:

218

Ich verabscheute meine kleine Schwester Zénaïde, weil mein Vater sie zu seinem Liebling erkor; er pflegte sie jeden Abend auf seinen Knien in den Schlaf zu wiegen; außerdem wurde sie von Mlle Séraphie [Stendhals Tante] lautstark verteidigt. Ich bedeckte die weißgetünchten Wände im Haus mit Karikaturen von Zénaïde, der Petze. Meine Schwester Pauline und ich warfen ihr vor, daß sie uns nachspioniere, und ich glaube, wir hatten gar nicht so unrecht damit.

S. 84 Die bahnbrechende Untersuchung von Helen Koch: vgl. Koch (1960). Offenkundige Eifersucht der Kinder auf die Beziehung zum Vater: Dunn u. Kendrick (1982).

S. 86 Zur Studie mit einer landesweit repräsentativen Stichprobe vgl. Daniels et al. (1985). Der SIDE wurde von Daniels und Plomin (1985) entwickelt und von Anderson (1989), Baker und Daniels (1991), Daniels (1986) und Daniels und Plomin (1985) verwendet.

Auswertung: Addieren Sie – jeweils getrennt für die Fragen zur Mutter und zum Vater – Ihre Antworten auf die Fragen 2, 3, 4, 6 und 8 teilen Sie die Summe durch 5, um einen Wert für die elterliche Zuneigung zu erhalten. Ein Wert für elterliche Kontrolle ergibt sich aus der Summe der Antworten zu 1, 5, 7 und 9, dividiert durch 4. Wenn der Fragebogen bei jungen Erwachsenen eingesetzt wird, ergibt sich auf beiden Skalen für Mutter und Vater im Durchschnitt ein Wert von 3,0. Das Ausmaß, in dem Ihre Werte für Zuneigung und Kontrolle niedriger oder höher als 3,0 liegen, weist darauf hin, wie unterschiedlich Sie Ihre Behandlung und die Ihres Geschwisters durch Ihre Eltern einschätzen.

Wie verhalten sich die Geschwister?

S. 90 Die Cambridge-Studien umfassen eine Langzeitbeobachtung von erstgeborenen Kindern, die vor der Geburt des zweiten Kindes einsetzte und sich über die frühe Kindheit des zweitgeborenen erstreckte (Dunn u. Kendrick, 1982); außerdem eine Langzeitstudie über Familien (die Cambridge-Geschwister-Studie), die sich in erster Linie mit den zweitgeborenen Kindern und den älteren Geschwistern befaßte, zum Zeitpunkt, als die zweitgeborenen 18 Monate, 2 Jahre, 3 Jahre und 6 Jahre alt waren (Dunn u. Munn 1985); außerdem eine detaillierte Untersuchung von zweitgeborenen Kindern, die zusammen mit Geschwistern und der Mutter beobachtet wurden, als sie 14, 16, 20 und 24 Monate alt waren (vgl. Dunn 1988; Dunn u. Munn 1985); und schließlich eine detaillierte Untersuchung von zweitgeborenen Kindern im Alter von 24, 26, 28, 30, 33 und 36 Monaten (Dunn u. Shatz, 1989).

Was sagen die Eltern?

S. 96   Zitat zu Mary James: Edel (1953), S. 68.
        Die Colorado-Geschwister-Studie ist Teil des Colorado Adoption Project (Plomin, DeFries u. Fulker, 1988). Zum Bericht über unterschiedliches mütterliches Verhalten in dieser Studie vgl. Stocker, Dunn u. Plomin (1989). Dasselbe Interview mit Müttern wurde in der Cambridge-Geschwister-Studie (vgl. Dunn u. Stocker, 1989) herangezogen, als die zweitgeborenen Kinder 6 Jahre alt waren. Bemerkenswert ist, daß die Eltern heranwachsender Geschwister in der landesweit repräsentativen Stichprobe (berichtet von Daniels et al., 1985) eher geneigt waren zu sagen, sie behandelten ihre Kinder gleich, in auffallendem Unterschied zu den Einschätzungen ihrer eigenen Kinder, die früher geäußert wurden. Es ist nicht festzustellen, ob dieser Unterschied zwischen den Angaben aus der Colorado- und der Cambridge-Studie die Altersunterschiede bei den Kindern in den untersuchten Familien spiegelt oder auf die verwendeten Interviewtechniken zurückzuführen ist. (Die Interviews in der Colorado- und der Cambridge-Studie waren intensiver, intimer, eingehender und detaillierter.)

Wie ernst sollen wir die Ergebnisse aus Interviews nehmen?

S. 97   Zitat Henry James zur Bedeutung von Wahrnehmungen: Edel (1987), S. 1.
S. 98   Aussprüche von Müttern über ihre Gefühle für das erstge-

borene Kind nach der Geburt des zweitgeborenen und für
das zweitgeborene: Dunn u. Kendrick (1982). Erkennbare
Übereinstimmung zwischen den Äußerungen der Mütter
und der unmittelbaren Beobachtung: Dunn u. Kendrick
(1982).

In welchem Ausmaß verhalten sich Eltern gegenüber ihren Kindern unterschiedlich?

S. 99 Beschreibung und Analyse unterschiedlicher Behandlung
der Kinder durch die Eltern im Colorado Adoption Project
(Colorado-Studie), vgl. Stocker, Dunn u. Plomin (1989).
Die Angaben zur Cambridge-Stichprobe stammen aus der
Cambridge-Geschwister-Studie, die dasselbe Interview von
Müttern heranzog.

S. 100 Zitat Sandra Scarr: Scarr (1987).

S. 100 Ergebnisse über mütterliches Verhalten, wenn die Geschwister jeweils im gleichen Alter sind, werden von Dunn, Plomin u. Daniels (1986), Dunn, Plomin u. Nettles (1985) und
Dunn u. Plomin (1986) mitgeteilt.

S. 101 Wichtig ist, daß nicht alle Eltern sich gegenüber ihren einzelnen Kindern in vergleichbaren Altersstufen gleichmäßig
verhalten. Mit der Colorado-Studie wurde nachgewiesen,
daß es in dieser Hinsicht eine breite Spanne von Unterschieden zwischen den Müttern gibt. Einige sind sehr liebevoll zu
einzelnen Kindern oder zeigen ein mehr kontrollierendes
und restriktives Verhalten bei einem bestimmten Kind in der
Familie. Wir untersuchten die Spannbreite der Unterschiede zwischen den Müttern und stellten fest, daß das Ausmaß,
in dem eine Mutter gleiches Verhalten gegenüber ihren beiden Kindern an den Tag legte, als diese jeweils im selben
Alter waren, im Zusammenhang mit ihrer Persönlichkeit,
ihrem IQ, ihrem Alter und ihrer Bildung stand. Die eher
extravertierten, geselligen Mütter neigten mehr dazu, mit
ihren beiden Kindern gleich umzugehen, als ängstlichere,
nervöse und leicht zu verwirrende Mütter. Die gebildeten
Mütter neigten auch dazu, ihre Kinder differenzierter zu
behandeln (Dunn u. Plomin, 1986).

221

Zusammenhänge mit dem Entwicklungsergebnis

S. 102 Charles Dickens: Hibbert (1967) und Kaplan (1988); auto-
biographisches Material bei Forster (1903).

S. 103 Die Studie mit einer landesweiten Stichprobe: Daniels et al.
(1985). Die übrigen in diesem Abschnitt erwähnten Studien
stammen von Baker u. Daniels (1990), Daniels (1986) und
Daniels et al. (1985). Der Zusammenhang zwischen Anpassung und unterschiedlicher Behandlung in der Colorado-
Studie wird mitgeteilt bei Dunn, Stocker u. Plomin (1990),
zwischen Selbstachtung und Verhalten der Geschwister bei
Dunn, Stocker u. Beardsall (1989). Über Vorzugsbehandlung bei älteren Eltern: Aldous, Klaus u. Klein (1985).
Geburtenreihenfolge: Ernst u. Angst (1983), Schooler
(1972).

5. Kapitel

S. 106 Zur Debatte und Forschung über die verschiedenen Beiträ-
ge zweier Partner zu einer dyadischen Beziehung vgl. Hinde
(1979).

Autobiographien und Biographien

S. 111 Zitat Nancy und Carl: Cambridge-Geschwister-Studie.

S. 112 »Zwei Ehen«: Bernard (1982).

S. 113 George Eliots Beziehung zu ihrem Bruder Isaac während
der Kindheit: Ihr Sonett »Brother and Sister« (Eliot, 1888)
und Haight (1968).

S. 115 Biographische und autobiographische Belege für Geschwi-
sterunterschiede bei Führung und Dominanz: Tolstoi:
Troyat (1970), Wilson (1988). Zitat Laurence Housman:
Housman (1969, S. 22). Zitat Anthony Trollope: Trollope
([1947] 1978, S. 7). William James kritisiert Henry: Edel
(1987, S. 65). Tschechows Briefe: Tschechow (1979). Keats'
Briefe: Keats (1935). Zitat Stanislaus Joyce: Joyce (1958,
S. 17).

Forschung zu Unterschieden in den Beziehungen der Geschwister untereinander

S. 121 Ein Beispiel für eine Untersuchung, die den verschiedenen Aspekten der dyadischen Geschwisterbeziehung nachgeht, Bei Furman u. Buhrmester (1985).

S. 121 Untersuchung der Auswirkungen des Lehrer-Schüler-Verhältnisses im geschwisterlichen Umgang: Damon u. Phelps (1989), Doise u. Mugny (1984) und Glachan u. Light (1982). Vgl. auch Piaget (1959 und 1965 [1932]).

S. 126 Studien, die den SIDE heranziehen: Anderson (1989), Baker u. Daniels (1990), Daniels (1986) und Daniels u. Plomin (1985). Auswertung: Es werden vier Skalen ausgewertet: Verantwortlichkeit/Sorgsamkeit, Neid, persönliche Nähe und Antagonismus (Gegnerschaft).

Verantwortlichkeit/ Sorgsamkeit: Addieren Sie Ihre Antworten auf die Fragen 3, 4, 6, 12, 19 und 21 und teilen Sie die Summe durch 6. Neid: Addieren Sie Ihre Antworten auf die Fragen 5, 10, 14, 22, 23 und 24 und teilen Sie die Summe durch 6. Persönliche Nähe: Addieren Sie Ihre Antworten auf die Fragen 2, 8 und 17 und teilen Sie die Summe durch 3.

Für die Skala Antagonismus müssen die Items 13, 15 und 20 »umgekehrt« werden, da ein höherer Wert bei diesen Fragen weniger Antagonismus impliziert. Gehen Sie beim Umkehren des Items so vor: Falls Sie 3 angekreuzt hatten, bleibt der Wert unverändert. Den Wert »1« bitte zu »5« verändern, den Wert »2« zu »4«, den Wert »4« zu »2« und »5« zu »1«. Nachdem Sie die Werte für die Items 13, 15 und 20 umgekehrt haben, addieren Sie Ihre Antworten auf die Fragen 1, 7, 9, 11, 13, 15, 16, 18 und 20 und teilen die Summe durch 9. Auf diesen vier Skalen ergaben sich für Geschwister in einer umfangreichen Studie die folgenden Durchschnittswerte, die Sie zum Vergleich mit Ihren eigenen Ergebnissen heranziehen können: 2,6 für Verantwortlichkeit/Sorgsamkeit, 3,0 für Neid, 3,1 für persönliche Nähe und 2,9 für Antagonismus. Das Ausmaß, in dem Ihre Werte unter- oder oberhalb dieser Durchschnittswerte liegen, zeigt den Grad an, in dem Sie ihre Geschwisterbeziehung als für sich und Ihr Geschwister unterschiedlich wahrnehmen (vgl. jedoch die Anm. auf S. 89).

S. 127 Cambridge-Studie: Dunn u. Stocker (1989). Die Colorado-Studie: Dunn u. Plomin (1986).

S. 129 Die Colorado-Studie über Zusammenhänge zwischen verschiedenen Erfahrungen der Geschwister und deren Entwicklung: Dunn, Stocker u. Plomin (1990). Die Beobachtungen zum unterschiedlichen Verhalten der Geschwister stammen aus der Colorado- und der Cambridge-Studie.

S. 131 Belege für das früh erwachende Interesse an sozialem Vergleichen innerhalb der Familie bei Dunn (1988).

S. 135 Äußerungen von erstgeborenen Kindern (Bruce S. und Laura W.): Dunn u. Kendrick (1982); Johnny, Sarah und ihre Mutter: Pennsylvania-Geschwister-Studie (noch nicht abgeschlossen). Über Reaktionen bei Kindern auf Streitigkeiten zwischen älteren Geschwistern und ihren Müttern: Dunn u. Munn (1985). Fragen zu den Emotionen anderer: Dunn (1988).

6. Kapitel

Autobiographien und Biographien

S. 142 Goethe und seine Schwester: Friedenthal (⁹1995) und Read (1984). Literatur zu Dickens, Kipling und George Eliot in den Anm. zu den früheren Kapiteln. Zu Alice James, die durch den Umzug nach Europa nicht beeinflußt wurde, vgl. Edel (1964, S. 4).

Die »peer group«

S. 145 Zur jüngsten Debatte über die Bedeutung von Gleichaltrigen-Beziehungen: Berndt u. Ladd (1988). Vgl. auch Piaget ([1932] 1965). Studien zu Gleichaltrigen und Devianz, Rolle der Geschwister und anderen Faktoren in der Familie: Brook, Nomura u. Cohen (1988) und Brook et al. (1989). Belege zu Gleichaltrigen und Anpassung bei Parker u. Asher (1987).

S. 147 Anwendung von SIDE: Anderson (1989), Baker u. Daniels (1991), Daniels (1986) und Daniels u. Plomin (1985).

Studien zur gesamten Lebensspanne

S. 153 Entwicklungsstudien für die gesamte Lebenszeit wurden von einer Gruppe von Theoretikern und Forschern verbreitet, darunter vor allem von Paul Baltes. Dieser Ansatz und die spezifischen Voraussagen, die in dem Test beschrieben werden, bei Baltes, Reese u. Lipsitt (1980). Vgl. auch Hetherington, Lerner u. Perlmutter (1988).

S. 155 Die Untersuchung von Frauen, die im Heim aufwuchsen, ist zusammenfassend dargestellt bei Quinton u. Rutter (1988). Empirische Studien zu Wendepunkten im Leben und bei der Persönlichkeit: Caspi, Elder u. Bem (1987, 1988).

S. 156 Das Beispiel von Geschwisterunterschieden bei der Reaktion auf einen Umzug stammt aus der Cambridge-Geschwister-Studie (Beardsall u. Dunn, 1989).

S. 158 Die Debatte zu Verhaltensgenetik aus der Perspektive der Lebenszeit-Studie vgl. Plomin u. Thompson (1987); zusammenfassende Darstellung zu Verhaltensgenetik und Altern bei Plomin u. McClearn (1990).

S. 158 Überblicksdarstellung der Schwedischen Adoptions- und Zwillingsstudie (SATSA) bei Pedersen et al. (1991) und Plomin u. McClearn (1990). Eingehendere Berichte über die Ergebnisse zur Persönlichkeit in SATSA vgl. Pedersen et al. (1988) und Plomin et al. (1988). Eine Studie über finnische Zwillinge, die gemeinsam aufgezogen wurden, legt nahe, daß gemeinsame Umgebungen bei Erwachsenen (ebenso wie das Ausmaß der Kontakte) mit der Persönlichkeit in Zusammenhang stehen (Rose et al., 1988); allerdings sind die Ergebnisse schwer zu deuten, weil möglicherweise Zwillinge, die einander ähnlicher sind, intensiveren Kontakt haben.

7. Kapitel

S. 163 Zitate Simone de Beauvoir: de Beauvoir (1974).

S. 164 Zitate Galton: Galton (1889, S. 21, 195).

S. 164 Eingehende Erörterung der Rolle des Zufalls in der Philosophie bei Nussbaum (1986).

S. 166 Zitat Darwin: Darwin (1892, S. 28).

S. 166 Erinnerungen von François Jacob: Jacob (1988).

S. 167 Zitat über Kipling: Wilson (1978). Angaben zu Biographien und Autobiographien für Kipling und Henry James oben in den Anm. zu früheren Kapiteln. Zu Virginia Woolfs geistiger »Umwandlung«: Bell (1972).

S. 168 Literatur zu kritischen Lebensereignissen: Holmes u. Rahe (1967); ausgewogene Darstellung dieser Forschung, die eine Unterscheidung von kontrollierten und unkontrollierbaren Ereignissen im Leben hervorhebt: Thoits (1983). Fallbeispiel aus Cambridge über kritische Ereignisse und kleine Geschwister: Beardsall u. Dunn (1989). Zwillingsstudie zu kritischen Lebensereignissen: vgl. Plomin et al. (1990).

S. 172 Neuerscheinung über erlernte Hilflosigkeit von einem der Gründer des Forschungsbereichs: Seligman (1991). Zur Selbsttäuschung als Quelle psychischer Gesundheit, Produktivität und Beharrlichkeit: Taylor (1989).

S. 175 Literatur zur genetischen Epistasis: Lykken (1982). Überblicksdarstellung zu Belegen für nichtadditive genetische Auswirkungen bei der Persönlichkeit: Plomin, Chipuer u. Loehlin (1991). Das Oxford English Dictionary führt den ersten Gebrauch des Begriffs epistasis auf William Bateson (1907) zurück.

S. 177 Literatur zu Simonton: Simonton (1989). Zur jüngsten Debatte über die Rolle des Zufalls in der wissenschaftlichen Entdeckung vgl. Root-Bernstein (1989), Kohn (1989) und Roberts (1989).

S. 177 Brillant geschrieben: *Chaos: Making a new science* (Gleick, 1987).

8. Kapitel

S. 184 Zitat Vladimir Nabokov: Nabokov ([1947] 1989); Zitat Simone de Beauvoir: de Beauvoir (1963, S. 42).

S. 188 Pattersons Ansatz und seine Forschungsgruppe: Patterson (1982, 1986).

S. 189 Einzelheiten zu durchschnittlichen Unterschieden im IQ bei Geschwistern: Plomin u. DeFries (1980); Debatte über durchschnittliche Unterschiede im IQ bei verschiedenen sozialen Schichten: Jensen (1980).

S. 195 Forschung zur Sprache des Kindes, die auf das Problem abzielt, die aktive Rolle des Kindes in einer konstruktiven Umgebung zu dokumentieren: Shatz (1987).

S. 195 Beziehungen zwischen Familiensystemtheorie und den entwicklungspsychologischen Ansätzen zur Entwicklung des Kindes: Minuchin (1985). Meinungen zu familientherapeutischen Einrichtungen: vgl. Hoffman (1981).

S. 198 Belege für die Beziehungen zwischen negativem Problemverhalten und differentiellen Erfahrungen mit den Eltern: Dunn, Stocker u. Plomin (1990).

S. 198 Geschwisterbeziehungen, die auf ein allgemeines Publikum abzielen: Dunn (1985).

S. 200 Implikationen der Forschung über junge Geschwister für elterliches Handeln: Dunn (1984) und Dunn u. Kendrick (1982).

S. 201 Studie über unverträgliche Temperamente bei Geschwistern im Verhältnis zur Konflikthäufigkeit zwischen ihnen: Munn u. Dunn (1989).

S. 205 Zitat Simone de Beauvoir: de Beauvoir (1977, S. 12 f., 15).

Anmerkungsteil übersetzt von Renate Warttmann

Literatur

Ahern, F. M., Johnson, R. C., Wilson, J. R., McClearn, G. E., und Vandenberg, S. G. (1982). Family resemblances in personality. *Behavior Genetics* 12: 261–80.

Aldous, J., Klaus, E., und Klein, D. M. (1985). The understanding heart: Aging parents and their favorite children. *Child Development* 56: 303–16.

Anderson, S. L. (1989). Differential within-family experiences as predictors of adolescent personality and attachment style differences. Honors thesis, Department of Psychology, Harvard University.

Baker, L. A., und Daniels, D. (1990). Nonshared environmental influences and personality differences in adult twins. *Journal of Personality and Social Psychology* 58: 103–110.

Baltes, P. B., Reese, H. W., und Lipsitt, L. P. (1980). Life-span developmental psychology. *Annual Review of Psychology* 31: 65–110.

Beardsall, I., und Dunn, J. (1989). Life events in childhood: Shared and nonshared experiences of siblings. Manuskript.

Beckson, K. (1983). The importance of being angry: The mutual antagonism of Oscar and Willie Wilde: In *Blood brothers: Siblings as writers*, ed. N. Kiell. New York: International Universities Press.

Bell, Q. (1972). *Virginia Woolf*. Vol. 1. London: Hogarth Press.

Bernard, J. S. (1982). *The future of marriage*. New Haven: Yale University Press.

Berndt, T. J., und Ladd, G. W. (1989). *Peer relationships in child development*. New York: Wiley.

Bouchard, T. J., Jr., und McGue, M. (1981). Familial studies of intelligence: A review. *Science* 212: 1055–59.

Brook, J. S., Nomura, C., und Cohen, P. (1989). A network of influences on adolescent drug involvement: Neighborhood, school, peer, and family. *Genetic, Social and General Psychology Monographs* 115: 123–45.

Brook, J. S., Whiteman, M., Gordon, A. S., und Brook, D. W. (1989). The role of older brothers in younger brothers' drug use viewed in the context of parent and peer influences. Manuskript.

Buss, A. H., und Plomin, R. (1975). *A temperament theory of persona-lity development*. New York: Wiley-Interscience.

Callow, P. (1975). *Son and lover: The young Lawrence*. London: The Bodley Head.

Cannon, W. B. (1940). The role of chance in discovery. *Scientific Monthly* 50: 204–9.

Caspi, A., Elder, G. H., und Bem, D. J. (1987). Moving against the word: Life-course patterns of explosive children. *Developmental Psychology* 23: 308–13.

Caspi, A., Elder, G. H., und Bem, D. J. (1988). Moving away from the world: Life-course patterns of shy children. *Developmental Psychology* 24: 824–31.

Clark, A. (1979). *Lewis Carroll: A biography*. London: J. M. Dent.

Cohen, D. J., Dibble, E., Grawe, J. M., und Pollin, W. (1973). Separating identical from fraternal twins. *Archives of General Psychiatry* 29: 465–69.

Cotton, N. S. (1979). The familial incidence of alcoholism: A review. *Journal of Studies in Alcohol* 40: 89–116.

Damon, W., und Phelps, E. (1989). Strategic uses of peer learning in children's education. In *Peer relationships in child development*, ed. T. J. Berndt und G. W. Ladd. New York: Wiley.

Daniels, D. (1986). Differential experiences of siblings in the same family as predictors of adolescent sibling personality differences. *Journal of Personality and Social Psychology* 51: 339–46.

Daniels, D., Dunn, J., Furstenberg, F., und Plomin, R. (1985). Environmental differences within the family and adjustment differences within pairs of adolescent siblings. *Child Development 56:* 764–74.

Daniels, D., und Plomin, R. (1985). Differential experiences of siblings in the same family. *Developmental Psychology* 21: 747–60.

Darwin, C. (1892). *The autobiography of Charles Darwin and selected letters*, ed. F. Darwin. London: Dover. Dt. *Mein Leben. Autobiographie*. Frankfurt: Insel 1993. Briefe. 1887 und 1903.

Darwin, C. 1958. *The autobiography of Charles Darwin 1809–1882*, ed. N. Barlow. London: Collins. (Dt.: Mein Leben. 1809–1882. Hrsg. von N. Barlow. Aus dem Englischen von Christa Krüger. Frankfurt: Insel 1993.)

de Beauvoir, S. (1963). *Memoirs of a dutiful daughter*. Translated by James Kirkup. Harmondsworth: Penguin Books. (Dt.: *Memoiren einer Tochter aus gutem Hause*. Aus dem Französischen von Eva Rechel-Mertens. Reinbek: Rowohlt 1969.)

de Beauvoir, S. (1977). *All said and done*. Translated by P. O'Brien. Harmondsworth: Penguin Books. (Dt.: *Alles in allem*. Aus dem Französischen von Eva Rechel-Mertens. Reinbek: Rowohlt 1974.)

DeFries, J. C., Johnson, R. C., Kuse, A. R., McClearn, G. E., Polovina, J., Vandenberg, S. G., und Wilson, J. R. (1979). Familial resemblance for specific cognitive abilities. *Behavior Genetics* 9): 23–43.

DeFries, J. C., Vandenberg, S. G., und McClearn, G. E. (1976). The genetics of specific cognitive abilities. *Annual Review of Genetics* 10: 179–207.

Diamond, S. (1957). *Personality and temperament*. New York: Harper.

Dixon, L. K., und Johnson, R. C. (1980). *The roots of individuality: A survey of human behavior genetics*. Monterey, CA: Brooks/Cole.

Doise, W., und Mugny, G. (1984). *The social development of the intellect*. Oxford: Pergamon Press.

Dunn, J. (1985). *Sisters and brothers*. Cambridge: Harvard University Press.

Dunn, J. (1988). *The beginnings of social understanding*. Cambridge: Harvard University Press.

Dunn, J., und Kendrick, C. (1982). *Siblings: Love, envy and understanding*. Cambridge: Harvard University Press.

Dunn, J., and Munn, P. (1985). Becoming a family member: Family conflict and the development of social understanding. *Child Development* 56: 480–92.

Dunn, J., und Plomin, R. (1986). Determinants of maternal behavior toward three-year-old siblings. *British Journal of Developmental Psychology* 4: 127–37.

Dunn, J., Plomin, R., und Daniels, D. (1986). Consistency and change in mothers' behavior to two-year-old-siblings. *Child Development* 57: 348–56.

Dunn, J., Plomin, R., und Nettles, M. (1985). Consistency of mothers' behavior towards infant siblings. *Developmental Psychology* 21: 1188–95.

Dunn, J., und Shatz, M. (1989). Becoming a conversationalist despite (or because of) having an elder sibling. *Child Development* 60: 399–410.

Dunn, J., und Stocker, C. (1989). Stability and change in sibling relationships between early and middle childhood. Manuskript.

Dunn, J., Stocker, C., und Beardsall, L. (1989). Sibling differences in self-esteem. Vortrag bei dem halbjährlichen Treffen der Society for Research in Child Development, Kansas City, April.

Dunn, J., Stocker, C., und Plomin, R. (1991). Nonshared experiences within the family: Correlates of behavior problems in middle childhood. *Development and Psychopathology.*

Edel, L. (1953). *Henry James: A biography.* Vol. 1, *The untried years.* London: Hart Davies.

Edel, L. (1964). *The diary of Alice James.* Dodd: New York.

Edel, L. (1987). *Henry James: A life.* London: Collins.

Edforst-Lubs, M.-L. (1971). Allergy in 7000 twin pairs. *Acta Allergologica* 26: 249–85.

Eliot, G. [1860] (1979). *The mill on the floss.* Harmondsworth: Penguin Books. (Dt.: *Die Mühle am Floss.* Aus dem Englischen von Eva-Maria König. Stuttgart: Reclam 1983.)

Eliot, G. (1888). *Complete poems.* Introduction M. Browne. Boston: Estes & Lauriat.

Ellmann, R. (1988). *Oscar Wilde.* New York: Random House.

Ernst, L. und Angst, J. (1983). *Birth order: Its influence on personality.* Berlin: Springer-Verlag.

Falconer, D. S. (1989). *Introduction to quantitative genetics.* 3d ed. London: Longman.

Finucci, J. M., und Childs, B. (1983). Dyslexia: Family studies. In *Genetic aspects of speech and language disorders,* ed. C. L. Ludlow und J. A. Cooper, 157–67. New York: Academic Press.

Fisher, R. A. (1918). The correlation between relatives on the supposition of Mendelian inheritance. *Transactions of the Royal Society of Edinburgh* 52: 399–433.

Forrest, D. W. (1974). *Francis Galton: The life and work of a Victorian genius.* New York: Taplinger.

Forster, J. (1903). *Life of Dickens.* London: Chapman and Hall.

Friedenthal, R. (⁹1995). *Goethe. Sein Leben und seine Zeit.* München: Piper.

Fuller, J., und Thompson, W. R. (1978). *Foundations of behavior genetics.* St. Louis, MO: Mosby.

Furman, W., und Buhrmester, D. (1985). Children's perceptions of the qualities of the sibling relationship. *Child Development* 56: 448–61.

Galton, F. [1869] (1892). *Hereditary genius. An inquiry into its laws and consequences.* London: Macmillan.

Galton, F. (1875). The history of twins, as a criterion of the relative powers of nature and nurture. *Fraser's Magazine*, November, 566–76.

Galton, F. (1889). *Natural inheritance.* London: Macmillan.

Gaskell, E. [1857] (1975). *The life of Charlotte Brontë.* Harmondsworth: Penguin Books.

Gerin, W. (1967). *Charlotte Brontë: The evolution of genius.* Oxford: Oxford University Press.

Gittings, R. (1968). *John Keats.* London: Heinemann Educational Books.

Glachan, M., und Light, P. (1982). Peer interaction and Learning: Can two wrongs make a right? In *Social cognition: Studies in the development of understanding*, ed. G. Butterworth und P. Light. Brighton: Harvester Press.

Gleick, J. (1987). *Chaos: Making a new science.* New York: Viking.

Glendinning, V. (1981). *Edith Sitwell: A unicorn among lions.* London: Weidenfeld and Nicholson.

Gottesman, I. I., Carey, G., und Hanson, D. R. (1983). Pearls and perils in epigenetic psychopathology. In *Childhood psychopathology and development*, ed. S. B. Guze, E. J. Earls, und J. E. Barrett, 287–300. New York: Raven Press.

Gottesman, I. I., und Shields, J. (1982). *Schizophrenia: The epigenetic puzzle.* Cambridge: Cambridge University Press.

Guilford, J. P., und Fruchter, B. (1973). *Fundamental statistics in psychology and education.* New York: McGraw-Hill.

Haight, G. S. (1968). *George Eliot: A biography.* Oxford: Oxford Unversity Press.

Hamilton, N. (1978). *The brothers Mann: The lives of Heinrich and Thomas Mann.* New Haven: Yale University Press.

Hamilton, N. (1983). A case of literary fratricide: The bruderzwist between Heinrich and Thomas Mann. In *Blood brothers: Siblings as writers*, ed. N. Keill. New York: International Universities Press.

Heston, I. I., und Mastri, A. R. (1977). The genetics of Alzheimer's disease: Associations with hematologic malignancy and Down's syndrome. *Archives of General Psychiatry* 34: 97–681.

Hetherington, E. M., Lerner, R. M., und Perlmutter, M. (1988). *Child development in life-span perspective.* Hillsdale, NJ: Erlbaum.

Hibbert, C. (1967). *The making of Charles Dickens*. London: Longmans, Green, and Co.

Hinde, R. A. (1979). *Towards understanding relationships*. New York: Academic Press.

Hoffman, L. (1981). *Foundations of family therapy*. New York: Basic Books.

Hogg, T. J. [1858] (1933). *The life of Percy Bysshe Shelley*. Vol. 1. ed. Humbert Wolfe; quoted in Holmes (1976).

Holm, N. V., Hauge, M., und Jensen, O. M. (1982). Studies of cancer aetiology in a complete twin population: Breast cancer, colorectal cancer and leukaemia. *Cancer Surveys* 1: 17–32.

Holmes, R. (1976). *Shelley: The pursuit*. London: Quarter Books.

Holmes, T. H., und Rahe, R. H. (1967). The Social Readjustment Rating Scale. *Journal of Psychosomatic Research* 11: 213–18.

Housman, L. (1969). *My brother A. E. Housman*. New York: Kennikal Press.

Jacob, F. (1988). *The statue within: An autobiography*. New York: Basic Books.

James, H. (1913). *A small boy and others*. New York: Charles Scribner's Sons.

James, H. (1914). *Notes of a son and brother*. New York: Charles Scribner's Sons.

Jensen, A. R. (1969). How much can we boost IQ and scholastic achievement? *Harvard Educational Review* 39: 1–123.

Jensen, A. R. (1980). *Bias in mental testing*. New York: Free Press.

Johnson, C. A., Ahern, F. M., und Johnson, R. C. (1976). Level of functioning of siblings and parents of probands of varying degrees of retardation. *Behavior Genetics* 6: 473–77.

Johnson, R. C., McClearn, G. E., Yuen, S., Nagoshi, C. T., Ahern, F. M., und Cole, R. E. (1985). Galton's data a century later. *American Psychologist* 40: 875–92.

Joyce, S. (1958). *My brother's keeper: James Joyce's early years*. ed. R. Ellmann. New York: Viking Press. (Dt.: *Meines Bruders Hüter*. Einführung v. R. Ellmann. Übersetzt v. Arno Schmidt. Frankfurt: Suhrkamp 1960.)

Kaplan, F. (1988). *Dickens*. New York: Morrow.

Keats, J. (1935). *The letters of John Keats*. ed. M. B. Forman. Oxford: Oxford University Press.

Kendler K. S., und Robinette, C. D. (1983). Schizophrenia in the National Academy of Sciences-National Research Council Twin Registry: A 16year update. *American Journal of Psychiatry* 140: 1551–63.

Kendrick, C., und Dunn, J. (1982). Protest or pleasure? The response of firstborn children to interactions between their mothers and infant siblings. *Journal of Child Psychology and Psychiatry* 23: 117–29.

Kimball, J. (1983). James and Stanislaus Joyce: A Jungian speculation. In *Blood brothers: Siblings as writers*, ed. N. Kiell. New York: International Universities Press.

Kipling, R. (1988). *Stalky und Co.* Neu übersetzt v. Gisbert Haefs. Zürich: Haffmans.

Kipling, R. (1938). Erinnerungen – Etwas von mir, für meine bekannten und unbekannten Freunde. Zürich: Scientia A. G.

Koch, H. L. (1960). The relation of certain formal attributes of siblings to attitudes held toward each other and toward their parents. *Monographs of the Society for Research in Child Development*. Vol. 25, No. 4. Chicago: University of Chicago Press.

Kohn, A. (1989). *Fortune or failure: Missed opportunities and chance discoveries in science*. London: Basil Blackwell.

Lawrence, D. H. [1913] (1981). *Sons and lovers*. Harmondsworth: Penguin Books.

Lodge, D. (1979). *Changing places*. New York: Penguin Books.

Lodge, D. (1984). *Small world*. New York: Macmillan.

Lodge, D. (1989), *Nice work*. New York: Macmillan.

Loehlin, J. C., und Nichols, R. C. (1976). *Heredity, environment, and personality: A study of 850 sets of twins*. Austin: University of Texas Press.

Loehlin, J. C., Willerman, L., und Horn, J. M. (1988). Human behavior genetics. *Annual Review of Psychology* 39: 101–33.

Lykken, D. (1982). Research with twins: The concept of emergenesis. *Psychophysiology* 19: 361–73.

Maas, H., ed. (1971). *The letters of A. E. Housman*. London: Rupert Hart Davis.

Maccoby, E. E., und Martin, J. A. (1983). Socialization in the context of the family: Parent-child interaction. *In Handbook of child psychology*. 4th ed. Vol. 4, *Socialization, personality, and social development*, ed. P. H. Mussen, 1–101. New York: Wiley.

Mann, T. (1918). *Betrachtungen eines Unpolitischen*. Frankfurt/M: S. Fischer.

Mansfield, K. [1927] (1954). *Journal of Katherine Mansfield*. ed. J. M. Murry. London: Constable.

Mansfield, K. 1928. *The letters of Katherine Mansfield*. Vol. 2. London: Constable.

Mansfield, K. (1983). *Das Leben sollte sein wie ein stetiges, sichtbares Licht*. Briefe, Tagebücher, Kritiken. Hrsg. v. Christel Schütz. Frankfurt: Fischer.

Mark Twain (1966). *Autobiography*. New York: Harper and Row. Dt. in: *Gesammelte Werke* in 5 Bänden, Bd. 5, München: Hanser 1985.

McCartney, K., Harris, M. J., und Bernieri, F. (1990). Growing up and growing apart: A developmental meta-analysis of twin studies. *Psychological Bulletin*, 107: 226–37.

McGuffin, P., und Katz, R. (1986). Nature, nurture and affective disorder. In *The biology of affective disorders*, ed. J. F. W. Deakin, 26–52. London: Gaskell Press.

Mednick, S. A., Gabrielli, W. F., Jr., und Hutchings B. (1984). Genetic influences in criminal convictions: Evidence from an adoption cohort. *Science* 224: 891–94.

Mednick, S. A., Moffitt, T. E., und Stack, S. (1987). *The causes of crime: New biological approaches*. New York: Cambridge University Press.

Mendel, G. J. (1866). Versuche über Pflanzenhybriden. *Verhandlungen des Naturforschenden Vereines in Bruenn* 4: 3–47.

Meyers, J. (1978). *Katherine Mansfield*. London: Hamish Hamilton.

Minuchin, P. (1985). Families and individual development: Provocations from the field of family therapy. *Child Development* 56: 289–302.

Moss, C. (1988). *Elephant memories*. New York: Morrow.

Munn, P., und Dunn, J. (1989). Temperament and the developing relationship between young siblings. *International Journal of Behavioral Development*, 12, 433–51.

Nabokov, V. [1947] (1989). *Speak, memory: An autobiography revisited*. New York: Random House. (Dt.: *Erinnerung, sprich (Wiedersehen mit einer Autobiographie)*. Gesammelte Werke Bd. 22. Übersetzt v. Dieter E. Zimmer. Reinbek: Rowohlt 1991.)

Nathan, M., und Guttman, R. (1984). Similarities in test scores and profiles of kibbutz twins and singletons. *Acta Geneticae Medicae et Gemellologiae* 33: 213–18.

Nehls, E. (1957). *D. H. Lawrence: A composite biography*. Vol. 1. Madison University of Wisconsin Press.

235

Neiderhiser, J., und Plomin, R. (1990). *The importance of non-shared environment for mice as well as humans.* Manuskript.

Nichols, P. L. (1984). Familial mental retardation. *Behavior Genetics* 14: 161–70.

Nichols, R. C., und Bilbro, W. C. (1966). The diagnosis of twin zygosity. *Acta Genetica et Statistica Medica* 16: 265–75.

Nussbaum, M. C. (1986). *The fragility of goodness.* Cambridge: Cambridge University Press.

Painter, G. D. (1959). *Marcel Proust: A bibliography.* Vol. 1. London: Chatto and Windus.

Parker, J. G., und Asher, S. R. (1987). Peer acceptance and later personality adjustment: Are low-accepted children »at risk?« *Psychological Bulletin*, 102: 357–89.

Patterson, G. R. (1982). *A social learning approach.* Vol. 3, Coercive family process. Eugene, OR: Castalia Publishing.

Patterson, G. R. (1986). The contribution of siblings to training for fighting: A microsocial analysis. In *Development of antisocial and prosocial behavior: Research, theories and issues,* ed. D. Olweus, J. Block, und M. Radke-Yarrow. New York: Academic Press.

Pedersen, N. L., Plomin, R., McClearn, G. E., und Friberg, L. (1988). Neuroticism, extraversion, and related traits in adult twins reared apart and reared together. *Journal of Personality and Social Psychology* 55: 950–57.

Pedersen, N. L., McClearn, G. E., Plomin, R., Nesselroade, J. R., Berg, S., und De Faire, U. (1991). The Swedish Adoption/Twin Study of Aging: An Update. *Acta Geneticae Medicae et Gemellologiae.*

Piaget, J. [1932] (1965). *The moral judgment of the child.* New York: Free Press.

Piaget, J. (1959). *The language and thought of the child.* London: Routledge and Kegan Paul. (Dt.: *Sprechen und Denken des Kindes.* Düsseldorf: Schwann 1972.)

Plomin, R. (1986). *Development, genetics and psychology.* Hillsdale, NJ: Erlbaum.

Plomin, R. (1988). The nature and nurture of cognitive abilities. In *Advances in the psychology of human intelligence.* Vol. 4, ed. R. Sternberg, 1–33. Hillsdale, NJ: Erlbaum.

Plomin, R. (1990). *Nature and nurture: An introduction to human behavioral genetics.* Pacific Grove. CA: Brooks/Cole.

Plomin, R. (1990). The role of inheritance in behavior. *Science*. 248: 183–88.

Plomin, R. Chipuer, H. M., und Loehlin, J. C. (1991). Behavioral genetics and personality. In *Handbook of Personality Theory and Research*, ed. L. A. Pervin. New York: Guilford.

Plomin, R., und Daniels, D. (1987). Why are children in the same family so different from each other? *The Behavioral and Brain Sciences* 10: 1–16.

Plomin, R. und DeFries, J. C. (1980). Genetics and intelligence: Recent data. *Intelligence* 4: 15–24.

Plomin, R., DeFries, J. C., und McClearn, G. F. (1990). *Behavioral genetics: A primer*. 2d ed. New York: W. H. Freeman.

Plomin, R., DeFries, J. C., und Fulker, D. W. (1988). *Nature and nuture during infancy and early childhood*. New York: Cambridge University Press.

Plomin, R., Lichtenstein, P., Pedersen, N., McClearn, G. E., und Nesselroade, J. R. (1990). Genetic influence on life events during the last half of the life span. *Psychology and Aging*. 5: 25–30.

Plomin, R. und McClearn, G. E. (1990). Human behavioral genetics of aging. In *Handbook of the psychology of aging*, ed. J. E. Birren und K. W. Schaie. New York: Academic Press.

Plomin, R., und Nesselroade, J. R. (1990). Behavioral genetics and personality change. *Journal of Personality*, 58: 191–220.

Plomin, R., Nitz, K., und Rowe, D. C. (1989). Behavioral genetics and aggressive behavior in childhood. In *Handbook of developmental psychopathology*, ed. M. Lewis und S. M. Miller. New York: Plenum.

Plomin, R., Pedersen, N. L., McClearn, G. E., Nesselroade, J. R., und Bergeman, C. S. (1988). EAS temperaments during the last half of the life span: Twins reared apart and twins reared together. *Psychology and Aging* 3: 43–50.

Plomin, R., und Rende, R. (1991). Human behavioral genetics. *Annual Review of Psychology*.

Plomin, R., Rende, R., und Rutter, M. (1991). Quantitative genetics and developmental psychopathology. In *Rochester Symposium on Developmental Psychopathology*. Vol. 2, eds. D. Cicchetti und S. Toth. Hillsdale, NJ: Erlbaum.

Plomin, R., und Thompson, L. (1987). Life-span developmental behavioral genetics. In *Life-span development and behavior*. Vol. 8, ed. P. B. Baltes, D. L. Featherman, und R. M. Lerner, 1–31. Hillsdale, NJ: Erlbaum.

Porter, R., und Collins, G., ed. (1982). *Temperamental differences in infants and young children: CIBA Foundation symposium 89.* London: Pitman.

Quinton, D., und Rutter, M. (1988). *Parenting breakdown: The making and breaking of intergenerational links.* Aldershot, England: Gower.

Read, J. (1984). Goethe and his sister: Some literary vicissitudes of a relationship. *Psychoanalytic Inquiry* 4: 573–90.

Reed, E. W., und Reed, S. C. (1965). *Mental retardation: A family study.* Philadelphia: W. B. Saunders.

Reich, T., Van Eerdewegh, P., Rice, J., Mullaney, J., Endicott, J., und Klerman, G. L. (1987). The familial transmission of primary major depressive disorder. *Journal of Psychiatric Research* 4: 613–24.

Rice, J., Reich, T., Andreasen, N. C., Endicott, J., Van Eerdewegh, P., Fishman, R., Hirschfeld, R. M. A., und Klerman, G. L. (1987). The familial transmission of bipolar illness. *Archives of General Psychiatry* 44: 441–47.

Roberts, R. M. (1989). *Serendipity: Accidental discoveries in science.* New York: Wiley.

Root-Bernstein, R. (1989). *Discovering: Inventing and solving problems at the frontiers of scientific knowledge.* Cambridge: Harvard University Press.

Rose, R., Koskenvuo, M., Kaprio, J., Sarna, S., und Langinvainio, H. (1988). Shared genes, shared experiences, and similarity of personality: Data from 14,288 adult Finnish co-twins. *Journal of Personality and Social Psychology* 54: 161–71.

Rowe, D. C. (1986). Genetic and environmental components of antisocial behavior: A study of 265 twin pairs. *Criminology* 24: 513–32.

Rowe, D. C., und Plomin, R. (1981). The importance of nonshared (E_1) environmental influences in behavioral development. *Developmental Psychology* 17: 517–31.

Scarr, S. (1987). Distinctive environments depend on genotypes. *Behavioral and Brain Sciences* 10: 38–39.

Scarr, S., und Grajek, S. (1982). Similarities and differences among siblings. In *Sibling relationships: Their nature and significance across the lifespan,* ed. M. E. Lamb und B. Sutton-Smith, 357–82. Hillsdale, NJ: Erlbaum.

238

Schooler, C. (1972). Birth order effects: Not here, not now! *Psychological Bulletin*, 78: 161–75.

Seligman, M. (1991). *Learned Optimism*. New York: Knopf.

Shatz, M. (1987). Bootstrapping operations in child language. In *Children's language*. Vol. 6, ed. K. E. Nelson and A. Van der Kleet, 1–21. Hillsdale, NJ: Erlbaum.

Sherman, M. H. (1983). Lytton and James Strachey: Biography and psychoanalysis. In *Blood brothers: Siblings as writers*, ed. N. Kiell. New York: International Universities Press.

Simonton, D. K. (1989). *Scientific genius: A psychology of science*. Cambridge: Cambridge University Press.

Sitwell, E. (1965). *Taken care of.* London and New York: Athenaeum.

Sitwell, O. (1944). *Left hand, right hand!* Boston: Little, Brown and Co.

Sitwell, O. (1946). *The scarlet tree*. Boston: Little, Brown and Co.

Sitwell, S. (1943). *Splendours and miseries*. London: Faber and Faber.

Smith, C. (1974). Concordance in twins: Methods and interpretation. *American Journal of Human Genetics* 26: 454–66.

Stendhal (1958). *La Vie de Henry Brulard*. Dt.: *Leben des Henry Brulard*, Detebe 20972, 1991.

Stevenson, J., Graham, P., Fredman, G., und McLoughlin, V. (1987). A twin study of genetic influences on reading and spelling ability and disability. *Journal of Child Psychology and Psychiatry* 28: 229-47.

Stocker, C., Dunn, J., und Plomin, R. (1989). Sibling relationships: Links with child temperament, maternal behavior, and family structure. *Child Development*, 60, 715–27.

Susanne, C. (1975). Genetic and environmental influences on morphological characteristics. Annals of Human Biology 2: 279–87.

Taylor, S. E. (1989). *Positive illusions*. New York: Basic Books.

Thoits, P. A. (1983). Dimensions of life events that influence psychological distress: An evaluation and synthesis of the literature. In *Psychosocial stress: Trends in theory and research*, ed. H. A. Kaplan, 33–103, New York: Academic Press.

Tolstoy, L. N. [1852] (1964). *Childhood, boyhood, youth*. Translated by R. Edmonds, Harmondsworth: Penguin Books.

Tomalin, C. (1974). *The life and death of Mary Wollstonecraft*. London: Weidenfeld and Nicolson.

Tomalin, C. (1988). *Katherine Mansfield: A secret life*. Harmondsworth: Penguin Books.

Trollope, A. [1947] (1978). *An autobiography*. Berkeley and London: University of California Press.

Troyat, H. (1970). *Tolstoy*. London: Pelican Books.

Tschechow, A. (1979). *Briefe*. 5 Bde. Zürich: Diogenes.

Vernon. P. E. (1979). *Intelligence; Heredity and environment*. San Francisco: W. H. Freeman.

Wachs, T. D., und Gruen, G. (1982). *Early experience and human development*. New York: Plenum.

Watson, J. D. (1968). *The double helix*. New York: Athenaeum.

Watson. J. D., und Tooze, J. (1981). *The DNA story*. San Francisco: W. H. Freeman.

Weissbourd, K. (1985). *Growing up in the James family*. Ann Arbor: University of Michigan Research Press.

West, P. (1983). Brothers under the skin: Julian and Aldous Huxley. In *Blood brothers: Siblings as writers*, ed. N. Kiell. New York: International Universities Press.

Wilson, A. (1978). *The strange ride of Rudyard Kipling*. New York: Viking Press.

Wilson, A. N. (1988). *Tolstoy*. London: Hamish Hamilton.

Wilson, J. Q., und Herrnstein, R. J. (1985). *Crime and human nature*. New York: Simon and Schuster.

Wollstonecraft, M. (1792). *A vindication of the rigths of woman, with strictures on political and moral subjects*. London: J. Johnson.

Woolf, V. (1975). *The letters of Virginia Woolf*. Vol. 1 *The flight of the mind, 1888–1912*, ed. N. Nicolson. London: The Hogarth Press.

Sach- und Personenverzeichnis

242

Watson, James Dewey 213, 240
Weissbourd, K. 240
West, P. 213, 240
Whiteman, M. 228
Wilde, Oscar 20, 208
Willerman, Lee 212, 234
Wilson, Angus 208, 226, 240
Wilson, A. N. 222, 240
Wilson, J. Q. 212, 240
Wilson, J. R. 228
Wollstonecraft, Mary 83, 218, 240

Woolf, Virginia 20, 168, 208, 226, 240
Wortschatz 27, 33, 53, 71 f.

Yuen, S. 233

Zufall 163 ff., 226
Zum Leuchtturm (Woolf) 186
zweitgeborene Kinder 93, 221
Zwillingsstudien 46 ff., 214
Zystenniere 42
zystische Fibrose 42